리더가 되어라

어떻게 깨어날까

김평기 지음

머리말

난 얼마나 내 인생의 리더였을까? 한번 생각해 보는 계기가 되었으면 한다.

그럼 리더가 되고 싶지 않은가?

리더란 재능이나 언변이 뛰어난 인물이 아닌 명확한 철학이 있어야 한다. 그 토대에는 중후한 인격을 갖추고 있어야 한다. 한마디로 말해 인간으로서 올바른 삶의 방식을 가진 사람이어야만 한다. 이렇듯 고결한 삶의 철학을 갖추는 것, 그것이 리더의 의무, 즉 사회적 책임을 감수하는 노블레스 오블리주(noblesse oblige)다.

또한 리더란 서로 다름을 인정해 그것들을 조화시켜 시너지 효과를 내게 만들어야 한다. 오케스트라 지휘자처럼 말이다. 구성원과 리더, 동료와 친구, 부모와 자녀가 서로 다른 생각을 가졌다고 따돌리거나 마음속으로 금을 긋고 바라보지는 않는다. 정의와 대의를 벗어나지 않는 한 각자의 삶의 방식에 차이가 난다고 선입견으로 대하고 있다면 리더의 자격이 없는 것이다.

말하자면 서로 다른 생각, 다른 행동, 다른 성격, 다른 방식을 가졌기 때문에 발전하고 성장하는 것이다. 악한 것이나 추한 것, 편협한 이기주의를 추종하는 것이 아니라면 다름을 인정해야 한다. 그것이 사람을 이해하는 지름길이기 때문이다.

어떤 사람을 이해하는 것은 절제하는 삶에서 시작된다. 다른 사람을 이해하기 위해서는 내가 하고 싶은 대로 해서는 안 된다. 나에게 보다 엄격해야 다른 사람을 이해할 수 있다. 가난한 사람에게 무언가를 선물하고, 도움이 필요한 사람에게 무언가를 제공하는 일이 논리와 정쟁을 일삼는 것보다 가치 있다고 여길 때 우리는 타인에게 영향력을 발휘할 수 있다.

그럼 리더가 되기 위해 어떤 준비를 해야 할까?

사실 많은 사람이 리더가 되고 싶어 하면서도 리더가 되기 위해 어떻게 해야 하는지 자문하지도 준비하지도 않는다.

나를 위한 리더가 아니라 이웃을 위해 온 마음과 몸으로 겸손을 보이며, 그들을 섬기는 리더가 되어야 한다. 그런 리더는 손해를 보는 것처럼 보이지만 결국 자신을 더 풍요롭게 만든다.

또한 자신을 갈고 닦는 노력을 게을리해서는 안 된다. 하루하루 삶이 올발라야 하고 끊임없이 자신을 성찰해야 한다.

그럼에도 불구하고 이제껏 리더를 선택할 때 리더의 인격적인 부분을 간과한 듯하다. 그런 탓에 리더의 그릇이 되지 못하는 인물임에도 리더가 된 경우를 경험해야 했다. 그래서인지 리더에 대해 참으로 많은 말을 하고 있다.

한편에서는 요즈음 아이들이 어른을 존경하지도 않고 신뢰하지도 않는다는 우려의 목소리가 높다. 하지만 한편으로는 이러한 일련의 행동이 당연하다는 생각도 든다. 또한 학교 폭력이나 비행 청소년이 급증하는 이유도 까닭이 있다. 모두 우리 어른들의 그릇된 행동만을 보고 배운 잘못된 흔적 아닐까? 사실 어린 시절에 배운 만고불변의 진리를 지키지 않기 때문에 오늘날 우리 사회는 어지럽다. 그래서 자라나는 세대에게 올바른 사람으로 살아가기 위해 삶의 태도를 바꾸라 하면 흔히 잔소리 정도로 여기며 절레절레 고개를 흔든다.

다소 진부하게 들릴지 모르겠지만 '윗물이 맑아야 아랫물이 맑다는 속담을 역사의 교훈으로 삼았으면 한다. 그래서 리더가 되고자 하는 당신이 꿈꾸는 세상은 아무쪼록 우리 모두가 꿈꾸는 행복한 삶이기를 바란다.

2017년 5월
김평기 씀

차례

▌머리말 · 3

chapter 01_누구나 그 시작은 초라하다 · · · 13
02_조각배에서 중심을 잡아라 · · · 23
03_희망의 불씨는 남아 있다 · · · 27
04_리더의 얼굴은 다르다 · · · 33
05_뿌린 대로 거둔다 · · · 40
06_외롭게 홀로 스스로를 대면하라 · · · 46
07_관심과 배려를 아끼지 마라 · · · 50
08_과감히 도전하는 길을 선택하라 · · · 56
09_리더가 갖춰야 할 첫 번째 조건은 자비다 · · · 62

chapter 10_리더가 갖춰야 할 덕목이란 · · · 68
11_리더십 아카데미 1 · · · 72
12_종횡무진 책 읽기를 하라 1 · · · 76

chapter 13_리더가 되기 위한 조건 1 · · · 80
14_자기 관리를 엄격히 하라 · · · 85
15_시간을 쪼개 사용하라 · · · 92
16_리더에게도 준비가 필요하다 · · · 96
17_리더로 처음 부르던 날 · · · 101
18_자신을 엄하게 다스려라 · · · 107

chapter 19_리더는 리더다워야 한다 · · · 113
20_리더는 바쁘면 안 된다? · · · 120
21_열린 리더를 갈망하고 있다 · · · 126
22_높은 안목과 통찰력을 키워라 · · · 130
23_리더에게 요구하는 권위는 무엇인가 · · · 135
24_건강관리에도 방법이 필요하다 · · · 139
25_늘 솔선수범을 하라 · · · 146
26_리더십 아카데미 2 · · · 152

chapter　27_리더가 되기 위한 조건 2 · · · 156
　　　　　　28_종횡무진 책 읽기를 하라 2 · · · 161
　　　　　　29_인생의 멘토를 만들라 1 · · · 168
　　　　　　30_확고한 철학이 있어야 한다 · · · 173

chapter　31_행운의 비결은 받아들이기에 달려 있다 · · · 177
　　　　　　32_삶의 기본기를 가르치는 운동을 하라 · · · 182
　　　　　　33_어진 사람은 귀가 크다 · · · 192
　　　　　　34_종횡무진 책 읽기를 하라 3 · · · 200
　　　　　　35_원석 그 자체로는 진가 발휘 못한다 · · · 204
　　　　　　36_인생의 참뜻을 배우는 리더의 길이 있다 · · · 209

chapter　37_어떻게 리더가 만들어질까 · · · 214
　　　　　　38_배움을 경영하라 · · · 218
　　　　　　39_권한 위임은 제로섬 게임이 아니다 · · · 225
　　　　　　40_수평적 리더십을 발휘하라 · · · 229

chapter 41_한 차원 높은 도덕관을 가져라···235
　　　　42_리더의 역할···240
　　　　43_변화의 바람을 일으켜라···249
　　　　44_서로의 의사를 소통하는 리더가 되어라···254

chapter 45_사색과 친구가 되어라···261
　　　　46_홀로 존재하지 않는다···270
　　　　47_자율성을 부여하라···275
　　　　48_타고난 그릇과 쓰이는 그릇은 다르다···279
　　　　49_어진 사람은 몸으로 재물을 일으킨다···286

chapter 50_뛰어난 참모를 얻어라···292
　　　　51_십 년 세도 없고, 열흘 붉은 꽃 없다···298
　　　　52_나아갈 때와 물러날 때를 아는 것···304
　　　　53_섬기는 리더십으로 탈바꿈하라···308
　　　　54_인생의 멘토를 만들라 2···316

리더가 되어라

어떻게 깨어날까

chapter __ 01

누구나 그 시작은 초라하다

누구나 살아가면서 크고 작은 시련을 겪게 된다. 시련을 견뎌내는 능력이 바로 눈에 보이지 않는 잠재능력이라 볼 수 있다. 머리 좋은 사람은 능력 자체가 밖으로 드러나 있어 잠재능력은 미미하다고 볼 수 있다. 하지만 바보처럼 보이는 사람이 실제로 가슴 속 깊은 곳에 계발되지 않은 블루오션(blue ocean : 경쟁 없는 유망 시장)과 같은 무한한 잠재능력을 보유하고 있다. 유명세와 시련은 비례한다고 볼 수 있다. 즉 유명세는 곧 잠재능력이라 볼 수 있다. 리더(리더라고 할 때 정치 리더만을 지칭하는 것이 아니다. 가정에서의 부모도, 소규모 모임의 단체장도, 기업에서의 경영인도 모두 리더라 일컫는다. 나이 들어 가정을 꾸리고, 조직이나 단체에서 간부가 되면 따라서 리더가 된다)들은 생과 사를 넘나드는 시련을 겪어 왔다.

실제 사례를 통해 그들이 어떤 고통을 겪었고, 어떻게 슬기롭게 그 시험을 통과했는지 한번 들여다보라.

영국의 작가 아서 헬프스는 그의 저서에서 "가장 뛰어나고 위대한 일을 성취한 사람들 대다수는 어린 시절 가정환경이 열악하였고, 더러는 우둔하고 심신이 연약한 아이였다"고 기술하고 있다. 뒤이어 이 학설은 "과학과 문학과 미술 분야의 위대한 인물뿐 아니라 외교관, 또 세상 여러 곳에서 위대한 업적을 남긴 사람들에게도 해당되는 말"이라고 사족을 달았다.

토인비(Toynbee, Arnold Joseph)는 『역사의 연구』에서, 인류 역사는 도전과 응전의 역사라 말하고 있다. 그러면서 인류 문명의 발달은 안전하고 풍요로운 환경에서가 아니라 척박하고 가혹한 환경과 그런 지역에서 이루어졌다고 덧붙였다. 이 학설을 입증하는 사례가 많다.

말구유에서 태어난 예수, 태어난 지 얼마 안 되어 아버지 사망으로 홀어머니 밑에서 궁핍하게 자란 공자, 굶어 죽지 않으려고 어려서 중이 된 명 태조 주원장, 가난한 찰스 디킨스(Dickens, Charles John Huffam) 등 많은 역사적 인물은 대부분 평범함의 밑바닥에서 인생의 최고봉까지 뛰어오르는 데 성공했다.

바이올린 연주 실력이 신통치 않았던 베토벤(Beethoven, Ludwig van)은 연주 기술을 연습하기보다는 자신이 연주할 수 있는 곡을 작곡하겠다고 했다. 그러자 그의 스승은 그런 베토벤에게 결코 작곡자가 되지 못할 것이라 했다. 그러나 오늘날 전 세계에서 베토벤의 이름과 작품을 모르는 사람은 없다. 뿐만 아니라 그는 46살 때 청력을 완전히 잃고도 말년에 교향곡을 다섯 개나 발표했다. 이 교향곡들은 베토벤의 음악적 재능이 최고조에 달했을 때 쓰인 곡이라 평가받고 있다.

오페라 가수 카루소(Caruso, Enrico)는 지금도 그의 음반이 판매될 만큼 세계적으로 사랑받는 테너다. 하지만 그의 부모님은 카루소가 공장 기술자가 되기를 바랐고, 그의 노래 스승 역시 카루소의 목소리로는 오페라를 부르지 못할 것이라 했다.

진화론을 주장한 다윈(Darwin, Erasmus)이 의사란 직업을 포기하고 생물학 연구에 평생을 바치기로 결심했을 때, 그의 아버지는 서릿발과 같은 호통을 쳤다.

"의사라는 떳떳한 직업을 포기하고, 하루 종일 사냥이나 다니면서 개, 원숭이 뒤꽁무니만 좇을 셈이냐?"

그의 자서전에 따르면, 어릴 때 그를 가르친 교사 모두 다윈은 총명함과는 거리가 먼 우둔한 학생이라 평가하고 있다.

전 세계 어린이들의 소중한 친구인 미키마우스의 아버지이자 디즈니랜드를 세운 월트 디즈니(Disney, Walter Elias)는 아이디어가 부족하다는 이유로 신문사에서 해고되었다. 그리고 디즈니랜드를 세우기까지 여러 차례 파산하기도 했다.

4살 때 말을 하고, 7살 때 겨우 글자를 읽을 줄 알았던 어린 시절의 아인슈타인(Einstein, Albert)은 천재 과학자로서의 면모는커녕 또래보다 성장이 훨씬 더뎠다. 그런 그는 반응도 없고, 주변과 어울리기를 싫어하며, 허무맹랑한 상상만 하는 아이라고 평가받아 퇴학을 당하기도 하고, 취리히 대학교에 입학하려다 학교 측으로부터 거절당하기도 했다.

러시아의 대문호 톨스토이(Tolstoy, Lev Nikolaevich)는 대학교 때 학점이 너무 낮아 퇴학당할 뻔하기도 했다. 학습 능력도 없고, 학습 의지도 없다는 것이 그를 가르친 교수들의 공통된 의견이었다.

루스벨트(Roosevelt, Franklin Delano)는 어릴 때 소아마비를 앓았던 심약한 소년이었지만, 훗날 미국인이 가장 사랑하는 인물이자 가장 강력한 카리스마를 내뿜는 인물로 손꼽히며 미국 대통령에 네 번이나 당선되기도 했다.

링컨(Lincoln, Abraham) 대통령은 고난과 좌절의 대명사라고 할 만큼 참으로 많은 패배를 맛보았다. 파산, 약혼자의 죽음, 경선 패배 등이 그것이다. 이렇듯 연이은 시련과 고통 속에서도 링컨 대통령은 포기하지 않았고, 실패를 두려워하지 않았다. 누구라도 포기할 것 같은 이런 상황 속에서도 링컨 대통령은 결코 좌절하지 않았다. 링컨 대통령은 평생 아홉 번 실패하고 겨우 세 번 성공했다. 마지막으로 거둔 세 번째 성공이 바로 미국 16대 대통령에 당선된 것이다. 끝없는 실패는 결코 링컨 대통령의 신념을 흔들지 못했고, 도리어 스스로 자기 자신을 채찍질하게 하는 자극제가 되었다.

그들의 삶을 보면서 어린 시절 불우한 가정환경, 우둔한 머리를 탓할 수 없다. 내 자신의 의지를 탓해야 한다. 어려움을 극복하는 것은 어찌 보면 그리 어렵지 않을 수도 있다.

하지만 계속되는 실패와 좌절 속에서도 성공할 때까지 물러서지 않고 계속 도전하는 용기와 의지를 갖춘다는 건 결코 쉽지 않다. 그것도 세상 물정 모르는 어린 시절에 말이다. 아홉 번 넘어졌다고 해도 다시 아홉 번째 일어선다면, 승리는 마지막 일어선 당신의 몫이다.

화려한 리더의 자리는 인생의 모든 것을 걸었을 때 이룰 수 있는 아름다운 신의 선물이다. 이 선물을 얻기 위해서는 자신의 모든 에너지와 집중력, 목표와 열정, 몸과 마음, 영혼을 바쳐야 한다. 그것은 용기 있는 자만이 이룰 수 있는 영광스러운 자리이며, 자신의 운명을 개척하는 사람만이 그 자리에 설 수 있다.

인생의 최저점을 찍어본 사람은 웬만한 시련에 흔들리지 않는다. 그러한 시련을 어린 시절에 겪은 사람은 오히려 행운아인 셈이다. 일생을 통해 유용하게 쓸 자산을 일찍이 갖는 것이기 때문이다.

또한 고달픈 인생을 살면서 누구나 어려움을 겪게 된다. 이때 매도 일찍 맞는 것이 나은 것처럼 불행도 초년에 겪게 되면 나머지 인생은 탄탄대로일 가능성이 높다. 고생 끝에 낙이 온다. 즉 초년에 고생하면 말년에 반드시 낙이 온다. 그래서 고진감래(苦盡甘來)라 하였다.

수많은 리더가 열악한 환경으로 인하여 주변으로부터 혹독한 비판과 악평을 들었지만 그것에 굴하지 않고 꿋꿋하게 자신의 길을 걸어가 성공했다.

누군가가 당신에게 혹독한 비판과 악평을 하는가? 그렇더라도 그 말에 비관을 사거나 굴복할 필요 없다. 나 자신이 아니라고 생각하면 그만이지 않은가? 남들이 내 인생을 살아주는 것이 아니다. 그러니 남들의 말에 기죽고 의기소침해진다면 스스로를 나약한 사람으로 만드는 꼴이 된다.

비바람에 강한 나무가 땅속 깊이 뿌리내리듯이 사람도 마찬가지로 열악한 환경에서 견고하게 다져지게 된다. 인생에 흔들림이 없는 사람은 없다. 지금 갖고 있는 것이 초라하다고 해도 체념하지 마라. 그 힘든 과정을 통해 역경을 이겨 내는 지혜와 끈기가 자신감을 갖게 해 준다.

고도의 교양을 갖춘 대가들이나 지성인들도 처음 시작은 애송이에 불과했다. 물론 그들에게 타고난 재능이 있었을 것이다. 그러나 재능이 모든 것을 다 해 주지는 못한다. 의지와 노력이라는 뒷받침 없이 그들이 오늘과 같은 성공을 거두지 못했을 것이다.

아침이면 태양은 떠오른다

시련 없는 인생이란 없다. 아침이 되면 태양이 떠오르듯 사람도 태어난 순간부터 시련도 같이 태어난다. 위대한 리더일수록 큰 시련과 마주하게 된다. 배고플 때 밥을 먹지 않고 배부를 수 없듯이 시련이 없으면 진정한 인생의 참맛을 느낄 수 없다. 큰 시련이 없었다면 그 사람이 아무리 나이가 들어도 아직 어린 아이에 지나지 않는다. 추운 겨울이 닥쳤을 때 자기에게만 오는 시련이라 절망하고 주저앉는다면 결코 성숙된 어른으로 성장할 수 없다. 그 겨울을 견뎌 내야만 봄이 찾아 왔을 때 더 아름다운 모습으로 꽃을 피울 수 있다.

원석을 갈고 다듬어 아름다운 보석이 만들어지듯 사람도 시련 없이는 위대해질 수 없다. 이러한 시련이 우리를 위대하게 만드는 디딤돌이 되는 것이다.

사실 삶에 시련이 있다는 것은 바로 자신이 세상에 살아 있다는 증거이기도 하다. 시련은 어떤 의미를 갖는 순간부터 더 이상 시련이 아니다. 시련이 기쁨이 되고, 위안이 되고, 존재의 의미가 될 때 그것은 성장의 디딤돌이 된다. 시련이 클수록 그 속에는 그만큼 더 큰 기회가 존재한다는 사실을 기억한다면 시련 자체를 부정적인 일로만 볼 것이 아니다. 바로 이런 점을 이해하고 조금씩 여유를 가질 필요가 있다. 그 어떤 시련이 닥쳐도 현실을 피할 수 없는 것처럼 불가피한 것이니 긍정적인 의미를 부여하고 참고 견뎌라.

일반적으로 시련과 마주했을 때 어떻게 대응하는가를 보면 그 사람의 의지나 사람됨을 검증할 수 있다. 용기를 내어 재도전하고 노력 하며 고난을 경험 삼아 자신의 잠재력을 발견하고 더 성숙한 사람으로 거듭날지, 아니면 패배감에 젖어 그대로 주저앉아 포기하고 말지를 엿볼 수 있기 때문이다.

시련과 마주했을 때, 좌절과 절망감에 젖어 있는 것은 우리 인생에 아무런 도움이 되지 않는다. 당신이 시련을 이겨 내길 원한다면 먼저 시련을 대하는 마음가짐부터 바꿔야 한다. 시련에 힘들어 하고 자신의 처지를 원망하는 대신, 담담하게 맞서 **뼈아픈 경험**을 앞날의 밑거름으로 삼아야 한다.

철은 뜨거운 용광로에 담금질을 할수록 더욱 단단해진다. 사람도 마찬가지다. 자신을 두드리는 수많은 시련을 견뎌 내야 비로소 강해진다.

히말라야 고산족 사람들에게는 소나 양 등의 가축을 사고 팔 때 기준이 있다. 우선 가파른 산비탈에서 가축의 목에 끈을 매어 길게 늘어뜨린 후 파는 사람과 사는 사람이 함께 가축의 움직임을 지켜보면서 가격을 정한다. 이때 가축이 산비탈 위쪽을 향하여 올라가면서 풀을 뜯으면 아무리 비쩍 말랐어도 후한 값을 쳐주고, 반대로 산 아래쪽으로 내려가면서 풀을 뜯으면 몸집이 크고 털에 윤기가 흘러도 값을 싸게 친다. 이유는, 산 위로 올라가는 가축만이 산허리에 있는 넓은 초원에 다다를 수 있기 때문이다. 산 위로 가는 힘한 길을 택한 가축만이 먹을 것을 발견하여 살을 찌우고 건강하게 살 가능성이 높은 것이다.

내친김에 한 가지 더.

그늘 하나 없는 사막에서 낙타는 어떻게 살아남을 수 있었을까? 그것은 태양을 똑바로 바라보고 걸었기 때문이다. 낙타의 긴 목과 머리가 몸 그늘을 드리워 체온 조절이 가능했던 것이다. 만약 낙타가 뜨거움을 피하려고 태양을 외면했다면 온몸에 고스란히 전해지는 열기에 쓰러져 죽고 말았을 것이다. 태양을 피하지 않은 것은 정면 승부를 하라는 말이다. 낙타의 정면 승부가 낙타를 살린 것처럼 언제나 자신을 똑바로 보고, 정면으로 맞설 때 인생은 더 좋은 쪽으로 나아가게 된다.

만약 쉽고 편한 길만 찾아간다면 미래는 어둡게 전개된다. 비록 지금 당장 어렵고 힘들어 보이더라도 좀 더 힘을 내 걸어가겠다는 용기를 가져야 한다. 어려움이 닥칠 때 피하지 말고 그에 맞서 정면 승부하라는 말이다. 당신은 아직 젊고 가야 할 길이 많이 남아 있기 때문이다.

누구나 화를 피하고 복을 누리기를 바라지만, 화와 복은 우리들이 바라는 대로 움직이지 않는다. 화와 복은 피하려고 하면 따라오고, 잡으려고 하면 달아난다. 돈도 마찬가지로 좇으면 달아난다. 이는 마치 까다로운 운명의 여신과도 같다. 운명은 매달리는 자에게는 쌀쌀 맞고 뿌리치는 자에게는 곱쌀 맞다.

'운명은 피하는 자는 끌고 가지만 맞서는 자는 모시고 간다'는 말이 있다. 안일한 길을 거부하고 낯선 도전을 두려워하지 않는 자는 운명을 하인처럼 부릴 수 있다. 낮아짐으로써 높아지고, 물러섬으로써 나아갈 줄 아는 사람을 인생의 고수라 부른다. 이러한 고수는 운명을 다스리며 나아간다. 때문에 운명이라는 여신은 이제 당신의 차지다.

어려움에 맞닥뜨리게 되면 크게 두 가지 반응을 보이게 된다. 하나는 어려움에서 벗어나려 드는 것이고, 다른 하나는 그것을 해결하기 위한 방안을 구체적으로 찾는 것이다. 지금 눈앞에 닥친 상황이 괴롭다는 이유로 갖가지 핑계를 대며 문제의 해결을 뒤로 미루기만 한다면 평생 가더라도 눈에 띄는 성장은 힘들다. 더 적극적으로 달려드는 기백을 보여줄 수만 있다면 그것만으로도 한층 성숙해지는 계기를 마련할 수 있다.

인도 속담에 '암초를 벗어나려면 신을 찾되 노를 저으라'고 했다. 앞에 장애물이 있다면 그것이 무작정 없어지길 기다리지 말고 넘을 수 있는 방법을 찾아 나서야 한다. 여기서 중요한 것은 얼마나 최선을 다해 노력 하느냐. 방법을 찾아나서는 자가 보다 나은 미래를 만들 수 있다.

　고난과 시련이 다가올 땐 그 장애물을 무조건 넘기로 마음 먹어야 한다. 어려운 길에 도전해야 한다. 그렇게 힘든 시간을 이겨내면 이후엔 훨씬 더 반짝이고, 밝은 길이 당신을 기다리고 있다. 그 길은 운일 수도 있고, 성공일 수도 있다.

chapter__ 02

조각배에서 중심을 잡아라

인생이라는 바다에서 상처 없이 온전한 배는 없다. 우리가 해야 할 일은 자신감을 잃지 않는 것이다. 그것이 어려움을 물리칠 수 있는 가장 강력한 무기이기 때문이다.

거친 파도를 만나보지 못한 배는 없다. 세상이란 험한 바다에서 살아남기 위해선 더 큰 파도를 이겨 낼 용기가 필요하다. 그리고 끊임없이 험난한 파도에 단련되어야 한다. 인생이라는 바다에는 온전하기만 한 배는 없다. 그러니 피하지 말고 정면 승부한다는 식으로 당당히 맞서야 한다.

하나의 예를 보라.

어떤 꾀 많은 당나귀가 무거운 짐을 지고 걷는 것이 너무 고통스러워 스스로 목숨을 끊었다. 그러나 목숨을 끊는다고 모든 고통이 해결되었을까? 사는 것이 매우 고통스러워 목숨까지 끊은 당나귀는 더 큰 고통을 받을 뿐이다. 인생은 피한다고 해결되는 것이 아니다. 당나귀가 죽자 사람들은 그 가죽으로 북을 만들었고, 북을 치면서 축제를 열었다. 마을에 경사가 있을 때마다 북을 두드리며 축제를 즐겼던 것이다. 이렇듯 당나귀는 죽어서까지 얻어맞는 신세가 되었다.

요컨대 어려운 상황에 부닥치면 대부분이 그에 맞서기보다 우선 피하려는 태도를 취한다. 훨씬 더 쉽고 안전하고 편하기 때문이다. 하지만 이러한 수동적인 태도는 잠시 잠깐은 골칫거리로부터 벗어날 수 있지만 종국에는 더 깊은 좌절로 쓴맛을 보는 계기로 이어지게 된다.

문제를 피한다는 것은 자신감이 없어 고난과 역경을 극복하는 능력 계발의 기회를 놓치게 되는 것과 같은 뜻이다. 다시 말해 점진적으로 더 깊은 수렁으로 빠져 들어 헤어 나오지 못하는 상황으로 전개된다.

반면 근원적 변화를 추구하는 이들은 전혀 다른 입장을 보인다. 일단 어려운 상황이 닥치면, 그들은 훨씬 더 적극적이고 창의적으로 대응한다. 때로는 식음을 전폐하면서 또 때로는 밤잠을 설쳐가면서 온몸을 던져 대응한다. 위기를 기회로 삼는 진취적인 태도를 보임으로써 그들 스스로 근원적인 변화를 이끌어 내어 최후의 승자가 된다.

어려움이 닥칠 때 최고의 방법은 회피하는 것이 아니라 직면하는 것이다. '죽고자 하면 살고 살려고 하면 죽는다'는 말처럼 위기 시 가져야 할 리더의 용기다. 위기에 처했을 때 헤어나는 방법은 피하는 것이 아니라 정면 돌파하는 것이다. 위험에 처했을 때 살아남는 자는 도망가는 자가 아니라 싸우는 자다. 늑대의 공격을 받은 작은 강아지가 이왕 죽을 것 목숨 걸고 대항하면 그 위험에서 벗어날 수 있지만, 큰 개일지라도 도망치면 늑대가 따라가 먹이로 삼게 될 것이다.

리더는 큰 문제가 발생하였을 때 시험대에 오른다. 그때 그의 진가가 발휘된다. 신념이 약하면 시련이 닥칠 때 지레 겁을 먹고 미리 좌절해버리거나 상대방에게 허물을 전가하면서 상대방이나 세상을 원망한다.

말하자면 모든 수단과 방법을 강구하여 절박한 상황에서 벗어나고자 할 뿐 절대 책임지려 하지 않는다. 이는 어떻게 해서든 현재의 어려움에서만 벗어나려는 미봉책만 강구하기 때문이다. 여기서 '리더의 자격이 있는가'라고 다시 묻고 싶다.

단언컨대 상대방에게 책임을 전가하는 사람은 리더의 자격이 없다. 그럴 때 리더가 머리를 싸매거나 허둥지둥한다면 이야기할 가치도 없다. 우렛소리에 연못의 수면이 가늘게 파문을 일으키듯 어떤 현상에 너무 예민하게 반응하는 리더는 결코 큰일을 할 수 없다.

외적인 조건에 따라 흔들리는 마음은 판단이나 일의 잣대를 세울 수 없기 때문이다. 이는 물론 철학과 소신을 갖지 못한 데 기인한다. 그저 부화뇌동하듯이 세상사에 얄팍한 감정으로 반응하기에 그에게서는 사려 깊은 행동과 무게 있는 삶을 기대할 수 없다. 듬직하고 깊이가 있는 리더는 이럴 때 능력을 발휘한다. 그 중에서도 특히 언행일치가 제일 중요하다.

　따라서 행동거지에서 애매하거나 이해하기 어렵다는 느낌을 주지 않도록 진중하게 처신해야 한다.

chapter __ 03

희망의 불씨는 남아 있다

　훌륭한 학부모는 자녀를 리더로 키우기 위해 위법·편법을 부리지 않는다. 오직 원칙적인 삶을 추구하며 희생을 마다하지 않는다. 큰 인물로 키우기 위해서다. 즉 훌륭한 리더는 다른 사람을 리더로 키우는 데 자신의 시간과 에너지, 물질, 사고를 아낌없이 투자한다. 그들은 남녀를 불문하고 모든 사람에 대해 개인의 직함이나 지위, 나이, 혹은 경험과 상관없이 리더가 될 수 있는 성장 잠재력을 끌어낸다.

　사람은 누구나 계발 가능한 잠재 후보자다. 인재를 발굴하여 잠재력을 계발하는 것이, 인재의 장점을 이끌어 내는 것이 조직의 최대 장점을 살리는 결정체가 된다. 그래야만 그들의 조직이 갖고 있는 긍정적인 힘을 강화시킬 수 있다.

만약 최상의 조직을 만들려 한다면 구성원들에게 투자해야 한다. 사람이야말로 가장 커다란 잠재력을 갖고 있기 때문이다. 그리고 경쟁적인 기업 세계에서 인재 계발 능력은 종종 서로 비슷한 재원을 활용하여 성공을 꾀하는 두 개의 조직 사이에 차이를 만들어 내는 역할을 한다.

성공한 리더가 되기 위해 인재 계발의 중요성을 다시 인식할 필요가 있다. 그렇다면 무엇이 문제인가? 사람의 중요성을 이야기하면서도 이를 위해 적극적이고 지속적인 노력을 기울이지 않는 리더나 조직이 너무 많다는 것이다. 경쟁 업체에 뒤처지지 않으려면 전략과 혁신도 중요하지만 이보다 이를 실천할 구성원의 역량과 리더십 계발이 훨씬 더 중요하다.

대부분의 리더가 성과를 높이기 위해 노력하는데, 그것은 초점이 잘못된 것이다. 조직을 성장시키는 것은 회사에서 일하는 사람을 성장시키는 방법을 통해서 가능하다. 그러므로 리더가 진심으로 조직과 조직의 잠재력을 확대시키기 원한다면 구성원을 성장시키는 데 초점을 두어야 한다.

맡은 일을 끝내는 것은 분명히 중요하고 가치 있다. 이때 구성원을 이끌고, 그들이 당신의 비전을 성취하도록 돕는 것은 훌륭한 일이다. 그렇긴 하지만 그보다 더 훌륭한 일은 구성원의 잠재력을 계발하는 것이다. 리더인 당신은 이것을 목표로 삼아야 한다.

명실상부하게 유능한 리더가 되려면 우수한 인재를 골라 회사 발전을 위한 동력으로 삼아야 한다. 인재의 중요성을 인식한 다음에는 관리에만 국한되지 않고, 각 분야에 필요한 인력을 골고루 선발·배치해야 한다. 또한 당장 필요한 인재만이 아니라 장기적으로 기업에 필요한 인재를 키워 나가야 한다. 다양한 분야에 걸쳐 장기적으로 육성한 인재를 확보했을 때 기업은 최대한의 역량을 발휘한다.

국가든, 사회든, 기업이든, 비즈니스든 진정한 자원은 사람이고, 경영은 인력 자원을 계발하는 것이다. 따라서 인재를 발굴하고 양성하는 일은 기업과 국가의 중요한 인재가 되므로 꾸준히 이행되어야 한다.

전통적으로 '교육은 국가의 백년대계(百年大計)'라 하여 교육은 국가의 장기 계획에서 가장 중요한 부분으로 인정되어 오고 있다. 이는 인재를 양성하는 데 국가의 미래가 걸려 있기 때문이다.

'1년 후를 생각한다면 농사를 짓고, 10년 후의 결실을 맛보려면 나무를 심고, 100년 후를 생각해서는 후세를 가르치라'는 선조들의 말씀을 다시 한번 음미해 볼 필요가 있다.

교육이라는 것은 10년, 100년 앞을 생각하고 미래를 만드는 것이며 인류의 역사를 이어가는 과정이다. 그 어떤 것보다 소중하기에 올바른 교육이 중요한 것이다. 부존자원이 풍부하지 못한데다 국토마저 작은 우리나라에서는 그 중요성이 특히 절실하게 피부에 와닿는다.

전술한 바와 같이 무려 100년 간 키워야 수확할 수 있는 게 사람이다. 그만큼 인재에 투자하여 그 성과를 얻기까지는 적지 않은 시간이 소요된다는 말이다. 이런 장기적인 관점에서 인재 육성을 위한 준비를 철저히 하고, 그에 따른 정책을 만든 후 이를 실제로 펼쳐나가야 한다. 그래서 흔히 교육을 콩나물시루에 비유한다. 콩나물에 물을 주면 물은 바로 다 빠진다. 성장이 없는 듯 보인다. 하지만 콩나물은 무럭무럭 잘 자란다.

그럼에도 불구하고 많은 리더가 인력 양성에 드는 비용이 막대함에 비해 짧은 기간에 효과를 볼 수 없어 꺼리는 경향이 있다. 이런 사고방식은 대단히 잘못된 것이다.

많은 기업에서 훈련의 중요성과 효과는 인식하지 못한 채 일방적으로 구성원에게 업무 효율성과 제품의 질을 향상시키라는 요구를 한다. 문제는 낡고 진부한 지식과 기능만으로 버티는 구성원이 다수를 차지하는 회사의 제품 질과 생산성이 높아질 수 있겠는가 하는 것이다. 더욱이 많은 리더가 구성원의 훈련 효과를 이해하지 못하고, 자금과 인력 부족을 구실 삼아 구성원의 재교육에 무관심하다. 심지어 구성원의 자발적인 학습에도 부정적인 태도를 보인다. 최악의 리더는 바로 구성원의 자질 향상 노력이 언젠가 자신의 자리를 위협하는 칼날로 돌아올 수 있다는 비뚤어진 인식을 하고 있다는 것이다.

사회가 빨리 변화하는 만큼 각 분야의 지식도 하루가 다르게 새로워지고 있다. 이런 상황에서 구성원이 새로운 지식을 익히지 않는다면 낙오될 수밖에 없다. 구성원이 교육과 훈련을 받아야 하는 이유는 새로운 지식과 기능을 습득하고 기존의 업무 능력을 향상시켜야 하기 때문이다.

만약 구성원이 새로운 지식과 사상으로 무장하지 않으면 실무에 적용할 기회를 얻을 수 없고, 우수한 구성원도 첨단 기술을 익혀 전문가로서 성장할 수 없다. 구성원의 자질을 향상시키는 교육과 훈련은 리더가 책임져야 할 중요한 업무다. 이런 이유로 사람을 어떻게 키울 것인가가 중요하다. 그런데 대부분의 리더는 인재를 키우려 하지 않는다. 이게 문제다. 나중에 누가 뒤집어쓰는가 하면, 그렇게 전전긍긍 걱정하던 리더다. 왜냐하면 사람을 안 키워 놨으니 자신의 일을 대신해 줄 사람이 없어서 자리를 못 비운다. 그러니 일벌레가 돼서 하루 종일 일만 생각해야 한다. 나이 들어 체력이 떨어져 일을 놓아야 함에도 물려줄 후계자가 없게 된다.

사실 사람 머리에는 한계가 있다. 모든 게 한 사람에게서 나올 수 없다. 리더가 구성원을 두는 이유는 결국 하나다. 리더 본인이 업무를 다 담당하지 못하기 때문에 구성원과 나눠서 하는 것이다. 그럼에도 혼자서 모든 일을 끌어안으려는 것은 스스로 리더의 재목이 아님을 고백하는 것이나 마찬가지다.

사회에서 모든 것의 중심은 사람이다. 사람은 많지만 사람 같지 않은 사람이 많을 때 그 조직은 지리멸렬하여 사라진다. 조직의 리더는 창의적으로 일을 찾아가고 업적을 만들어 가는 구성원에게 더욱 중요한 일을 맡겨 인재를 키워야 한다.

그리고 새로운 아이디어로 부가가치를 창출하는 구성원이 보이면 아무리 말단이라고 해도 발탁하여 크게 쓸 줄도 알아야 한다. 그런데 구성원 중에서 리더감으로 인재를 키우지 못하면 조직에 활력을 불어넣지도 못하고, 미래에 비전도 없다. 내일의 리더를 키우지 못하는 조직에 내일의 희망이 없기 때문이다.

조직의 자산 대부분은 시간이 지나면 가치가 하락한다. 시설은 낙후되고, 장비는 녹이 슬고 구식이 되며, 물건은 마모되어 없어진다.

그렇다면 시간이 지날수록 어떤 자산이 잠재적으로 가치가 올라갈 수 있을까? 바로 구성원이다. 하지만 이것은 구성원에게 투자하고 성장시키는 능력 있는 리더가 가치를 부여하고, 도전하고, 성장시킬 때에만 가능하다. 그렇지 않으면 구성원이라는 자산도 이자 없이 맡겨 둔 돈과 같다.

잠재력은 대단하지만 실제로 가치가 불어나지 않는다. 구성원은 저절로 가치가 올라가거나 우연히 성장하지 않는다. 의도적으로 노력할 때에만 성장할 수 있다.

그렇다면 당신은 어떻게 조직을 더욱 나아지게 할 것인가? 이는 조직의 구성원에게 투자함으로써 가능하다. 회사는 구성원이 나아지면 좋아지게 마련이다. 이런 이유로 구성원에게 투자하면 항상 조직은 큰 성과를 얻게 된다. 미래 사회에서는 인재를 최우선시하는 기업만이 수익을 낼 수 있다. 인재 육성에 소요되는 돈은 비용이 아니라 투자개념이란 생각으로 투자해야 한다.

구성원은 어떤 리더를 만나느냐에 따라 성장할 수도 있고, 퇴보할 수도 있다. 즉 리더가 훌륭할수록 조직의 잠재력은 커진다는 말이다. 좋은 리더가 조직을 긍정적으로 이끌고, 생산적인 근무 환경을 만들 때 모든 것이 개선된다.

chapter_ 04

리더의 얼굴은 다르다

우리 몸에는 근육이 620여 개 있다. 그 근육 중에 제일 많은 근육이 있는 곳이 바로 얼굴이다. 이를테면, 미소를 지을 때 쓰는 근육, 화난 표정을 지을 때 쓰는 근육, 노려볼 때 쓰는 근육, 슬픈 표정을 지을 때 쓰는 근육 등이 그것이다. 그 근육 덕에 얼굴에 다양한 표정을 지을 수 있는 것이다. 근육과 그 정도, 조합 등은 사람마다 조금씩 다르다. 자주 짓는 표정에 따라 좋으면 좋은 대로 나쁘면 나쁜 대로 그 이력이 쌓이는데, 결국 그것이 얼굴 전체의 인상을 결정짓는다.

대단히 큰일이 벌어진 것도 아닌데 얼굴 근육을 긴장시키거나 딱딱하게 만들고, 초조한 표정을 짓거나 얼굴을 찡그린 채 한숨을 쉬면서 살아가는 사람이 있다. 이유를 물어보면 본인의 문제도 아니다. 자식 문제, 남편 문제, 아내 문제, 그 외 친척·친구 문제가 대부분이다. 이러한 경우 누구를 어떻게 변화시키기 전에 자기 자신부터 바꾸어야 한다. 내가 먼저 밝아져야 남을 변화시킬 수 있다. 특히 가족의 경우에는 말로써 어떻게 바꾸려 하는 것은 통하지 않는다. 자칫 잘못하다간 가정불화의 원인이 될 수도 있다. 달라진 얼굴 모습, 달라진 기운, 변화된 행동만이 가족을 좋은 방향으로 이끌 수 있다.

사실 마음먹기에 따라, 생각하기에 따라 얼굴 표정과 인상은 얼마든지 바꿀 수 있다. 다만 시간이 오래 걸린다는 점이다. 얼굴이 견고한 철이 아닌 다음에야 표정의 변화는 가능하다. 따라서 인상이 좋게 변함에 따라 좋은 운으로 바뀔 수도 있고, 자기 자신도 변화시킬 수 있다.

'웃으면 복이 온다'는 말이 있다. 자라면서 수도 없이 들어 온 말이기도 하다. 그러나 흘려 들어온 것이 사실이다. 웃는 얼굴, 밝은 얼굴, 즐거워하고 기뻐하는 얼굴이 그대로 편안한 얼굴로 변하면서 좋은 운으로 연결된다.

그러나 마음을 어둡게 하여 부정적인 말과 행동으로 일삼는다면 불행을 비껴갈 방법은 없다. 사소한 것, 일어나지도 않은 일로 걱정을 하고, 얼굴에 근심의 그늘을 드리우는 사람은 복을 외면하는 사람이다. 즉 자기 자신을 달달 볶아 몸과 마음을 옥죄어서 웃음을 잃어버리고, 얼굴 근육을 긴장시켜 얼굴에 밝은 기 없이 굳어져 있는 표정은 점점 행운을 달아나게 만든다.

또한 무표정한 얼굴이나 쌀쌀맞은 표정은 타인과 거리감이 생기게 만들어 복이 깃들기 어렵다. 새침하고, 침울하고, 찡그린 표정 또한 스스로 자기 세계 속으로 침몰하고, 다른 사람의 마음까지 불편하게 함으로써 행운이 따르지 않는다.

얼굴이 잘 붓고 누르스름하면 건강도 좋지 않다는 결과다.

인상이 좋으면 사람도 따르고 복도 따른다. 그 결과 성공의 길 운도 따른다. 관상학이나 역학을 공부하지 않아도 알 수 있는 세상의 일반적인 이치다.

인상은 변하게 되어 있다. 부잣집 귀공자 타입이었던 사람이 중년에 지독한 고생을 겪으면서 얼굴이 찌그러지고 빈한하게 변한 경우를 보았을 것이다. 물론 반대의 경우도 있다.

그렇다면 좋은 인상, 어떻게 만들 수 있을까? 간단하다. 잘 웃기만 해도 좋은 인상을 만들 수 있다. 인상을 아름다운 빛깔로 채색하기 위한 가장 중요한 방법은 따뜻한 마음을 갖는 것이다.

다시 말하여 늘 겸손하며, 삶을 겸허하게 받아들이며, 매사 감사하며, 자연을 사랑하고, 착한 마음을 가지는 것이다. 단 바보 같은 착함이 아니라 확고한 신념과 가치관을 가지고 덕을 베푸는 착한 사람이 되어야 한다. 그리고 항상 긍정적인 사고를 하고, 어떤 일이든 즐겁게 행하며, 잘 웃어야 한다. 그렇게 덕행을 쌓고 심상 관리를 하면 얼굴에 기쁨의 밝은 기운이 돌면서 인상도 밝아진다. 그러면 복을 부르게 된다. 그 복이 자신을 리더로 만들고, 자식을 성공시키는 기운으로 작용한다.

그래서인지 리더의 얼굴은 다르다. 얼굴에 복이 담겨 있음을 볼 수 있다. 이는 평범한 사람도 알아볼 수 있다. 그만큼 자신이, 부모가 복 짓는 삶을 살았다는 것을 알 수 있다.

인상은 타고나기도 하지만 시간이 지나면서 하나의 상으로 굳어진다. 덕을 쌓으며 심상관리를 하는 것이 장기적인 방법이라면 평소에 표정 관리를 잘하는 것도 좋은 인상을 만드는 데 도움이 됨은 물론이다. 뿐만 아니라 표정은 즉효성이라는 장점이 있다. 어떤 표정을 짓느냐에 따라 즉각적인 효과를 볼 수 있다는 말이다. 인상은 하루아침에 바꿀 수 없지만 표정은 당장 바꿀 수 있다. 그렇게 수천·수만 번 좋은 표정을 짓다보면 좋은 인상으로 변하게 된다. 이것이 결국 좋은 인성으로 평가받게 되는 것이다.

그래서 우리는 자신의 얼굴에 책임을 져야 한다. 누구나 순간순간 배우고 익히면서 지혜와 절제의 덕을 갖추어 나가기 시작하면 어느새 성숙한 인간미를 갖추게 된다. 그럴 때 얼굴 모습에서 인격이 나타난다. 이 모습이 바로 리더의 얼굴인데, 이러한 성숙한 인간미는 바로 내면의 아름다움에 해당한다.

그럼에도 불구하고 인품이 갖추어지지 않은 사람이 온갖 명품으로 치장한다고 해서 돋보일까? 오히려 비웃음의 대상이 된다. 반면 내면의 명검을 가진 자, 타고난 재능을 연마해서 달인이나 전문가로서 지혜와 덕이 높으면 무엇을 입든 남보다 더 돋보인다. 그가 명품을 입었을 때 명품이 그 사람을 돋보이게 하는 것이 아니라 그의 얼굴이 명품으로 돋보이게 하는 것이다.

그렇다면 왜 명품으로 치장하려는 것일까? 이유야 많지만 자신을 돋보여 첫인상을 좋게 하기 위함일 것이다. 첫인상이 좋으면 남들에게 주목 받고 선입견도 좋아 여러모로 잘되고 좋아질 것이라고 기대하는 것이다. 하지만 명품 치장보다 실제로 인상을 좋게 만드는 방법은 눈가에 상냥한 웃음기를 띤 밝은 표정을 짓는 것이다. 그리고 배려와 예절을 배우고, 풍부한 지식과 경험을 쌓아 내면을 멋지게 가꾸면서 자신만의 차별화된 재능을 살리는 것이다.

그런데 부족한 점이 있으면 대부분 외모를 고치고 명품으로 치장하려고 무던히도 애를 쓴다. 그러한 행동이 훨씬 쉽기 때문이다. 어리석은 사람일수록 더욱 그렇다. 좀 더 예쁘게 보이려고 성형수술도 하고, 값비싼 것으로 치장을 하고, 여유 있게 억지웃음을 지어 보이기도 한다. 목소리까지 힘이 들어 있다.

하지만 진정한 리더는 자연스러우면서도 주변과 조화되도록 신경 쓴다. 튀는 옷차림을 하지 않고, 많은 사람이 입는 옷과 비슷한 정도의 수준을 유지한다. 다만 내면에 더 신경을 쓴다는 점이다.

흔히 겉으로 드러나는 멋에 많은 관심을 가지므로 외모를 치장하는 데 노력과 정성을 아끼지 않는 반면 내면의 품성을 가꾸는 데 소홀한 경우가 많다. 말하자면 외면의 성장이나 발전에는 적지 않은 투자를 한다. 그렇지만 자신의 인격 성숙과 정서의 메마름을 치유하기 위해서는 책 한 권도 읽지 않는다. 따라서 이에 대해 스스로 반성해 볼 일이다.

남들보다 좋은 점수를 받고, 좋은 대학을 나와 많은 연봉을 받는 것, 그리고 남들보다 더 넓은 집과 비싼 차를 소유하는 것이 인생의 승자가 되는 길이 아니다. 그것보다 자신이 중요하다고 생각하는 가치에 맞게 사는 삶이 바로 승리로 가는 길이다.

'갈수록 사는 게 재미없다고 말하는 이가 많은 까닭은 삶의 만족을 스스로에게서가 아니라 다른 것에서 찾으려고 하기 때문이다. 누군가와 경쟁하고 비교하면서 이기기 위해 사는 것이 아니라 자기 만족을 위해 살아갈 때 진정한 힘이 생긴다. 계속해서 성장하고자 하는 사람은 현재의 위치에 연연하지 않는다. 기득권에 욕심을 내지도 않는다. 다만 용기를 내 쉼 없이 스스로가 생각하는 세상에 발을 내디딜 뿐이다. 다른 사람의 시선이나 비교에 주눅 들지도 않고, 불필요한 경쟁으로 자신의 에너지를 소모하지도 않는다.

중년 이후에 행복한 삶을 사는 사람, 행운과 복이 깃드는 사람의 가장 중요한 기준은 그동안 얼마나 나답게 살았느냐다. 비교적 노년에 운이 좋은 사람들의 공통점은 젊은 시절에 자신의 감정과 생각에 충실한 삶을 살았다는 것이다. 바꿔 말하면 남의 시선이나 평판에 신경을 쓰기보다는 자신의 길을 스스로 선택하고 묵묵히 살아온 사람들이다. 스스로 사랑하는 삶을 살아온 사람에게 운명은 많은 선물을 한다. 그리고 중년 이후에 더 많은 행운을 누릴 조건과 자격도 갖추게 된다.

반면 평판, 남의 눈치와 시선, 부의 축적 등을 이겨 내지 못하고, 세상이 강요하는 행동을 선택한다면 당장의 일상은 유지된다. 그러나 중년 이후의 삶에 여러 가지 불운을 불러오게 될 가능성이 많다. 자신의 삶이 오로지 자신의 것이 아니라면 노년에 맞이하게 될 여러 균열을 피할 수 없다.

때로는 힘들고 어려운 자신의 모습을 진솔하게 드러내는 것, 즉 솔직한 얼굴만큼 자신감 있고 매력적인 자산은 결코 없다.

부언하면 자신을 돌아보면서 내면의 세계, 즉 마음을 아름답게 가꾸어 갈 때 인격적인 성숙을 더해 가며, 사람됨의 향기가 물씬 배어 나오는 사람이 된다. 인위적으로 가꾼 외모는 나이를 먹을수록 점점 추한 모습으로 나타난다. 반면 내면의 아름다움은 세월이 갈수록 더 아름다워진, 밝은 모습으로 자연스럽게 묻어 나온다.

인간의 영혼과 마음속에 무엇이 담겨 있는가에 따라 그 사람의 행동이 좌우되고, 그 사람의 됨됨이가 만들어진다. 인간의 행동은 깊은 내면 가운데 있는 것이 밖으로 그대로 드러나는 것이다. 그러한 행동이 쌓여 그 사람됨이 형성되고, 그것이 오랜 세월 축적되어 그 사람의 인격이 이루어지는 것이다.

그 결과 그 인격이 자녀한테 좋은 영향을 미친다. 성공한 리더는 타인에게 잘 보이려 치장하는 대신 항상 자신의 내면을 들여다본다. 남의 시선을 의식하는 것이 아니라 자신의 내면을 성찰하는 것이다. 자기 자신에게 잘 보이려 노력하는 것이다.

자, 외부에 관심을 둘 시간이 있다면 내면을 가꾸는 데 시간을 할애하라. 그리고 자녀 교육에 투자하라. 나 자신은 물론 자녀의 미래와 행복을 위해서….

chapter __ 05

뿌린 대로 거둔다

 인간의 성장에 가장 영향력이 큰 존재는 부모다. 부모 중에서도 자녀의 양육에 더 큰 비중을 차지하는 분은 어머니다. 어머니가 자식을 낳아 기르고 성장을 돕는다. 그래서 인생에서 가장 중요한 분이 어머니이자 생애에서 커다란 영향을 주는 분 또한 어머니다. 떡을 팔아 아들을 공부시켰다는 한석봉의 어머니, 스스로 글쓰기와 그림 공부를 하면서 조선의 대 학자인 이율곡을 기른 신사임당, 미국에서 여섯 자녀를 모두 박사로 만들고 장남을 미국 차관보의 자리까지 오르도록 만든 한국의 어머니 전혜성, 맹모삼천지교의 맹자 어머니, 그 밖에도 자녀를 훌륭하게 기른 어머니들이 매우 많다. 그 어머니들은 정말 위대한 어머니요, 자녀에게 가장 훌륭한 스승이었다. 자식을 그렇게 훌륭하게 만들 수 있었던 것은 그 어머니의 노력이 훌륭했기 때문이다. 리더뿐만 아니라 남녀노소를 불문하고 누구도 예외일 수는 없다. 씨앗은 뿌린 대로 거두는 법이다. 좋은 부모 밑에 태어난 리더는 좋은 영향을 받는다.

그래서일까. 리더가 떠난 후에도 계속 성장하는 조직이 있는 반면, 망하는 조직도 있다. 당신의 리더십 역량에 대한 평가는 당신이 현직에 있을 때 나타나는 것이 아니라 그곳에 없을 때 나타난다. 하물며 현직에 있을 때 문제가 있다면 당사자 본인의 인격에 결함이 있기 때문에 일어나는 것이다. 거슬러 올라가면 부모에게 문제가 있기 때문이라고 보면 된다.

한편 권력은 한번 형성되면 스스로 팽창하는 속성을 갖고 있다. 가장 심한 중독이 권력 중독이라 하지 않던가. 여기에 종지부를 찍는 결정적인 한 방은 몸에 밴 예전 스타일을 버리지 못해 레임덕(lame duck)을 맞는 것이다.

인간은 독특하게도 남의 얼굴은 다 볼 수 있으나 자신의 얼굴은 거울이라는 도구가 없으면 볼 수 없다. 역사가 바로 리더의 거울이다.

더욱이 리더는 자신의 성공을 자신의 능력 덕이라고 말할 가능성이 높다. 불확실한 경영 환경에서 기업의 성과는 리더의 능력 외에도 운에 좌우되는 부분도 크다. 아무리 완벽한 전략을 수립했더라도 외부 상황이 불리하면 실패할 수도 있고, 어영부영했음에도 횡재하는 경우도 많다.

분명히 리더십에도 유통기한이 존재한다. 나약한 리더일수록 유통 기간이 짧다. 누구는 1년을 버티지 못하고, 누구는 5년을 버티지 못하는 레임덕이 온다. 권력을 얻고 성공을 이루게 되면 점차로 오만해지고, 완고해지며, 인색해지기 때문이다. 겸손하면 절대 이런 일이 일어날 수 없다. 이런 태도는 역설적이게도 권력과 성공으로부터 멀어지게 만든다. 오만하고 인색할수록 더욱더 타인들로부터 고립되고, 또 그럴수록 자신의 이익은 없어진다. 이것은 변화의 자연법칙이다.

"교만한 자는 오래가지 못하니 다만 봄밤의 꿈과 같고, 용기 있는 자도 마침내 사라지니 한줄기 바람 앞의 티끌과도 같다"는 시구처럼 영광스런 승리와 처절한 패배, 비정한 암투와 피비린내 나는 전투, 사치한 귀족문화와 처절한 서민 문화, 불같은 사랑과 서릿발 같은 증오, 불굴의 집념과 통한의 단념…. 이 모든 인간사가 결국 한줄기 바람 앞의 티끌과도 같은 것이다. 세상은 정체되어 있는 것이 아니라 끊임없이 변하기 때문이다.

중천에 떠 있는 태양은 모든 만물에 골고루 인색하지 않게 자신의 빛을 비추어 준다. 즉 공명정대하게 비춘다. 인간 사회에서 이 성대한 풍요의 누림은 가장 나은 지위와 권력에 올랐을 때다. 그러나 그렇게 되었을 때 권력에 도취될 것이 아니라, 모든 사람에게 많은 것을 베풀어야 한다. 그런 점에서 권력과 지위는 기뻐할 자리가 아니라 근심할 자리다. 그런데 왜 근심하지 말라고 했는가? 해가 중천에 떠 있듯이 공명정대함을 유지하고 있기 때문이다. 주면 줄수록 더 얻는다는 역설적인 충고가 자연의 법칙이다.

리더십은 나름의 역할을 통해 성과를 창출해야 하는 게임이다.

이런 현실을 하루빨리 깨닫고 치열한 상황 앞에서 재점검하는 편이 리더 본인에게 유리하다. 앞으로 성공의 최대 적은 오늘의 성공이다. 당신을 그곳까지 오게 해 준 방법이 당신을 계속 그곳에 머물러 있지 못하게 한다.

또한 리더십은 후계자를 양성하는 작업이다. 자리에 연연해 차일피일 미루다 타인에 의해 물러난 리더의 말로는 그리 긍정적이지 못하다. 위대한 리더는 모두 박수칠 때 떠날 수 있는 용기를 갖고 있다.

리더가 기존의 성공 모델을 버리지 못하면 잘해야 근근이 생존하는 정도의, 가장 낮은 단계의 리더십밖에 발휘할 수 없다. 과거 리더십을 계속 고수하면 현상유지는커녕 변질이 되어 결국 자기파멸을 부른다. 모래성을 쌓을 때처럼 어느 정도는 잘 쌓여지다 한순간에 무너진다.

이에 대해 경영 전략의 대가인 리처드 다베니 미국 다트머스 대학교 교수는 "만약 신이 당신을 파멸시키고 싶다면 당신에게 20년 성공을 보장해 줄 것이다. 20년 간 성공하면 내 시스템이 최고라고 생각하게 될 것이다. 하지만 나는 다르다고 여길 때 추락이 시작된다"고 했다.

20년도 필요 없다. 10년만 계속 성공해도 우쭐할 것이고, 5년 임기도 제대로 버티지 못하는 리더가 부지기수로 많고, 자신의 방식만이 정답이라고 믿을 것이다. 그래서 권불십년이라는 이야기가 나왔다. 뛰어나고 현명한 리더라도 10년 정도 성공을 경험하게 되면 권력에 중독되어 자만심이나 매너리즘에 빠지는 게 인생이다.

누구나 성공한 자신의 기존 스타일을 고수하기 위해 극도의 노력을 기울이지 않겠는가?

생각해 보라. 상하로부터 신임을 한 몸에 받고 계획을 수립한 것도 나요, 실행에 옮긴 것도 나요, 성과를 올린 것도 나다. 놀랄 만한 재능의 소유자라고 사람들은 나를 극찬한다. 능력자인 나는 가득 찬 확신으로 일을 해낸다. 내 말 한마디면 착착 움직인다. 또 때로는 사람들과 부딪치며 전진을 서슴지 않는다. 자연히 명예와 부귀를 꿈꾸며, 높은 지위와 편안함을 추구하면서 이런 날들이 늘 지속되기를 바란다. 앞날이 밝게 빛나리라. 나 이외에 누가 있으랴. 사람들의 칭찬에 익숙해지면 자신의 공에 스스로 취해 자만의 길로 들어선다. 자만의 길로 들어서는 순간 쇠락의 길로 접어든 셈이다.

'수영 잘 하는 사람 물에 빠져 죽고, 나무 잘 타는 사람 떨어져 죽는다'는 말이 있다. 경영에서 자만은 죽음이다. 자만은 과신을 가져오고, 과신은 끝내 기업의 몰락을 가져온다.

주목을 받았을 때, 최고의 절정에 올랐을 때의 모습이 바로 그의 미래다. ○○○는 미국의 크라이슬러 자동차 회사를 파멸 직전에 구해낸 최고 리더로 평가받는다. 재임 후반기 그는 스스로 타락한 스타의 위치에서 군림했다. 그는 자신을 빛나는 리더로 부각시키는 데 집중하여 텔레비전 프로그램에 단골로 출연하여 광고도 80여 편이나 찍었다. 이렇듯 대중적 인기를 얻자 미국 대통령 후보로 거론되기도 했다. 이런 그가 은퇴 시점에서 회사의 전용 제트기를 요구해 비난을 받았다. 또한 말년에는 돈만 밝히는 존재로 인식되었다. 일인자가 되었지만 그릇이 작아 몰락하고 말았다.

어느 정도 성공한 사람은 항상 현실에 안주하며, 여기저기 인터뷰에 응한다. 그래서 여러 매체에 이름과 사진이 나온다. 그러면 대부분의 리더는 초심을 잃는다. 마치 자기 자신이 원하던 바를 이룬 듯한 우쭐한 마음이 들기 때문이다. 그런데 이러한 마음은 파멸에 빠지는 함정이고 유혹이다.

이처럼 주시가 쏟아지는 자리에 있다면 교만에 빠지는 건 자연스럽다. 교만함에 발목 잡히지 않는다면 오히려 그게 이상한 일이다. 눈에 잘 띄지 않는 작은 지위를 차지했을 때도, 남보다 조금 더 많은 힘을 갖게 되었을 때도 꼴불견에 가까운 모습으로 변하는 게 사람이다.

이러한 모든 문제의 근원은 리더의 교만함에서 비롯된다. 폼 잡고 국민을 마음대로 주무르고자 하는 교만함이 자리 잡고 있기 때문이다. 한마디로 문제 국민 뒤에는 문제 리더가 있다. 리더가 바른 길을 걷지 않으면 나라가 혼란스러워질 것이며, 국민 역시 혼돈에 빠져 범법 행위도 서슴지 않을 것이다.

지금은 뜨거운 환호가 쏟아지지만 그 환호가 식으면 그때는 아무것도 남는 게 없다. 그 순간만을 봤을 때는 영생을 누리며 세상을 호령할 것 같지만 결국 죽어서 한 줌 재로 사라지는 것이 인간임을 결코 잊어서는 안 된다.

chapter _ 06

외롭게 홀로 스스로를 대면하라

학교를 졸업하고 나면 다들 매우 바쁘다고 말을 한다. 그래서 자기 시간이 부족하다고 불평한다. 하지만 우리에게 내재되어 있는 불편한 진실은 혼자만의 시간을 두려워한다는 사실이다. 그래서 스스로를 만나야 할 절대 고독의 시간을 누군가와 만나, 무엇인가를 하며 함께 보내는 시간으로 빈틈없이 꽉 채운다. 그렇게 일상은 외로움을 면해 보려는 몸부림으로 채워지고, 여가 시간엔 고독하지 않으려고 안간힘을 쓴다.

하지만 바쁠수록 명심해야 한다. 성찰과 성장은 혼자 있을 때 싹튼다. 중요한 것은 고독을 대면할 수 있는 용기다. 마음에 귀를 기울일 수 있는 시간은 절대 고독의 시간이다. 홀로 스스로를 대면하는 시간, 오직 그 시간만이 나를 성장시키고 성찰하게 한다.

리더십은 일이 한창 진행되는 현장에서 더욱더 많이 요구된다. 그렇기 때문에 리더는 늘 바쁜 것처럼 보인다. 하지만 우리가 간과하고 있는 사실은 리더는 상당한 기간을 혼자 보낸다는 사실이다. 조용히 오직 자신만의 사색 도구를 갖고 혼자서 시간을 보내는 것이다.

혼자 있는 상태를 두 가지로 나누어 볼 수 있다. 하나는 외로움이고, 또 하나는 고독이다. 상대방 없이 혼자 있을 때 고통스러워 하는 상태가 외로움이라면 고독은 상대방 없이도 고통스러워 하기보다 혼자만의 자유를 즐기는 상태다. 고독은 내적 탐구와 더불어 성장하기 위한 필수 조건이다. 혼자 있는 시간과 그 시간을 견뎌 내야 하는 고독은 나 자신을 닦고 풍요롭게 하는 다시없는 기회를 선사해 주기 때문이다. 그러려면 일정 시간 동안 스스로 고독과 사귀고, 혼자 있는 외로움을 견딜 수 있을 만큼의 강한 정신력부터 키워야 한다. 혼자 있는 시간을 견디지 못하는 사람은 최고가 될 수 없다. 리더가 되기도 어렵다. 고독하지 않은 사색은 없다. 깨달음은 고독한 사색에서 나온다.

예수, 부처, 공자, 마호메트 등 위대한 종교 리더들의 삶을 들여다보라. 그들은 고행, 수련 등 수많은 시간을 홀로 외롭게 보냈다. 좋든 나쁘든 역사적으로 명성을 날린 정치 리더들 역시 고독 속에서 통찰력을 얻었다. 루스벨트 대통령이 소아마비를 앓을 당시 그 병마와 싸워 이기지 못했는데도 그처럼 비상한 지도력을 발휘할 수 있었겠느냐는 흥미로운 의문도 제기되고 있다.

또한 트루먼(Truman, Harry Shippe) 대통령은 소년 시절뿐만 아니라 성인이 된 후에도 많은 시간을 미주리 농장에서 홀로 보냈다. 외교적 수완이 비상했던 수많은 공산주의 리더들, 즉 레닌, 스탈린, 마르크스 그 외 많은 사람들도 감방 안에서 시간을 보내며, 외부의 방해를 받지 않은 상태에서 자신들의 미래 행보를 계획했다.

오늘날 명문 대학 교수들의 강의 시간을 주중 5시간 정도로 짧게 배정함으로써 홀로 연구할 수 있는 시간을 많이 갖도록 배려하고 있다. 일류 기업의 중역들은 날마다 비서, 전화, 그리고 보고서에 둘러싸여 살고 있다고 해도 과장된 말이 아니다. 하지만 그들의 일상생활을 철저하게 분석해 보면 많은 시간을 사색하며 보낸다는 사실을 알게 된다. 어느 분야에서든 성공한 리더는 시간을 자기 자신과 상의한다. 즉 리더는 홀로 있는 시간을 이용하여 문제를 정리하고, 해결책을 강구하거나 계획을 세우는 등 최상의 생각을 해낸다.

요컨대 큰 성과를 내기 위해서는 혼자 있는 시간을 즐겨야 한다. 처음에는 쉽지 않을 것이다. 하지만 익숙해지게 되고, 혼자가 얼마나 편안한지 알게 된다. 나도 그러한 과정을 겪었다.

혼자 있는 시간은 에너지를 얻는 시간이다. 고독은 하늘이 준 선물이다. 고독은 시련이 아닌 혜택이다. 고독은 중요한 문제를 생각하거나 일에 집중하면서 스스로를 발전시키는 데 꼭 필요한 조건이다.

혼자 있는 시간을 통해서 성장한다. 어쩔 수 없이 혼자 있는 게 아니라 의도적으로 시간을 내서 혼자 있는 시간을 확보해야 한다.

그 시간에 운동을 하든, 공부를 하든, 독서를 하든, 일을 하든 상관없다. 무엇인가를 하여 능력을 키워라. 인간 성장의 잣대는 고독을 견뎌 내는 힘이다.

그렇다면 이 힘은 어디에서 나오는 것일까? 고독은 삶을 충전하는 역할을 한다. 그래서 자기만의 독특한 세계를 만들어 낸다. 남들보다 혼자 있는 시간이 많아 깨어 있는 시간도 많고, 생각도 깊게 한다는 사실을 잊어서는 안 된다. 이때 그들이 깊은 생각을 하고 실현에 옮기는 과정에서 조언자를 만나는 것이 아니라 그들 스스로 자신의 판단이나 선택에 많은 시간을 보낸다는 사실에 주목해야 한다. 때로는 음악에 심취하거나 그림을 그리거나 책을 읽거나 산책을 하거나 창가에 앉아서 몇 시간이고 명상을 하는 경우도 있다.

성공한 리더는 자신의 결정을 필요로 할 때 아무도 만나지 않았다는 사실을 알아야 한다. 그들의 집요하고 통찰력 있는 성격의 저변에는 늘 혼자서 생각하는 강인함이 있다. 그리고 그들은 거의 대부분 조용한 성찰 이후에 중대한 결정을 내린다.

chapter __ 07

관심과 배려를 아끼지 마라

흔히 지식을 쌓으면 유능하고 경쟁력 있는 리더가 될 수 있다고 믿는다. 하지만 지식이 많다고 모두 유능하고 경쟁력 있는 리더가 되는 것은 아니다.

그렇다면 유능하고 경쟁력 있는 리더가 되는 데 없어서는 안 될 항목은 무엇인가? 한마디로 성격이다. 긍정적인 성격, 상대방을 배려하는 따뜻한 마음가짐, 이러한 것이 능력보다 몇 수십 배 중요하다. 즉 사물과 삶의 원리를 이해해야 진정한 힘과 유능함이 나온다. 다시 말해 물리가 터야 한다는 이야기다. 아무리 똑같은 노력과 시간을 투자해도 상황, 환경, 상대에 따라 다른 결과가 나온다.

서울특별시만 한 면적, 자원도 인구도 부족한 도시국가인 싱가포르. 당초는 기술조차 없었다. 그런 싱가포르가 오늘날 이론을 능가할 정도의 일인당 국민소득을 뽐내는, 세계 최고 수준의 국가 경쟁력을 갖춘 부국으로 성장하였다. 2016년 세계경제포럼(WEF) 국가 경쟁력 평가에서 스위스에 이어 2위를 기록했다. 이 틀은 싱가포르의 아버지라 불리는 리콴유 총리에 의하여 마련되었다.

우리나라의 삼성도 마찬가지다. 당초는 볼 만한 기술을 가지고 있지 않았다. 하지만 선대의 이건희 씨는 변화를 두려워하지 않고 계속 변화해 나갈 것을 철저하게 준비해 왔다. 싱가포르니까, 삼성이니까 가능했던 것은 아니라고 생각한다. 이것은 일본의 소니도 도요타도 마찬가지라고 생각한다.

한 기업의 생존은 최고 리더에게 달려 있다고 해도 과언이 아니다. 치열한 경쟁시대에 최고 리더의 판단과 능력, 그리고 뛰어난 인재 유무가 기업의 흥망성쇠를 결정한다. 국가도 기업도 무엇보다 리더가 중요하다는 말이다.

리더를 잘 만나는 것도 그 구성원 전체의 복이다. 좋은 리더를 만나면 산천초목도 도움을 받는다. 대통령을 잘 뽑아야 국민들이 편안하게 살 수 있다. 사령관을 잘 만나는 것은 사병들의 복이다. 리더를 잘 만나는 것은 그 회사의 복이다.

1912년 대서양에서 침몰된 타이타닉호의 에드워드 존 스미스(Smith, Edward John) 선장의 결정으로 2,200명 승객 중 남성 20퍼센트, 여성 74퍼센트를 구조할 수 있었다. 이 사례를 통해서, 리더의 역할이 얼마나 중요한지 다시 한번 확인했을 것이다.

정치와 경제는 불가분의 함수 관계로 보인다. 무조건 투표를 잘해야 한다. 어떤 사람이 대통령이 되고, 국회의원이 되고, 시장이 되고, 군수가 되는가는 매우 중요하다. 그러니 그 사람이 내거는 정책 공약이 무엇인지, 지금까지 어떤 길을 걸어왔는지, 지금까지 이루어 낸 성과는 무엇이었는지 살펴보지 않을 수 없다.

그래서 나 대신 내 생각을 정책에 반영해 줄 수 있는 사람이고, 나랑 뜻이 같은 사람이라면 내 소중한 한 표를 보내 지지를 표하는 것이 선거다.

선거하는 날 놀러가는 것도 좋다. 다만 투표하고 가라. 정 시간이 없다면 사전투표를 활용하라. 투표를 하는 데 아무나 찍으면 소중한 표가 아까우니 제대로 알아보고 찍어야 한다. 누가 정권을 맡느냐에 따라 우리나라 경제에 엄청난 영향을 미치고, 내 인생에도 큰 영향력을 행사한다. 좀 더 나아가 누가 정치를 해야 우리가 행복해질 수 있는지도 생각하고 투표를 한다면 정말로 좋겠다. 정치에 관심을 갖는 것, 그것 역시 부자가 되는 한 가지 방법이다.

그렇다면 어떤 사람이 가장 적합할까? 지식과 기술을 갖춘 역량 있는 사람이거나 양심과 도덕성을 지닌 사람이다. 그런데 두 가지가 똑같을 수 없을 때 지식과 기술을 갖춘 역량 있는 사람보다는 양심과 도덕성을 지닌 사람이 훨씬 중요하다.

그 예를 김용 세계은행 총재를 모델로 삼을 수 있다. 김용 총재는 본업이 의사다. 그런 그가 그야말로 경제·금융 분야의 전문성이라고는 전혀 없는 상태에서 세계은행 총재로 선임됐을 때 모두 의아해 했다. 그런 그의 새로운 5년 임기의 연임이 2017년 7월부터다. 어떻게 이런 일이 가능했을까? 바로 그가 보여준 헌신과 봉사의 삶 때문이다. 그는 의과대학에 다닐 때부터 무의촌 진료봉사를 했고, 직장 생활을 하면서도 30년 간 후진국 의료봉사 활동에 헌신했다. 이를 토대로 삼아 세계은행 총재가 되면 틀림없이 구성원을 배려하고 조직을 잘 통솔하리라 믿었다. 또한 빈민구호라는 설립 목적에 충실하게 세계은행을 이끌 것이라는 기대를 받았다. 그 결과 그는 이런 기대를 훌륭히 충족시켜 연임이라는 또 하나의 기적을 만들었다. 이러한 기적의 원동력인 헌신과 봉사의 실천은 어머니의 가정교육 덕분이라고 김용 총재는 늘 말한다. 그러면서 자신의 어머니는 항상 자식에게 몸으로 실천하는 교육을 해 오고 있다고 덧붙였다. 자신을 낮추고 남을 배려하며 공동체를 우선하는 봉사와 헌신하는 삶을 살아오고 있는 것이다.

한편 노년을 맞아 엄청난 재산을 도서관 건립과 사회를 위해 기부한 강철왕 앤드류 카네기(Carnegie, Andrew)에게 기자들이 질문했다.

"회장님은 어떻게 해서 그렇게 많은 돈을 버셨습니까?"

이에 카네기는 대답했다.

"돈을 번 것은 내가 아니다. 나보다 머리가 좋고 현명한 우리 구성원 덕분이었다. 나는 그저 그들이 돈을 잘 벌도록 도와주었을 뿐이다."

그러면서 유년시절의 경험을 덧붙였다.

몹시 가난했던 어린 시절 어머니는 가계에 보탬이 될까 하여 토끼 암수 한 쌍을 사주셨는데, 그 토끼가 자라 예쁜 새끼를 낳았다. 토끼 새끼가 무척 귀여워 동네 아이들이 시간 날 때마다 우리

집으로 와서 다투는 것을 보고 나는 재미있는 제안을 했다.

"만약 너희들이 이렇게 귀여운 토끼가 먹을 토끼풀을 가지고 오면 새끼에게 이름을 붙여줄 수 있는 자격을 주겠다."

그러자 아이들은 너나할 것 없이 토끼풀을 뜯어 왔고, 덕분에 큰 힘을 들이지 않고 토끼를 잘 키울 수 있었다.

우리나라 세종 대왕의 위대함은 한글을 창제하기 위하여 집현전을 운영할 우수한 인재를 선발하여 그들을 활용했다는 점이다. 그는 신분 고하는 물론이고, 설령 정적일지라도 그 일에 적임자라 판단되면 그를 등용시킨 후 일을 맡겼다. 일례로 장영실은 천민이었지만 그를 천거하였다. 그러자 장영실은 생활에 필요한 측우기를 비롯하여 많은 발명품을 만들었다.

링컨 대통령의 위대함 역시 자신보다 현명한 사람을 찾는 일에 헌신했다. 대통령으로서 링컨은 자신보다 뛰어난 재능을 가진 사람을 찾아서 등용하는 일에 온 힘을 쏟았다. 그가 과거 정적이든 현재의 경쟁자든 서로의 생각이 다르건 상관하지 않고 오로지 국민을 위하여 일할 수 있는 인재를 등용하는 데 머뭇거리지 않았다. 국무장관 시워드(Seward, William Henry), 재무장관 체이스(Chase, Salmon P.), 전쟁장관 스탠턴(Stanton Edwin), 부통령 존슨(Johnson, Richard Mentor)은 하나같이 링컨 대통령의 정적이자 경쟁자였다.

정치학자 이반 아레긴 토프트 보스턴 대학교 교수는 1950~1998년 중 강대국과 약소국이 벌인 전쟁을 분석한 아주 흥미진진한 논문을 내놓았다. 인구와 군사력이 10배 이상 차이 나는 45개 비대칭 전쟁이 그 논문 대상이었다. 이 정도의 국력 차이면 뻔한 싸움이 아닐까? 그러나 결과는 의외였다. 약소국이 이긴 경우가 무려 55퍼센트에 달했다는 것이다. 그러면 무엇이 이런 결과를 낳게 했는가?

역사상 전쟁에서 이긴 약소국에는 예외 없이 좋은 리더가 있었다. 임진왜란 당시 이순신 장군처럼 말이다. 그러나 현 시대에 비추어보면 리더 복이 참 없다. 인격이 제대로 갖춰진 훌륭한 사람은 진흙탕이라 외면하고, 자격이 부족한 사람이 리더가 되고자 나서고 있다. 유리한 카드를 손에 쥐고 있지만 이것을 구사할 전략적 리더가 없다. 반드시 이겨야 할 게임에서조차 진다면 그것은 오로지 고장 난 정치 리더십 때문임이 분명한 사실이다.

chapter__ 08

과감히 도전하는 길을 선택하라

부유함이란 분명 가난보다 낫다. 하지만 근본적 불행, 다시 말해서 오늘 하루의 의식주를 해결하지 못한 불행을 겪어 본 적이 없는 사람은 기본적인 행복을 느끼기가 쉽지 않다. 젊어서 배고픔의 고통을 느껴 보지 않은 사람은 진정한 빵의 고마움을 느끼지 못한다. 오늘 먹을 밥이 있다는 것만으로도 얼마나 행복한가를 느낄 수 없다. 또 깊은 겨울밤 따뜻한 방에서 잠잘 수 있음이 얼마나 큰 행복인가를 생각해 본 적이 없는 사람은 결코 그러한 기쁨을 느낄 수 없다.

우리는 저 높고 화려한 하늘만 바라보고 살기 때문에 굶주림을 모르는 왕들처럼 불행하다. 지구 반대편의 아프리카에서는 먹고 싶어도 먹을 것이 없어 끼니를 굶는 사람이 있는가 하면 다이어트가 최대의 관심사인 사람들 또한 많다는 것은 상당한 모순이다. 그러나 문제는 그러한 반응을 보이는 사람은 극히 드물다.

권력이라는 비만에 길들여진 사람은 그보다 한층 더 불행하다. 모든 사람이 자신의 눈치를 살피며, 자신의 명령에 복종하고, 만나는 사람마다 자기에게 굽신거리며 아양을 떨고, 많은 이들이 선물을 주고 싶어 한다. 그것만으로도 진실된 인간관계의 상실인데, 그럼에도 불구하고 권력에 욕심을 내는 것은 참 이상하지 않은가?

그런가 하면 세상에는 항상 자신의 힘으로 부를 축적하거나 권력 쟁취를 목표로 하는 경우도 있다. 이들은 다른 사람에 비하여 경쟁심이 강하여 자신의 목표를 성취한다.

지금까지 살아오면서 부유함에서 편리하고 달콤함을 느끼는 만큼 또 다른 고민과 불행에 휘말리게 되어 있음도 느낀다. 권력도 마찬가지다. 자신이나 가족이 심신의 병을 앓고 있거나, 배우자에게 배신을 당했거나, 자식이나 형제가 사망하거나, 가족 구성원 간에 아무런 신뢰감 없이 겉으로만 사이가 좋은 듯 살아가거나, 아이들의 얼굴에 생기가 없거나, 문제아가 있거나 하는 등 무엇인가 결정적인 고통을 안고 살아가게 되어 있다. 이러한 모습이 바로 부와 권력을 누리며 사는 이들의 삶에 숨겨진 애환이다.

역설적이게도 우리들은 중년이 되어야 인생의 이런저런 모습의 구조를 어렴풋이 알게 되는 지혜를 터득하게 되고, 그러한 것을 판별해 내는 혜안을 터득하게 된다. 그러므로 인생에 있어서 진정한 가치 판단이란 50살 이전에는 결코 완성되지 않는다고 보아도 틀리지 않을 것이다.

젊었을 때에는 높은 지위에 있는 사람들이 가장 행복할 것이라는 착각을 품게 된다. 왜냐하면 대접도 받고, 유명인과 교제도 하고, 또 물질적으로도 최상의 꿈같은 생활이 가능할 뿐만 아니라 자신이 하고 싶은 일은 무엇이든 할 수 있기 때문이다. 또한 한마디 지시에 일이 순식간에 이루어지고, 질책을 당한다거나 무시당하는 일이란 전혀 있을 수 없다고 생각하기 때문이다. 그러나 그런 것들이 대체 무슨 의미가 있을까? 대부분의 인생 드라마란 그러한 것에서는 일어날 수 없다.

인생의 참맛은 좁은 길모퉁이, 시외버스 터미널, 혹독하게 추운 날의 들녘, 너저분한 재래시장, 등산객들로 시끌벅적한 산속의 작은 음식점, 오래된 공장, 허름한 선술집 등에서 생긴다.

돈도 마찬가지다. 고생 끝에 큰돈을 번 부자들은 말한다. 그래도 적은 돈이나마 내 돈으로 놀러 다니거나 공부했던 때가 가장 즐거웠고 보람 있었다고. 그러면서 그 시절이 그립다고 말한다. 이러한 사실의 이면에는 소박한 진실이 들어 있다. 세상 사람들은 결코 쓸데없는 일에 돈을 지불하지 않는다.

솔직히 요즘 세상살이는 돈과 결부되지 않은 것이 없을 정도다. 부모 자식 사이, 부부 사이, 친구 혹은 연인 사이 등에 참으로 입에 담기 어려운 일이 얼마나 많이 일어나는가? 그 사연들은 저절로 사라지지 않는다. 돈과 함께 떠돌아다니기 마련이다. 그래서 돈처럼 변덕스럽고 예측 불가능한 것도 없다.

그런데 돈이 생기면 나의 삶이 안정될 거라고? 어불성설이다.

더구나 현대인들은 돈이 갑자기 하늘에서 뚝 떨어지기를 바란다. 노력한 만큼의 대가를 바라는 게 아니라는 뜻이다. 즉 우리 시대에 있어 성공이란 곧 어느 날 갑자기 대박을 의미한다.

여기서 대박이란 무엇인가? 어디선가 누군가로부터 눈먼 돈이 뭉치로 들어온다는 뜻이 아닌가. 그만큼 눈먼 돈이 떠돌아다닌다는 뜻이기도 한데, 그게 얼마나 삶을 뒤흔들어 놓을지는 상상조차 하지 못한다. 아무런 까닭 없이 돈이 굴러 들어올 때는 악마가 굴러 들어왔다고 생각해야 한다. 들어오는 기쁨은 잠시뿐 어느 정도 시간이 지나면 어떤 방법으로든지 나가게 되어 있다. 나갈 때는 그야말로 뼈에 사무치도록 가슴 아프게 빠져 나간다. 존재 자체가 거품이 되어 언제 훅 꺼져버릴지도 모른다. 실제로 그런 사례는 헤아릴 수 없이 많이 일어나고 있다.

대부분의 사람들은 자신의 희망이 이루어지는 순간 재난이 닥치는 등 또 다른 무거운 짐을 짊어지고 있다는 사실을 깨닫지 못한다. 이는 주위에서 많은 돈을 벌고, 높은 지위에 오른 사람들에게서 느낀 사실이다.

성공 뒤 좋지 않은 일이 덤으로 따라오게 되면, 오히려 소망이 이루어지지 않은 것이 차라리 좋았을지도 모른다고 후회하지만 이미 엎질러진 물일 뿐이다.

언젠가 한 통계자료를 보니, 교육자 가정이나 사회 지도층 가정의 아이들이 비행 청소년인 경우가 많았다. 지도층 집안인 데도 불구하고 이런 현상이 벌어지는 것만으로도 아이를 훌륭하게 키우는 것이 얼마나 어려운지를 알 수 있다.

그렇다면 왜 이런 역설적인 현상이 벌어지는 것일까?

그건 아마도 부모가 사회적으로는 인정을 받고 명성을 얻었을 지라도 집안에서는 자신의 몸가짐을 바르게 하지 않았기 때문이다. 겉으로는 교육자의 양심을 지닌 척 행동해도 함께 사는 자녀들을 속일 수 없는 법이기 때문이다. 그런 부모의 이중성에 환멸을 느낀 자녀들이 올바른 길에서 벗어날 가능성이 더 큰 것이다.

또 하나는 가족보다는 자신의 명성 얻는 것에 올인하다보니 자연히 가정에 소홀하게 되어 명성을 얻은 후 집안 사정이 좋지 않게 되는 경우다.

그래서 사회적으로는 명성을 얻었어도 가정에서는 따돌림을 받게 되는 안타까운 경우도 발생하게 된다.

너무 힘들고 어려워서 그만두고 싶다고 남들에게 떠벌일 필요도 없다. 남들도 다 안 보이는 부분에서 그렇게 안간힘을 쓰면서 살고 있기 때문이다. 겉으로는 초연해 보이고 멋져 보이는 선배들 삶도 그 모습을 유지하기 위해 물 밑에선 엄청난 발짓을 하고 있는 아름다운 백조와도 같다. 그것을 알면 내가 겪는 어려움을 조금은 더 쉽게 이겨 낼 수 있지 않을까? 세월이 가면 대단하고 화려한 실적보다는 끊임없이 자신과 싸우고 고민한 날들이 자신을 이끌어 왔음을 깨달을 날이 온다.

연세 드신 분들과 이야기를 나누면 대개 '내 인생을 글로 쓰면 책 10권도 모자란다고 하신다. 누구나 인생 굽이굽이 사연을 안고 살아간다. 누군가 말했지 않은가, 삶은 고행이라고.

특히 정상에 오른 리더에게는 더 심한 삶의 애환이 숨겨져 있다. 쉽고 안전한 길 대신 도전하는 길을 선택한 리더는 평범한 사람보다 더 큰 고비를 만난다. 이때 그런 고비를 긍정적이고 뜨거운 마음으로 극복해 낸 리더만이 정상의 자리에 오른다는 사실, 꼭 기억하기 바란다.

chapter__ 09

리더가 갖춰야 할 첫 번째 조건은 자비다

리더가 갖춰야 할 조건은 무엇일까? 간단히 말하면 리더 자신의 이익보다 구성원의 행복을 먼저 생각하는 자비다. 이 근간은 리더 자신부터 행복해야 한다. 내가 행복해야 주위 사람도 행복하기 때문이다.

사람은 누구나 세 가지의 사랑을 받고 자라야 행복한 사람이라 할 수 있다.

첫 번째는 부모의 사랑을 받고 자라야 한다. 그렇지 못한 사람은 성격 결함으로 문제아가 되거나 패륜아가 되기도 한다. 성인이 되어서도 원만한 가정생활을 하지 못하게 된다. 남자든 여자든 결혼하지 않고 홀로 사는 사람은 불쌍한 사람이다. 마음속에 좋지 않은 이기적인 업(業)을 갖고 있다. 이러한 사람이 리더가 되면 구성원이 힘들게 된다. 왜냐하면 우리들 삶에서 기본은 부모에 대한 효이기 때문이다. 나도 자식을 키우고 있지만 자식이 결혼하지 않으면 걱정을 한다.

사실 자식 가진 사람과 대화를 해보면 부모 마음은 똑같아 자식이 결혼하기 전까지는 많은 부담을 느끼면서 살아간다. 자식을 모두 결혼시킨 부모들은 한결같이 '마음이 홀가분하다'고 말한다. 자식이 나이 들어서까지 결혼하지 않게 되면 부모가 죽을 때까지 걱정을 하며 살아가게 된다. 결국 자식은 부모에게 불효를 하는 셈이다.

부모와 자식 간에도 자신에게 믿음과 기쁨을 주는 자식에게 관심과 애정이 더 가는 것은 어쩔 수 없는 것 같다. 그런 연유로 부모에게 좋은 영혼을 물려받지 못하면 나이 들수록 불행한 삶을 살아가게 된다. 부모의 좋은 복을 물려받지 못하게 된 이유다.

큰일을 도모하려면 무엇보다 복이 있어야 한다. 아무리 머리가 좋고 뛰어난 사람일지라도 복이 없으면 그 뜻을 이루지 못하고 좌절하게 되어 있다. 그러므로 부지런히 복 짓는 올바른 행동을 해야 한다.

그런데 이 복은 함부로 담기는 것이 아니다. 언행과 사고방식이 반듯한 사람만이 담을 수 있다. 즉 하늘이 복을 내려도 그릇이 온전해야 물을 담을 수 있는 이치와 같다. 만일 그릇이 깨졌거나 엎어져 있어도 그 그릇에 물을 담을 수 있을까? 물론 물을 담을 수 없음은 누구나 다 아는 사실이다. 그래서 몸과 마음이 건강해야 복을 받을 수 있다.

　요즈음은 복도 하늘, 교회, 절 등에서 내려 준다고 생각하는 시대인 듯하다. 하지만 내가 아는 한 복이란 부모님 잘 모시고 조상 잘 섬기는 데서부터 출발한다. 이 사실을 잊지 말아야 한다. 부모를 비롯한 조상의 삶이 영혼으로 씨앗을 뿌린 그대로 후손에게 전해지기 때문이다. 부모님 속을 썩이고 불효를 하는 자녀, 조상 모시기를 소홀히 하는 사람은 조상의 큰 복을 받기 어렵다. 불효막심한 사람치고 잘되는 사람 보지 못했다. 조상 잘 모시지 않는 사람의 후손이 잘 풀릴 리 없다는 말이다.

　두 번째는 나이 들면 부부의 사랑을 받고서 그 영혼이 성장한다. 남자는 아내의 사랑을 받지 못하면 불행하며, 또 여자는 남편의 사랑을 받지 못하면 불행하다. 더 나아가 자녀까지 불행해진다. 이때 사랑 받고 못 받고는 자신한테서 찾으면 된다.

　세 번째는 자녀의 사랑을 느껴야 한다. 즉 자녀로부터 효도를 받아 봐야 비로소 온전한 영혼으로 완성되는 것이다.

　사람은 이와 같이 세상에서 살아가는 동안 가족 간의 사랑을 느껴 보아야만 행복한 사람이 될 수 있는데, 이 중에서 그 어느 것 하나라도 갖추지 못하면 불행하다. 그래서 부모의 사랑을 받지 못한 고아가 불쌍한 것이고, 남편 없는 과부가 불쌍한 것이며, 아내 없는 홀아비가 불쌍하며, 또 무자식의 부모가 상팔자가 아니라 불쌍한 것이다.

　여자의 마음은 분위기와 상황, 그리고 주변 환경에 따라 잘 변하는 것 같다. 그런 점이 아마도 천변만화하는 세계와 부합하고,

생존에 유리한 점이 될 수도 있다. 그래서 남자들은 '여자의 마음을 참으로 알 수 없다'고 표현하기도 한다. 특히 소견이 좁은 여자의 마음을 읽어 내기는 지극히 어렵다.

대개 출산하기 전에는 이런 마음의 변화가 극심하게 일어난다. 그러나 출산을 한 후 양육을 하면서 이와 같이 극변하는 마음도 안정을 찾게 된다. 그리고 아이를 양육하면서 모성 본능의 세계에 눈을 뜨게 되고, 세상을 이해하는 안목도 넓어지게 된다. 이때 자신의 생존과 환경을 비롯하여 여러 가지 마음의 변화도 안정되면서 자연성에 눈을 뜨게 된다. 그러면서 점차 성숙하게 되는 것이다. 즉 여리고 가냘프고 순종적이던 여자가 엄마가 되면서 어마어마한 힘을 발휘하기 시작한다.

부모가 된다는 것은 성별에 관계없이 엄청난 사건이다. 특히 여성에게는 삶의 전환점이 될 만큼 커다란 영향을 미친다. 엄마가 된다는 것은 여성의 정신 건강을 위협하는 중대한 사건인 동시에 정서 건강의 극적인 개선을 알리는 신호탄인 경우가 된다.

많은 여성들이 '출산의 고통을 겪은 후, 즉 엄마가 된 후 이전보다 훨씬 성숙해지고 강해졌으며, 부모가 되는 것만큼 의미 있는 일은 없었다고 말한다. 여자가 어머니가 되는 것은 단순한 단계별 발전이 아니라 급격한 질적 승화다.

남자 역시 결혼하지 않으면 철이 들지 않는다. 혼자 살면 나이 들수록 힘이 떨어져 건강도 나빠진다. 자신의 몸 추스르기도 바쁘다. 이는 자연을 거스른 대가를 치르는 셈이다. 그래서 남자든 여자든 싱글이 리더가 되려 하는 것에 대해 고민해 볼 필요가 있다.

그런 사람이 리더가 되면 불행한 일이 일어나 조직 사회가 어렵게 될 수도 있다. 한마디로 자기만을 소중하게 생각하기 때문이다.

꿀 팁 하나 더. 사람은 관계적인 존재다. 따라서 사회는 부부, 형제, 동료 등 사람과의 관계 속에서 형성된다. 사람은 사람과의 관계를 떠나서는 하루도 존재할 수 없다. 삶 자체가 관계 속에서 형성된다. 관계가 안 되면 외로워서 살 수 없다. 그런 의미에서 리더가 되고자 한다면 애완동물과 결별하라. 애완견 좋아하는 사람치고 성격이 올바른 사람 드물다고 보면 된다. 애완견 좋아하는 사람은 가족이나 부모에게 줄 수 있는 따뜻한 정이 줄게 된다. 애완견 사랑하는 만큼만 부모에게 효도해 보라. 삶이 달라질 것이다.

다시 말하면 사람은 사람과 접촉해야 운이 좋아진다. 운은 사람으로부터 온다. 자신은 상대방에게 따뜻한 마음을 주지 않으면서 상대방한테 일방적으로 따뜻한 가슴을 요구한다. 이는 본인이 이기적이라는 사실을 잘 모르고 상대방한테 따뜻함을 찾기 때문이다. 그러면 다른 사람을 비뚤어진 시각으로 바라보게 된다.

일반적으로 자신에게 초래될 희생을 감당할 자신 없이 무리하게 리더의 자리에 오르면 수많은 사람이 힘들어진다. 즉 가족을 외롭게 만들고, 구성원을 괴롭게 만들고, 고객을 불편하게 만든다. 회사를 망하게 하고, 더 나아가 나라를 망하게 하는 상황이 벌어지기도 한다. 무엇보다 그 잘못된 인식의 결과는 고스란히 당신 몫이다. 속이 타는 고통 속에서도 겉으로는 태연한 척 웃어야 하고, 즐겁지 않은 일을 하면서 웃어야 하고, 능력에 미치지 못하는 일을 맡아도 할 수 있는 척 해야 한다.

한 사람을 영원히 속일 수 있고, 많은 사람을 잠시 속일 수는 있지만, 모든 사람을 영원히 속일 수는 없다. 따라서 리더는 무엇보다 자기 자신에게 솔직해야 하며, 공과 사의 생활에서 적당한 균형이 필요하다.

어느 리더든 자기 리더십이 발휘되는 것을 원한다. 기본이 바로 선 리더는 구성원이 자기로 인해 행복해하면 자기의 리더십이 제대로 작동하고 있다고 만족해한다.

리더는 조직의 구성원 가운데서도 가장 열심히 일해야 한다. 그 누구보다 하기 힘든 일을 하지 않으면 안 된다. 리더는 위험이 닥칠 때 한가운데에 서 있어야 한다. 그러면 구성원들도 소용돌이에 휩쓸리듯 리더를 도와주게 되어 있다. 바꾸어 말하면 다른 사람보다 많은 땀을 흘리고, 다른 사람보다 두 배로 생각하고, 유사시 가장 하기 힘든 일을 떠맡는 것이 가능해야만 그 누구보다 리더로서의 자격이 있는 것이다.

따라서 오늘날의 리더십은 올바른 가치관과 강한 신념을 필요로 한다는 사실을 잊지 않기 바란다.

chapter__ 10

리더가 갖춰야 할 덕목이란

시대를 불문하고 리더가 되기 위해서는 여러 모로 준비 되어 있어야 한다. 그 중의 하나가 덕목이다. 지금부터 리더가 갖춰야 할 중요한 덕목에 대하여 귀 기울여 보라.

어찌 생각하면 인생 최대의 성공을 리더가 되는 것으로 여길 수도 있다. 하지만 진정한 성공은 자리가 만들어 주는 것이 아니라 모습이다. 리더가 자신의 꿈이라면 그 자리에 걸맞는 모습을 구현할 수 있어야 한다. 당신이 리더가 되면 남들의 부러움을 받을 수 있을 것이다. 하지만 부러움을 사는 자리라고 해서 모두 존경 받는 리더는 아니다.

사람은 신의 조각상을 등에 진 당나귀와도 같다. 너무 쉽게 자신의 진짜 모습을 잊는다. 주변 사람들이나 필요에 의해 만나는 사람이 대우해 주는 걸 자신의 모습으로 착각한다. 그런 대접은 자신이 등에 지고 있는 무언가를 향해 절을 하는 것인데, 그걸 깨닫지 못한다.

상상해 보라. 누리고 있던 지위를 상실했을 때, 직장을 떠나게 되었을 때, 사회적 위치를 모두 놓아 버렸을 때, 손에 쥐고 있던 힘을 잃어버렸을 때 과연 그를 예전과 똑같이 대우할까? 그렇지 않다. 사회적 값어치가 달라졌으니 대우도 달라진다. 평가의 기준이 바뀌어 버린다. 어떤 평가가 더 정확할까? 평가는 모든 이해관계를 떠났을 때 정확해진다. 그때 이루어지는 게 진정한 평가다. 진정한 리더는 자리에 연연하지 않는다. 최고의 리더는 언제나 자신을 의지하고 있는 사람들을 위해 헌신하는 모습으로 기억된다. 자리는 내 꿈을 구현하기 위한 수단이지 그 자체가 목적이 되어선 안 된다. 수단과 목적이 뒤섞인 인생은 오류투성이에 불과하다.

조직이나 집단에서 성공적인 리더가 된다는 것은 쉬운 일이 아니다. 개인적인 희생을 감내해야 하기에 리더는 정말 아무나 하는 것이 아니다. 지금 당신이 성공한 리더로서 승승장구한다 할지라도 그 이면에는 숨기고 싶은 아픈 희생이 더 많이 있을 수도 있다.

직장 내 남성 우월주의의 유리벽을 뚫겠다고 최초와 최연소의 타이틀을 차례대로 거머쥐며, 성공 신화를 다시 쓰고 있는 여성 임원을 만난 적이 있다. 오로지 한 길로 올인한 대가인 것이다. 그 자리에 오르기까지 연애나 결혼을 생각할 만큼 한가한 시간이 없었다고 한다. 결혼이 행복과 동의어는 아니다. 하지만 그 여성 임원은 리더의 자리에 오르기 위해 보통 사람들이 누리는 행복의 일부분을 포기해야 했다. 리더는 그만큼 어떠한 부분에서 기꺼이 희생해야 하기 때문에 어려운 것이다. 땀과 눈물 없는 성공이 없듯이, 개인적인 희생이 없는 리더도 존재하지 않는다. 그러나 가정이나 결혼을 희생해서는 안 된다. 결혼을 인륜대사(人倫大事)라 하지 않았던가? 그만큼 인생에서 중요한 것이기 때문이다. 한 사람의 인생에서 가정이나 결혼만큼 큰일을 희생하는 우를 범해서는 안 된다. 나이 들어 힘 떨어지게 되면 반드시 후회하게 된다.

그런 만큼 리더는 자신의 사생활과 직업 사이에 균형을 유지하려고 노력해야 한다. 이때 신체적 건강은 매우 중요하다. 그에 못지않게 정신적·도덕적 건강 역시 중요하다.

진정한 리더는 내면의 세계를 성찰할 때 탄생하고, 자신이 리더가 됨으로써 초래되는 개인적 희생을 냉정한 균형 감각으로 대할 때 성장할 수 있다. 경영학의 리더십은 주로 자신의 개인적 장점을 경영 현장에서 최적화하는 방법에 대해 연구한다. 그러나 인문학적 성찰에 의하면, 리더는 우선 본인이 리더로서 감당해야 할 개인적 희생과 자신의 약점을 정확하게 파악하는 것에서 출발해야 한다.

리더는 많은 사람을 상대하는 공적인 존재이기 때문에 사적인 영역에서 개인적인 손실이 발생할 수 있다는 점을 명심해야 한다. 과다한 업무 스트레스 때문에 건강이 나빠질 수도 있고, 고질적인 음주 문화 때문에 다음날 고통당하는 경험을 수없이 해야 하고, 늘 시간에 쫓기기에 성격이 신경질적으로 변할 수도 있다. 회사

사정이 여의치 않아 불가피한 구조 조정을 단행할 경우, 회사를 떠나는 구성원의 처진 어깨와 그들을 맞는 가족들의 가슴 저린 눈물을 지켜보아야 할 것이다. 인간적으로 괴로운 일이다.

리더에게는 경력을 위협하는 중대한 위기가 1년에 최소한 한두 번은 찾아온다. 이 불가피한 위기 앞에서 불면의 밤을 견디며 해결의 돌파구를 찾아야 하는 리더에게는 남들보다 더 튼튼한 강심장이 필요하다.

인생을 이끌고 가는 것은 강인한 마음 자세에 있다. 마음이 맑고 굳건하고 올바르면 난관을 견뎌 낼 수 있다. 마음 씀씀이가 어두우면 아무리 운이 좋아도 소용이 없다. 마음이 탐욕으로 가득 차 있으면 좋은 여건 속에서도 주변의 협력을 얻는 데 어려움이 많아 큰일을 성취하지 못한다.

이때 마음가짐은 대단히 중요한 역할을 한다. 마음이 뒤틀려 있으면 탐욕으로 가득 차 머릿속으로 재고 기회주의적인 행동을 한다. 반면 마음이 밝으면 이성적이며, 근면 성실하며, 정직하며, 사리에 밝아 긍정적인 방향으로 향하게 된다. 그래서 리더는 아무나 하는 것이 아니다.

그래서 말한다. 사적인 영역에서 개인적인 희생을 감수하며 위기를 헤쳐 나갈 자세가 아니라면 리더로 나서지 않는 것이 좋다. 잘못된 리더 한 사람 때문에 잘나가던 조직이 망가지는 경우가 허다하다. 작은 조직이라고 예외는 아니다. 이래서 리더는 아무나 되어서는 안 된다.

chapter__ 11

리더십 아카데미 1

리더의 성품 중 가장 높이 평가하는 것은 무엇일까? 바로 정직함이다. 정직함은 거의 모든 설문 조사에서 리더가 갖추어야 할 성품으로 가장 많은 응답을 받았다. 전체적으로 볼 때도 리더의 자질 중 가장 중요한 요인으로 두드러졌다. 조사마다 비율은 약간씩 다르지만 순위는 똑같았다.

정직이라는 요소가 빠진 리더십은 그저 얄팍한 술수에 그치고 만다. 올바른 입장에 있는 사람만이 사람의 마음을 움직이고, 나아가 더 큰 조직을 이끌 수 있다.

거짓은 한두 번은 통할 수 있지만 영원히 통할 수는 없다. 어떤 사람이 잘못된 안내판을 따라 길을 갔다고 하자. 그는 분명히 다시 돌아올 것이고, 다시는 그 안내판을 따라가지 않을 것이다.

사람과의 관계를 다루는 리더십도 마찬가지다. 다른 사람을 안내하는 사람은 정직이 최우선이다. 정직하지 않으면 뒤따라오는 사람이 우왕좌왕하다 방향을 잃게 된다. 정직은 마음을 바르게 하고, 말과 행동의 일치를 이루어야 하는 것이다.

리더십에 있어 정직은 생명과도 같다. 누구나 한두 번 정직하지 않은 일을 하고, 그것을 묘하게 위장할 수도 있다. 하지만 그것은 오래갈 수 없다. 이 세상에 정직하지 않은 사람을 따르는 사람은 아무도 없기 때문이다.

가끔 정직하지 않은 사람을 따르는 경우도 있다. 하지만 이는 순간적인 일이거나 따르는 사람 역시 정직하지 못한 경우다. 우리 사회에서 리더의 위치에 있던 사람이 추풍낙엽처럼 떨어지는 것을 자주 본다. 가장 큰 이유는 정직하지 못했기 때문이다.

또한 역사적으로 볼 때 우리가 겪었던 국가적인 혼란도 정직하지 못한 리더가 지배하는 구조였기 때문 아닐까 한다. 국가의 리더를 자처하는 분 중에 정직하지 못한 경우가 많다는 말이다.

몇몇 정치인은 거짓을 정략적으로 이용한다. 이를테면, 은퇴와 복귀를 반복하면서, 즉 이당 저당 옮겨 다니면서 지지를 받지 못하면 그만둔다고 했다가 시간이 지나면 전략적으로 그렇게 말한 것이라 변명하기에 바쁘다. 그러면서 자신이 한 일 또한 발언에 대해 언론과 반대 세력이 왜곡했다고 반격하지 않는가? 그런 이들이 다시 리더의 반열에 오르면 미래에 혼란을 맞지 않으리라는 보장이 없다.

그렇다면 경제인들은 정직한가? 비자금 연루 의혹은 끊임없이 지속되고, 정경유착은 정치인만으로 끝나지 않는다. 문화계, 언론계, 공무원, 교육계 등 총체적으로 정직에서 자유로울 수 없다. 가장 투명해야 할 교회를 비롯한 종교계조차도 정직하지 못하다는 지적에 자유로울 수 없다. 한 가지 거짓을 감추려면 또 다른 더 큰 거짓말을 준비해야 한다. 그렇게 거짓은 또 다른 거짓을 부른다. 거짓이 만연한 사회가 되었다.

개인과 사회, 그리고 국가가 바르게 성장하려면 비록 고비용을 치르더라도 정직에 따른 비용을 지불해야 한다. 그 비용이 돈일 수도 있고, 명예일 수도 있고, 사회적인 인지도일 수도 있다. 정직에 대한 비용을 지불하지 않는 개인이나 공동체는 처음에는 이익을 얻어 성공하는 것처럼 보이지만 결국 무너지게 된다.

다시 말하면 다소 손해를 보고, 억울한 경우가 있더라도 정직 비용을 제대로 지불할 수 있으면 훗날 무엇과도 바꿀 수 없는 훌륭한 자산이 될 수 있다. 그 결과 가정이 번창하고 사회가 번창하게 될 것이다.

미국의 최대 강점은 새로운 발상을 권장하는 동시에 새로운 사고와 발상으로 성공한 사람이 충분히 대가를 받는 정직한 사회라 할 수 있다. 바로 이것이 미국 부흥의 견인차 역할을 한 것이다.

기업도 정직에서 벗어나면 최고의 인기 제품을 만들 수 없다. 물건을 만든다고 생각해 보라. 물건은 만드는 사람의 마음과 정신이 배어 있게 되어 있다. 좋은 물건을 만들고 싶다면 인간성이 좋아야 가능하다. 사람은 자기 인격 그 이상의 상품을 만들지 못하는 법이다. 그래서 어떤 분야에서건 최고가 되려면 인격을 갈고 닦아야 한다.

초코파이를 한 해 20억 개 이상 전 세계로 판매하고 있는 회사의 사훈이 "먹을 것 가지고 장난치지 말자"라고 한다. 그래서 "소비자 속이는 짓 안 한다. 값싼 원료 안 쓴다. 첨가물은 최소화하고 들어가는 모든 원료를 내 집 주방보다 깨끗하게 관리한다", 즉 정직을 모토로 생산하고 있다.

파스칼(Pascal, Blaise)은 『팡세』에서 "우리들의 모든 존엄성은 생각 속에 존재한다. 자신의 품위를 높여야 할 것은 바로 생각에 의해서다. 그러므로 잘 생각하도록 노력하자. 바로 여기에 도덕의 원리가 있다"고 말했다.

정직과 거짓된 생각, 이 중 무엇이 우리를 살리고, 품위를 높이고, 존엄하게 하는지를 절실하게 생각하게 한다.

리더십은 한두 번 정도는 다른 음식도 가능하겠지만, 정직을 주식으로 하기 때문에 결국 정직을 먹지 않으면 더 이상 성장하지 못한다. 엄격히 말하면 정직을 먹지 않는 리더십은 성장을 멈추는 것이 아니라 곧바로 생명줄이 끊어진다고 할 수 있다.

chapter__ 12

종횡무진 책 읽기를 하라 1

'리더(leader)는 곧 리더(reader)'라는 말이 있듯이 세계적인 리더들의 공통점 1위가 독서라고 한다. 위대한 사람들은 모두 독서가였고, 책으로 자신을 경영하였다. 실제로 빌 게이츠(Gates, Bill), 워런 버핏(Buffett, Warren) 등 수많은 세계적 거부를 비롯하여 정치가, 문학가, 예술가, 경제학자, 심지어 독서와 전혀 관계없어 보이는 운동선수, 화가나 음악가까지도 독서를 단순히 취미 수준을 넘어 생존 방법으로 받아들이며 노력한 결과 훗날 세상을 움직일 내공을 쌓았다.

임금이라고 예외일 수는 없다. 어찌 보면 독서가로 통해야 한다. 세계 최고의 작품인 한글을 창조한 세종 대왕은 지나친 독서로 눈병이 난 와중에도 독서를 멈추지 않았다. 이런 그는 사서오경을 100번씩 읽은 책벌레이자 공부 벌레였다. 책으로 임금이 되었고, 일평생 책 속에 파묻혀 지낸 그는 책을 통해 얻은 위대한 비전으로 500년 조선의 기초를 다진 위대한 리더가 되었다. 특히 "나라를 다스리기 위해서는 자신부터 바로 세우고 집안을 바로잡아야 한다"고 하였다. 그는 책을 읽을 때마다 마음속에 새록새록 새겨 넣어 그것을 행동으로 옮겼던 것이다.

이렇듯 책을 읽으면 그 누구라 하더라도 백성을 사랑하고 나라를 잘 다스리고자 하는 마음이 생길 것이다. 다만 수백 번 읽을 수 있는 사람이 드물 뿐이다.

나폴레옹은 전쟁의 와중에도 1,000여 권의 책을 마차에 싣고 다니며 독서를 했다고 한다. 링컨 대통령은 아버지를 도와 육체노동을 하는 와중에도 틈틈이 책을 읽었으며, 빌 게이츠나 에디슨(Edison, Thomas Alva)은 자신이 살고 있는 곳에 있는 도서관을 통째로 읽어낼 정도였다고.

또한 윈스턴 처칠(Churchill, Sir Winston Leonard Spencer), 오프라 윈프리(Winfrey, Oprah), 모택동 등도 많은 책을 읽었다. 이 밖에도 독서가 우리에게 미치는 커다란 영향을 전적으로 신뢰한 예는 무수히 많다. 사실상 이 세상과 역사를 이끄는 거의 모든 사람들은 독서가다. 따라서 독서를 멀리하고 이 세계를 변화시킬 힘을 갖기는 힘들다.

성인은 훌륭한 인격의 소유자로 많은 사람들에게 영향을 주는 사람이다. 세상 사람의 삶을 변화시키는 사람이다.

세상을 지배하는 리더는 인문 고전을 읽음으로써 세상을 이끌어 가는 동력을 삼고 있으며, 인문 고전을 통해 인류의 지혜를 자기 것으로 승화시켜 자신뿐 아니라 나라의 운명까지 개척해 나가는 위력을 나타낸다는 사실을 기억해야 한다.

오늘날 과학 문명의 발달과 더불어 인간의 기대수명도 늘어나 100세 시대에 이르렀다. 100세 시대를 준비하며 경제적인 풍요뿐 아니라 정신 건강의 밑거름인 삶의 지혜까지 충전해야 할 시대가 온 것이다. 이런 시대를 사는 우리에게 인류의 정신문명 유산이라 할 수 있는 인문 고전은 오랫동안 많은 사람에게 널리 읽히고 모범이 되는 정신문명의 정수이자 보고이므로 그것을 통해야만 세상과 소통할 수 있다. 당장의 먹거리가 아닌 인문 고전 독서가 우리 생활에 어떤 도움을 줄 것인지에 대해서 다른 의견도 있을 수 있다. 하지만 현대인의 인생 경영과 함께 경제적인 고부가가치를 창출하는 세계의 리더를 보면, 즉 앞으로 우리 사회를 이끌고자 하는 그들에게서 인문 고전 독서의 효율성을 찾을 수 있다.

인문학의 문사철(文史哲 : '문학, 역사, 철학을 이르는 말)에 정치, 사회, 문화가 합쳐졌을 때 진정한 인간학이라 할 수 있다. 그것들을 갖춘 좋은 인격이 되려면 많은 책을 읽어야 한다. 독서로 인해 사고력이 길러지게 되고, 상상력이 풍부해진다. 책을 많이 읽으면 감정도 풍부해지고, 세상을 바라보는 시각도 건전해져 긍정적으로 변하게 된다.

결국 독서의 최종 목표는 행동하는 데 있다. 자신이 읽은 많은 책이 자신의 삶의 변화와 인격적 성장에 아무런 도움을 주지 않았다면, 그러한 독서는 결코 바람직하지 않다.

자신이 읽은 책이 자신의 마음과 생각을 변화시키고, 그로 인해 삶이 달라져야 한다. 이를테면, 여러 종류의 책을 읽으면서 자기 자신을 바라보는 정직한 눈 갖기, 상대방을 정성으로 섬기기, 부모님께 효도하기, 나라 사랑 고취하기, 자연에 대해 이해하기, 영혼이나 신에 대한 관련성 등을 깨닫지 못한다면 그보다 더 큰 불행은 없을 것이다.

따라서 무엇보다 중요한 것은 좋은 이론을 아무리 많이 지녔다고 할지라도 그 내용을 우리 삶에 실천하지 않으면 아무 소용이 없다. 아까운 시간만 낭비한 셈이다. 자신이 읽은 책이 자신의 삶의 맥락에 어떤 영향력을 행사할 수 있을 때, 비로소 독서는 성공을 거두었다고 할 수 있다.

중요한 것을 말하자면 세상을 아무런 생각 없이 마구잡이로 살지 말고 올바른 길을 찾아 살아가기 바란다. 그래서 좋은 책을 읽은 후 실천하여 나만의 철학을 갖는 것이 중요하다.

chapter 13

리더가 되기 위한 조건 1

　동서고금을 막론하고 사람들은 리더가 되기 위해 능력을 키운다. 아날로그 시대에는 힘의 논리가 이성적인 지식을 중심으로 평가되었다.
　그러나 디지털 환경으로 바뀌면서 달라졌다. 이는 결국 우리 삶에 대한 이해로 이어진다. 함께 살아가는 사람들의 필요와 요구가 무엇이며, 그들의 이웃이 되기 위해 무엇을 해야 하는가를 알고 실천하는 것이다. 이웃이 원하는 것을 해 주고, 원치 않는 것을 하지 않는 것이다.
　함께 살아가는 사람들에 대한 이해가 없으면 그들에게 어떤 영향력도 미칠 수 없다. 권력의 힘, 지식의 힘, 권위의 힘으로 어느 정도까지는 사람들을 움직일 수 있을지 모른다. 하지만 그런 힘은 결코 오래가지 못한다. 함께 살아가는 사람을 제대로 이해할 수 있는 따뜻한 마음을 가져야 리더라고 할 수 있다.

그러려면 엄격하고 고집이 센 성격을 가지고 경직된 사고와 행동을 하지 말아야 한다. 즉 일과 삶에서 맞닥뜨리는 다양한 유형의 문제를 효과적으로 해결하기 위해서는 유연하게 생각하고 행동해야 한다. 만약 경직된 사고를 한다면 최고의 위치에 오르는 데 걸림돌로 작용한다. 이는 스스로에게 족쇄를 채우는 것과 마찬가지의 일이기 때문이다.

경기를 할 때 힘이 들어가면 좋은 움직임이 나오지 않는 것과 마찬가지로 일에서도 삶에서도 지나치게 기를 써 힘이 들어가면 좋은 결과가 나오지 않는 법이다. 힘을 적당히 덜어냈을 때의 상태는 부드러운 강인함을 가지고 있다. 마음도 부드러워지고 사고도 유연해진다.

어떤 사람이든 살다 보면 난조(亂調)에 빠지거나 불합리한 상황에 처하기도 하는 등 손쓸 방법이 없을 때도 있다. 그런 때일수록 유연한 마음가짐이 필요하다. 그것을 착실히 해결해 나가면 반드시 힘든 상황에서 벗어날 수 있다.

신이 우리에게 허락한 삶에서 우리는 어느 누구의 삶도 강제할 수 없다. 외관으로 사람을 판단하고 이해하려고 하면 그들의 이웃이 될 수 없다. 인간은 혼자 사는 것이 아니며, 삶을 통해 이웃과 함께 살아가기 때문에 마땅히 영향력을 미치려면 이웃 안에 있어야 한다. 리더는 이러한 생각으로 세상을 바라봐야 한다. 강한 소명의식, 이웃의 발전과 번영을 위해 자신의 그 어떤 행동으로도 이웃의 발목을 잡아서는 안 된다.

리더는 높은 산과 같이 온갖 크고 작은 잡념을 가진 사람이다. 겉으로 다른 성품과 생각을 가진 사람이라도 다 끌어안고 가야 한다. 그러기 위해 리더는 그들을 오라고 하는 것이 아니라 그들의 삶 속으로 들어가야 한다. 영향력은 철저하게 삶이 공감되었을 때 가장 크게 작용하기 때문이다.

다른 삶, 다른 방식을 인정하는 사람이 되어야 한다. 많은 사람이 따르게 하기 위해서는 상대를 이해해야 한다. 그렇지 않으면 혼자가 된다.

사람을 이해한다는 것은 절제하는 삶에서 시작된다. 다른 사람을 이해하기 위해서는 내가 하고 싶은 대로 해서는 안 된다. 나에게 보다 엄격해야 다른 사람을 이해할 수 있다.

윗사람에게 잘 보이고, 선물하는 등 나보다 나은 사람에게 잘하는 리더는 영향력을 발휘할 수 없다. 또한 상대방도 이해할 수 없다. 가난한 사람에게 무언가를 선물하고 도움이 필요한 사람에게 무언가를 제공하는 일이 논리와 정쟁을 일삼는 것보다 가치 있다고 여길 때 사람들에게 영향력을 발휘할 수 있다.

사람들의 삶을 이해하고 사랑하기 위해서는 양심의 가책을 느껴야 한다. 그러려면 가슴이 따뜻해야 한다. 나를 위한 리더가 아니라 이웃을 위해 온 마음과 몸으로 겸손을 보이며, 그들을 섬기는 리더가 되어야 한다.

우리는 리더가 되고 싶어 하면서도 리더가 되기 위해 어떻게 해야 하는지 자문하지 않는다. 리더가 되기 위해 삶을 이해하라는 말은 결국 자신에게 리더란 누구인가라고 질문하는 것과 마찬가지다. 진정한 리더가 되기 위해서는 끊임없이 그 질문을 해야 하고, 그에 대한 답을 찾아내야 한다. 무척 어렵고 거창한 일 같지만 답은 의외로 간단명료하다. 자기 자신을 되돌아보고 성찰하는 것이다.

효과적인 리더십의 핵심은 바로 마음의 평정과 고독감이다. 리더라면 바쁘게 생활하는 가운데 생각하고, 자연과 교감하고, 오로지 홀로 자신을 돌아볼 시간과 공간을 마련하는 일을 반드시 최우선순위로 삼아야 한다.

조용한 공간에서 가만히 앉아 있는 것을 아주 어렵게 여기는 사람이 많다. 늘 시끄러운 곳에서 사람들과 교류하다보니 그렇다. 특히 텔레비전 시청이나 휴대 전화 등에 접속하는 나쁜 습관 때문이다. 그런데 사회가 더욱 정보화됨에 따라 우리는 더 많은 장치에 접속해야 할 것이다.

그 결과 이처럼 고요한 사색이라는 단순하고도 필수적인 경험에서 더욱 멀어져 있다. 자신에게 부당한 대우를 하지 마라. 고독을 죽은 시간이나 따분함과 혼동하지 마라. 연습을 하면, 주변과 차단된 고요한 시간을 가지면서 에너지를 회복하고 일상적인 스트레스를 해소할 수 있다.

리더는 인격의 풍모를 보여주는 행동을 해야 한다. 좀스럽고 인색해서는 안 된다. 자신을 나타내지 않으면 그만이지만, 일단 나타내면 사람들에게 나는 마음이 넓어서 이기적이지 않고 모든 사람을 보살핀다는 뜻을 알게 해야 한다는 의미다.

만약 이렇게 행한다면 사람들은 길도 알려 주고 방해하지 않을 것이다. 리더의 행위가 전적으로 눈앞의 이익만을 생각하는 것으로 보인다면 당연히 그를 외면할 것이다. 따라서 당신 스스로 부끄러움이 없는지 묻고, 남들이 당신을 재주가 있다고 생각한다면 자연스럽게 대할 수 있다.

단 다른 사람에게 상처를 주지 말아야 한다. 만약 수완이 있지만 다른 사람에게 상처를 준다면, 당신이 아직 성숙하지 않은 틈을 타 당신을 해치려 할 것이다. 수많은 사람들이 사회에서 커다란 타격을 입고, 이로 인해 사회에 대한 믿음을 잃고 망가지는 것이 대표적인 예라 할 수 있다. 특히 리더를 꿈꾸는 사람은 넓고 큰 포용력을 반드시 갖추어야 한다.

요즘은 많은 사람이 마음속에 가시를 품고 사는 듯하다. 주변 사람들에게 밝은 배려조차 보이지 않는다. 자기에게 작은 손해라도 생길 것 같으면 날카로워진다. 좋은 충고를 듣는 것도 힘들어한다. 그런 마음으로는 리더가 될 수 없다. 원만한 인간관계조차 맺기 힘들다.

넓은 마음을 품으려면 자존감 형성이 중요하다.

사람은 자신을 존중하는 마음이 있어야 상대방도 존중하고 용서할 수 있다. 자신을 존중한다는 것은 자신의 모습 그대로를 아끼는 마음을 말한다.

chapter__ 14

자기 관리를 엄격히 하라

철저한 자기 관리! 리더의 자기 관리는 본능적 욕구를 뛰어넘어 절제하는 데서부터 시작된다.

성욕, 물욕, 식욕. 이 끝없는 인간의 본능적인 욕구를 어떻게 절제하고 살 것인가? 인간이 저지르는 모든 죄는 거의 이 본능적 욕구를 절제하지 못해서 생긴다. 그런 의미에서 조물주는 절제력이 부족한 인간에게 너무 큰 멍에를 주신 것 같다. 이 욕구를 의도적으로 다 없애자니 내 인생이 불쌍할 뿐만 아니라, 삶의 의미마저 잃어버릴 것 같고, 추구하자니 너무 많은 부작용과 감당하지 못할 대가를 치러야 할 것 같다.

재벌 관련 분쟁을 보라. 피가 섞인 형제도 돈 때문에 진흙탕에서 싸우는 판인데, 하물며 물질로 엮인 타인과의 관계에서야 어떻겠는가? 목숨 바쳐 번 돈을 공짜로, 아무 대가 없이 주는 부자는 세상에 없다. 다만 그 돈이 빠른 시일 내에 돌아올지, 좀 더 기일을 두고 지켜볼지, 직접적으로 이용할지, 과시용으로 활용할지, 공격용인지, 방어용인지가 다를 뿐이다.

역사를 살펴보면 나라의 성패, 관직의 구별 할 것 없이 뇌물에 대한 경계를 반복적으로 강조해 왔다. 나라든 개인이든 넘어뜨리고 싶은 상대가 있을 때 빼놓지 않는 것이 과도한 예물, 즉 뇌물이었다. 오나라 부차를 패망의 나락에 떨어뜨린 것은 예리한 무기나 군사가 아니라 월왕 구천이 뇌물로 바친 미인 서시였다. 이렇듯 뇌물은 상대를 망하게 하는 살인마인 것이다. 하지만 주는 사람의 입장에서는 뇌물의 약효가 제법 쏠쏠하니 어떤 식으로든 활용하려 한다.

간혹 사회 지도층 인사들이 자식 문제로 곤혹을 치르는 것을 볼 때마다 심경이 착잡하다. 모든 게 부모 탓이라며 고개 숙여 절을 하며 눈물로 사죄하는 리더의 모습을 볼 때 당신은 무슨 생각을 하는가? 혹자는 중년의 자녀가 저지른 잘못이 왜 부모 탓이냐며, 노년의 아버지가 자식 대신 사과하는 것 자체가 난센스라고 말한다. 하지만 부모에게 자식은 나이 불문하고 무한 책임의 대상인 것이다. 자신의 삶에 대한 분신이 자식이기 때문이다. 자신이 좀 더 베풀고, 배려하고, 선하게 살았다면 절대로 자식이 문제아가 될 수 없다. 모든 자식이 성공하게 되어 있다.

국가와 민족을 걱정하는 엄청나게 큰 토론에서는 폭포수같이 도도한 사설을 늘어놓던 리더도 자녀라는 손톱 밑 가시 이야기만 나오면 열에 아홉은 꼬리를 내린다. 부모가 잘못 살았기 때문에 이러한 상황이 벌어지는 것이다. 자식 취직 걱정하거나 입김으로 취직시키는 경우 리더로서 함량 미달이다. 단언컨대 자식이 문제아라면 리더로서 자격 미달이다.

자기 리더십이라는 말이 있다. 남들한테 어떻게 하기 전에 자신부터 잘 리드하라는 말이다. 더 나아가 자녀 미래까지 생각하면서 행동하는 것이다. 내가 잘못 살면, 즉 올바르게 살지 않으면 그 대가는 자녀가 치르기 때문이다. 무서운 말이다.

이 세상에 자기 자신을 제대로 관리하는 사람이 얼마나 되겠는가? 우리는 살아가면서 스스로 자신과 얼마나 많은 다짐과 약속을 하였던가? 문제는 그러한 다짐과 약속이 아니라 그걸 얼마나 실천하였느냐다.

실행하지 않으면 결코 원하는 삶에 다가갈 수 없다. 아무리 머리가 좋고, 큰 계획을 세워도 실행하지 않으면 한낱 모래성에 불과하다. 1월 중순쯤 되면 대개 한 해의 계획을 세웠나 싶을 정도로 새카맣게 잊고 지낸다. 다시 말해 세밑이 되면 시간을 돌이킬 수 없다는 사실을 실감하고 그제야 새해 계획을 되짚고 한숨을 내쉬며 후회를 한다. 또 한번 죽음에 임박하여 과거 삶을 회상하면서 후회를 한다. 실행이야말로 어떻게 살 것인가의 핵심 조건이다.

리더는 실천할 것을 말하고, 말한 것을 실천해야 한다. 우리는 흔히 리더에게는 카리스마가 있어야 한다고 말한다. 옳은 말이다. 그렇다면 카리스마란 무엇인가? 카리스마란 쉽게 말해 사람들을 강력하게 끄는 힘이다. 이렇게 볼 때 솔선수범이야말로 진정한 카리스마라고 할 수 있다. 솔선수범에는 내가 앞장설 테니 나를 무조건 따르라고 하는 결연한 의지가 담겨 있다. 그래서 행동으로 보여주는 것보다 훌륭한 리더는 없다고 하는 것이다.

리더는 무엇보다 자기 관리를 잘해야 한다. 하루하루가 바쁘다고 할 것이 아니라 진정으로 해야 할 일이 무엇인지 순서를 정해 놓고 일을 해야 한다. 모든 것을 다 하려고 하지 말고, 중요한 일이 무엇인지를 먼저 생각해야 한다. 일의 선후를 생각하여 처리하는 것이다. 하루 중 1퍼센트의 시간을 계획 세우기에 할애하면 시간을 요긴하게 쓸 수 있다. 하루를 마감하면서도 자신을 되돌아보는 성찰의 시간이 필요하다. 철저하게 계획을 세워 자기 관리를 하는데, 이를 좋은 리더의 자세라고 할 수 있다.

부자가 되는 것도 자기 관리에서부터 시작된다. 백만장자가 된 사람들의 공통점은 자기 관리가 뛰어나다는 점이다. 엄청난 열정을 갖고 일을 한 것도 아니고, 앞만 보고 전진한 결과도 아니다. 그들은 오로지 끊임없이 자신이 해야 할 일을 한 결과다. 주변 상황에 대해 관찰하고, 자신의 상황에 대해 질문하며, 자신의 몸과 마음을 관리한다.

자기 관리의 출발은 꿈을 꾸고 계획을 수립하는 것에서부터 시작된다. 꿈꾸고 계획을 세우는 일은 어렵지 않다. 그것을 몸으로 실행하는 게 힘들다. 그것도 그냥 타성적으로 해보는 것이 아니라 최선을 다해 실행하기란 웬만한 각오 없이는 어려운 게 사실이다. 며칠, 몇 달은 가능할 수 있다. 하지만 지속적으로 하기란 결코 쉽지 않다. 용두사미처럼 흐지부지 되는 경우가 많다는 얘기다. 그래서 초심을 유지하는 자기 관리가 어려운 것이다.

직장이라고 예외가 아니다. 직장에서 리더가 갖추어야 할 자격 하나가 바로 자기 관리를 잘하는 것이다. 그 자기 관리는 공공 물건을 소중히 사용하고, 공중도덕을 잘 지키는 데서부터 시작된다. 종이를 아끼기 위하여 이면지를 사용하고, 한 방울의 물도 아끼고, 절전을 생활화하고, 휴지를 아무 데나 버리지 않는 등 사소한 부분에서부터 출발한다. 자기를 관리하지 못하는 사람은 타인을 리드할 자격이 없다.

그래서 세계적인 리더십의 대가들은 '리더십의 전부는 본보기요, 솔선수범'이라고 말을 하는 것이다.

그런가 하면 '수신제가치국평천하'라는 말이 있듯이, 타인을 리드하기 위해서는 먼저 자신을 리드할 줄 알아야 한다. 자신을 잘 다스리는 사람이 가정도, 직장도, 사회도, 국가도 잘 다스릴 수 있다. 바닷게가 자기는 옆으로 가면서 계속 앞으로 가라고 하는 것처럼 자기는 하지 않으면서 구성원에게 강요하는 리더는 자격 미달이다. 그래서 혹자는 리더가 되기 전에는 자기 관리를 잘하고, 리더가 된 후에는 타인의 성장에 이바지해야 한다고 한다.

세상사에 지름길이란 없다. 정직하고, 성실하고, 인내하며, 열심히 일하는 게 정답이다. 그래서 성공한 리더를 보면 '그럴 수밖에 없었겠구나' 하는 생각이 들 정도로 열심히 일했으며, 자기 관리도 철저했다.

정상에 있는 리더는 자기 관리가 철저하다. 업무에서 정말 철저히 자신을 통제하고 조절한다. 늦게까지 술을 마셔도 다음날 평소와 다름없는 모습으로 회사에 제일 먼저 출근하여 근무하고, 그다음 날의 업무도 철저히 수행한다. 또한 필요한 교육은 주말에도 참석하는 등 본인의 역량 향상을 위해 끊임없이 투자한다.

자신을 제대로 통제하지 못하고, 조절하지 못하는 리더가 어떻게 큰 조직을 컨트롤할 수 있을까? 이렇게 생각하면 자신을 잘 컨트롤한다는 것이 정상으로 가는 기본이라는 것을 알 수 있다.

세상에서 가장 어려운 것이 자신을 다스리는 일인지도 모른다. 이는 '최고의 자리에 오르기까지 가장 어려웠던 점은 자신과의 싸움이었다'는 말을 리더들이 자주 하는 걸 보면 알 수 있다. 남을 다스리기는 쉬워도 자신을 다스리는 일은 결코 쉽지 않다.

그런데 한 조직을 이끌어 가는 리더 자신이 제대로 수양 되어 있지 않으면, 자신만이 아니라 국가나 조직 전체를 무너뜨릴 수 있다. 자신이 가진 권력이나 지위로 자기 욕심을 충족시키려 하는 리더, 옳고 그름의 판단조차 상실한 리더, 나라나 조직을 망치고 있는지조차 모르는 리더는 기본적인 자기 수양이 되어 있지 않은 리더다.

수양을 하게 되면 정신력이 강화된다. 정신에서 지혜가 나오며, 재능이 나온다. 인간이 갖고 있는 소질과 재능, 부와 권력, 그리고 명예의 원천이 바로 수양하는 데서 나온다. 수양은 자기 자신을 이끌어 가는 자기 리더십이기도 하다. 수양함으로써 장수할 수 있는 정신기가 형성된다. 못 쓰는 에너지도 감소하고, 정신적인 무질서도 안정을 찾아 평온한 삶을 살아가게 된다. 탐욕은 수양을 망친다. 재물과 수양은 서로 반비례 관계에 놓여 있다. 그래서일까. 대개 부자는 수양이 잘 되어 있지 않은 반면, 수양이 제대로 된 사람은 물욕이 거의 없다.

한 회사의 대표가 수양이 되어 있지 않으면 신뢰가 없어져 무너지게 되고, 한 나라의 대통령이 수양이 되어 있지 않으면 국민이 불안한 삶을 살아가게 된다. 그러므로 리더가 되고자 한다면 먼저 인격 수양이 되어야 한다. 끊임없는 자기 수양과 단련을 통해서 모두의 행복에 기여해야 한다.

나라를 다스리는 큰일도 자기 자신을 수양하는 작은 일에서부터 출발해야 한다. 이는 자기 자신을 끊임없이 수양하여 그 인품과 덕이 일정한 경지에 이르러서야 비로소 남을 편안하게 하는 리더가 될 수 있다는 말이다.

따라서 탁월한 리더가 되기 위해서는 부단히 자기 자신의 인격과 덕을 쌓아 올려야 한다. 특히 리더라면 끊임없이 자기 자신을 성찰하면서 부족한 점을 찾아내어 즉시 고쳐나가라.

chapter__ 15

시간을 쪼개 사용하라

만약 당신이 리더가 된다면 성과를 만들기 위해서 아주 열심히 일했던 당신의 과거를 포기해야 한다. 그리고 더 많은 것을 얻기 위해서 점점 더 일을 적게 해야 한다. 그러나 매우 많은 리더가 지나치게 많은 일을 한다. 만약 그렇다면 그들은 새로운 업무를 진행하는 대신 과거의 업무에 계속 얽매일 것이다. 그러면서 구성원들의 성공할 기회를 막아버릴 것이다. 리더가 필요 이상으로 많은 일을 하면 오히려 방해가 되고, 리더십 기술을 오용하여 훌륭한 리더십의 발휘 기회를 놓칠 수 있기 때문이다. 이것이 바로 효율적이며, 성공한 리더까지 포함하여 수많은 리더에게 적용되는 원칙이다.

경영 컨설턴트들 간에 '일정이 바쁜 리더를 조심하라'는 말이 있다. 늘 동에 번쩍, 서에 번쩍하여 홍길동이란 별명이 있을 정도다. 심야에도 이메일(email)과 문자, 카카오톡으로 업무 지시를 내리니 구성원은 엄청난 에너지에 혀를 내두를 뿐이다. 리더 반경 1킬로미터 내 접근을 조심하라는 농담이 나돌 정도다.

그러나 자신에게 주어진 초 한 자루를 태우는 것이 인생이라 할 때, 아무리 바쁘더라도 초의 위아래에 불을 붙일 수 없지 않은가? 요즈음 리더는 매우 바쁘게 생활한다. 흔히 리더가 전략적으로 판단하고 체계적인 계획에 따라 깊이 생각해 일을 처리할 것이라고 생각한다. 그러나 이와 달리 외부 자극에 실시간으로 반응하며 즉흥적으로 판단하고 생각 없이 행동한다. 즉 생각하기 싫어한다. 그러다보니 시간을 내더라도 짬짬이 낼 수밖에 없다. 리더는 수많은 관계자들을 대하느라 자신의 시간을 이리저리 쪼갠다. 구성원, 동업자, 고객, 공급업체 등 만나야 할 사람은 많고 시간은 늘 부족하다. 시간 부족으로 꼭두새벽에 출근하는 리더도 많다는 사실을 알아야 한다.

우리나라의 대기업 리더를 대상으로 조사한 바에 따르면, 다양한 일정을 소화하느라 출퇴근 시간이 따로 없을 정도다.

그래서일까. 리더가 가장 싫어하는 구성원은 땡 하면 출근하고, 땡 하면 퇴근하며, 생각 없이 움직이는 유형이라 한다. 그런데 막상 자신들은 어디로 가는지, 무엇을 하러 가는지도 모른 채 비서가 짜준 시간에 맞춰 차에 오른다. 그리고 기사가 내려주는 곳에서 내린다. 수시로 이어지는 회의에 참석해 속사포처럼 지시를 퍼

붓고, 참석해 달라고 요청하는 자리마다 못 이긴 채 나가 얼굴 마담 역할을 하느라 분주하다. 일은 뒷전이고, 행사장 몇 군데 찾아 다니다보면 하루가 금세 지나간다. 순간순간 공허감이 스며들지만 다음날이면 또 잊어버리는 바쁜 일정의 연속이다.

이처럼 대다수 리더는 눈코 뜰 새 없이 바쁜 나날을 보내고 있다. 그들은 공사다망하게 움직이면서도 모든 일을 마칠 수 있도록 시간이 늦게 흘렀으면 하는 바람을 가지고 있다.

그러나 리더가 이렇듯 분주하게 보내면 주의가 산만해지는데, 그 때문에 정작 중요한 궁극적인 목표를 시야에서 놓칠 수도 있다. 몇 가지 문제에 대한 해결책을 발견했더라도 그것이 실제로 리더 자신이 원하는 만큼 도움이 되는지의 여부를 알지 못할 수도 있다. 그럼에도 불구하고 리더는 당장 눈앞에 보이는 문제에 쉽게 정신이 팔릴 수밖에 없다.

내 경험에 비춰 보면 시간을 제대로 사용할 줄 모르는 사람들이 바쁘다는 핑계를 대는 경우가 많다. 하지만 그것은 변명에 지나지 않는다. 시간이 없어서 다른 일을 못한다고 하는데, 자세히 들여다보면 쓸데없는 일에 시간을 허비하고 있는 경우가 많다. 그래서 시간이 없는 것처럼 보이는 것이다. 시간을 제대로 사용할 줄 아는 경우 자투리 시간을 헛되게 보내지 않고 잘 활용한다.

항상 바쁘게 일한다고 누구나 부자가 되는 것은 아니다. 정신없이 바쁜 사람은 지금 당장은 돈을 벌 수 있을지 몰라도 결국 가난해진다. 자기 자신을 되돌아볼 여유가 없기 때문이다. 항상 바쁘다는 것은 다른 사람에게 휘둘리고 있다는 뜻이다. 이것저것 모든 일에 관심이 많다는 뜻도 있다. 하지만 어떻게든 자기만의 시간을 만들어 휴식을 취하고, 자신의 일을 성찰하고, 책을 읽는 사람은 폭넓은 지혜를 얻고, 자신이 원하는 만큼의 부를 얻게 된다.

야근을 많이 한다고 일을 잘 하는 것은 아니다. 또한 공부를 열심히 한다고 실력이 향상되는 것도 아니다. 휴식을 취해야 할 시간에 지혜롭게 쉬는 것도 전략이다. 항상 최상의 컨디션을 유지하기 위하여 휴식을 취하는 것이다.

휴식과 운동은 게으른 사람이 하는 것이 아니다. 오히려 공부와 일을 더 열심히 하기 위한 에너지 충전 활동이다. 주위를 둘러보면, 공부를 열심히 하고 일을 열심히 하는 사람들의 경우 운동과 휴식에 더 열심이고 더 적극적이다.

인간의 삶이란 본래 그렇게 잘 짜여 있다. 독서도 마찬가지다. '너무 바빠서 책 읽을 시간도, 운동할 시간도 없다'고 말하는 경우가 많다. 그렇다면 그 사람과는 거리를 두는 것이 좋다. 가난도 전염되듯 나쁜 습관도 전염되기 때문이다. 또 무엇인가 진심으로 좋아하는 것이 있다면 거기에 집중하라. 그러면 시간은 얼마든지 생긴다.

chapter__ 16

리더에게도 준비가 필요하다

어느덧 20세기형 성장 사회의 끝자락에 와 있다. 앞으로는 지금까지와는 전혀 다른 21세기형 성숙사회로 이행한다고 할 수 있다. 그런 변화에 보조를 맞추기라도 하듯 사회도 변해 가고 있다. 한마디로 20세기형 성장 사회가 상징하는 '다 같이'라는 시대에서 21세기형 성숙사회가 상징하는 '개인, 각자'의 시대로 바뀐 것이다. 이런 사회 분위기를 여러 곳에서 찾아볼 수 있다. 전에는 한 가정에 한 대의 자동차, 한 대의 전화기였다. 그런데 거품 경제의 붕괴와 더불어 커다란 변화가 일기 시작했다. 그 이후 자동차는 각자 소유하게 되었고, 스마트폰 또한 개개인이 갖게 되었다.

다 같이의 시대에는 정형화된 행복론이 있었다. 누구나 정답처럼 마음속에 똑같은 행복론을 가지고 있었다. 부모님이나 선생님 말씀을 잘 듣고, 제대로 정답을 찾아내는 착한 아이가 되면 모두가 원하는 고등학교와 좋은 대학교에 들어갈 수 있었다.

좋은 대학교에 들어가면 대기업이나 좋은 직장에 취직하거나 안정적인 직장인이 될 수 있었다. 그렇게 취직만 하면 적어도 과장이나 부장 정도까지는 승진이 되고 나름의 안정적인 봉급을 받으면서 풍족한 생활을 하였다. 그리고 특별한 문제가 없으면 정년까지 근무하다가 퇴직하면서 두툼한 목돈을 손에 쥐었다. 매년 안정적으로 오르는 수입을 바탕으로 30년 이상 무난하게 생활하다 집도 마련하고, 자식의 성장 후 결혼까지 시킨 다음 퇴직하였다. 이는 성장 사회를 살아 온 내 삶을 말하는 것이다.

고도의 산업화와 정보화를 거치면서 모든 국가와 사회는 물론 개인까지도 예외 없이 첨단의 과학 기술을 바탕으로 치열한 경쟁을 통하여 우위를 선점하려는 노력에 총력을 경주하여 왔다. 그러는 동안 우리도 이에 동참하여 어느 정도 잘살게 되었으나 그 대신 전통문화의 붕괴는 물론 가치관의 혼돈과 윤리, 도덕의 상실 등 인간으로서 지녀야 할 가장 값진 것을 잃었다. 우리뿐 아니고 인류 사회는 경제적 부를 축적하면서 대신 극심한 정신적 철학의 빈곤을 겪었다.

이것이 성장 사회에서 흔하게 볼 수 있었던 직장인들의 전형적인 삶이었다. 그 당시에는 누구나 할 것 없이 모두가 이런 공동의 환상을 추구했다. 20세기형 성장 사회에서는 그런 일반적인 삶의 패턴을 추구하고 흐름을 타기만 해도 대부분이 풍족하게 살아갈 수 있었다. 그들은 퇴직 후 제2의 삶에 대한 특별한 라이프 디자인을 의식할 필요도, 책을 읽으며 준비할 필요조차 없었다. 즉 미래를 준비할 필요가 없었던 것이다. 이런 흐름이 형성되는 두드러진 시기가 1990년 후반에서, 현재까지 이르고 있다. 국민들의 풍족한 삶을 국가와 기업이 자동으로 만들어 주었기 때문이다. 자신이 근무하는 회사라는 소용돌이에 휩쓸리기만 하면 회사가 알아서 풍족하게 만들어 주었다.

하지만 성숙사회에서는 그저 닥치는 대로 열심히 일해도 모두 다 같이 풍족함이나 성공, 행복을 거머쥐기가 쉽지 않다. 성숙사회로 변환된 만큼 리더십도 변화가 필요하다. 그런데 그 변화는 미미한 실정이다. 지금도 카리스마와 같은 일방통행 리더십이 다양한 분야에서 활개치고 있다. 이는 리더십 준비가 되어 있지 않기 때문이다. 그 작금의 상황이 오늘날 우리나라다. 진정한 리더가 부족한 현실이다. 그동안 독서나 공부를 하지 않아 준비되어 있지 않았기 때문이다. 진정한 리더라면, 리더가 되고자 한다면 1주일에 2~3권 정도 책을 읽으며 성찰하는 삶이 필요하다.

이제 사회를 이끌어 나가기 위해서는, 리더가 과학과 교육의 발달로 인해 엄청나게 복잡해진 세상을 공부해야만 한다. 대륙 간 분쟁이 발생하고, 도시는 비대해지고, 일상은 복잡해지고, 그리고 덩치만 큰 허약한 사회적 시스템이 자리 잡기 시작하면서 상명하복의 전통적인 리더십 모델은 점차 수명을 다하고 있다. 그리고 이제 그 자리를 수평적인 시스템이 차지하고 있다.

리더가 되기 위한 첫 번째 단계는 꿈을 갖는 것이다. 두 번째 단계가 꿈 너머 꿈을 갖는 것이다. 그러나 나이 들수록 꿈을 잃어버린다. 아니 포기한다고 하는 것이 맞을 것이다. 기운 떨어져 의욕을 상실하게 된다. 이 나이에 무슨 일이냐고 말하면서 아예 꿈을 꿀 엄두조차 내지 않는다. 그러나 제2의 인생을 살아가기 위해서는 그에 걸맞는 꿈 너머 제2의 꿈이 있어야 한다. 그래야 나만의 목표가 생기고, 그 목표에 도달하고자 하는 삶의 목적도 분명해진다.

리더는 꿈이 있어야 한다. 비전 없는 리더를 따를 구성원은 세상 어디에도 없다. 회사를 어떻게 만들겠다는 꿈을 품어야 하고, 그 다음에는 본인부터 꿈을 실현하기 위하여 최선을 다해야 한다.

꿈꾸는 이는 스스로 자신의 꿈을 실천해 가다보면 마침내 참된 성공을 이룬다. 꿈은 그냥 꿈꾼다고 이루어지는 것이 아니라 준비하는 사람만이 이룰 수 있다. 목표를 정한 후 열정을 가지고 지속적으로 매진한다면 꿈은 반드시 이루어진다. 자신의 하는 일에 대해 끊임없이 부딪치고, 실패해도 다시 도전하는 끈기와 노력을 쏟아부을 때 비로소 이루게 된다. '신은 꿈을 준비한 사람에게만 기회를 준다'는 말도 있다.

빌 클린턴(Clinton, Bill) 대통령의 고등학교 시절 얘기다. 백악관을 방문한 그는 케네디(Kennedy, John Fitzgerald) 대통령과 악수를 했다. 1963년이었다. 그리고 30년 뒤에 그는 미국 대통령이 되었다. 아칸소의 촌뜨기 고등학생은 백악관을 방문해 대통령을 만난 순간 꿈을 꾸기 시작했다고 한다.

또 한 학생이 있다. 클린턴보다 한 해 앞선 1962년 백악관에서 케네디 대통령을 만난 동양인 고등학생이다. 그는 그후 44년이 지나 우리 앞에 나타났다. 바로 반기문 전 UN 사무총장이다.

꿈이란 미래에 대한 비전이다. 꿈은 반드시 현실로 이뤄진다는 확신이 필요하다. 꿈이 있어야만 꿈을 이룰 가능성이 훨씬 높다. 꿈의 기능 가운데 가장 중요한 것은 언제나 한결같이 노력하는 자세를 갖게 해 준다. 그러면 자신이 세운 뜻에 의해 행동과 마음가짐을 단속하게 된다.

이 세상에 어떠한 것도 꾸준함을 대신할 수 있는 것은 없다. 재능도 대신할 수 없다. 재능이 있지만 성공하지 못한 사람이 얼마나 많은가? 천재성도 대신할 수 없다. 꿈을 갖고 꾸준히 노력해야 모든 걸 이루게 된다.

chapter__ 17

리더로 처음 부르던 날

처음이라는 단어는 그 자체만으로도 두근두근 설레게 한다. 눈을 감고 가만히 어렸을 때부터 생각을 더듬어 보라. 학교에 입학하고, 새로운 친구와 선생님을 만나고, 그리고 새로이 배울 교과서를 접했을 때도 그러지 않았는가? 마치 100미터 출발선에 선 육상 선수처럼 가슴이 두근거리기도 했을 것이다. 이는 시작이라는 의미, 처음이라는 의미, 새해라는 의미, 최초라는 의미, 출발이라는 의미, 새롭다는 등의 의미를 부여함으로써 갖게 되는 마음이다.

한편 총명하기로 이를 데 없는 인간조차도 사람이다. 성공을 계속하다보면 자신도 모르게 권력에 중독된다. 그럼에도 불구하고 나는 예외의 경우라고 말한다. 누구라도 자신의 능력을 과대평가하고 자신의 앞길을 막을 장애가 없다고 느낀다. 이들은 주변의 충고조차 무능한 사람의 질투로 간주하고 무시한다. 신뢰를 한 몸에 받아 권력이 집중되면 비록 그런 마음이 아니었다 하더라도 초심을 잃게 되고, 결국 주변인에 의해 타락의 길로 접어들게 된다. 비난은 사람을 긴장시키지만 망치지는 않는다. 달콤한 칭찬이 사람을 망친다. 칭찬은 구성원에게는 자존감을 키워 주나 윗사람에게는 아부로 변질되기 쉽다. 리더에 대한 충언이 받아들여지지 않는 무조건적인 찬사, 이것이 비극의 시초다.

흔히 사회적 지위도 얻고 안정을 취하게 되면 차츰 느슨해지면서 새로운 것을 찾는 경향이 있다. 만약 그것이 예술적 창작 욕구와 같이 삶의 품격을 높여주는 것이라면 매우 바람직한 일이다. 하지만 그것이 도리에 어긋나는 일이라면 다가올 불행을 면할 수가 없다. 따라서 현재의 삶에 활력을 불어넣어 자신을 더욱 향상시킬 방안을 찾아야 한다.

리더는 자신의 유능을 넘어 핵심 가치를 심어 주는 유익한 존재가 되어야 한다. 유능은 기술의 문제이고, 리더 자신에게 초점이 맞춰져 있지만 유익은 리더 자신뿐만 아니라 구성원과 조직의 성장을 선물로 준다. 유익한 리더가 되려면 초심을 잃지 말아야 한다. 부언하면 리더는 한결같은 마음을 지녀야 한다. 사람들은 특히 리더의 일관된 말과 행동을 바란다. 변함없는 마음은 리더와 구성원 사이에서 뿐만 아니라 모든 인간관계의 핵심 요소이기 때문이다.

처음 당신을 리더로 부르던 날 당신은 그에 응답하고자 피와 땀을 쏟아 조직에 공헌하고자 다짐했다. '머리가 되려거든 남을 진심으로 우선시하라'는 말에 구성원을 섬기려 했다. 당신은 개인의 명예와 출세에 대한 욕망보다도 진정성을 갖고 구성원에게 동기를 부여하고자 기꺼이 값을 치렀다. 그런데 그 초심은 어디로 갔는가? 초심도 늙어가는 것이다. 이렇듯 초심은 초의 심지처럼 서서히 타 들어가는 속성이 있다. 초심의 가치가 빛나려면 시간이 흘러야 한다. 그래서 일급 고수는 초라한 시절의 첫 마음을 가장 귀하게 여겨 가슴에 간직한다.

최고 리더가 되었을 때는 누구나 넘치는 긴장감으로 일에 임한다. 구성원도 마찬가지다. 부서 이동이 되면 바짝 긴장하고 법규도 깊이 연구하는 등 적응하기 위하여 긴장하게 된다. 그러나 그 지위에 익숙해지고 실적도 오르기 시작하면 안도감이 들며 긴장감이 풀어진다. 시간이 지나면서 서서히 물들어 가게 된다. 이렇게 자기 무덤을 판 최고 리더는 예로부터 수없이 많았다.

한때는 그 분야에서 두각을 나타내 스포트라이트를 받던 이들이 한순간에 몰락하여 뒤처지는 경우를 우리는 자주 접한다. 하지만 이때 명심해야 할 것은 그 사람들이 한순간에 몰락한 것이 아니라, 우리가 접하게 되는 그 몰락이 발생하기 최소 5년 전부터 조금씩 젖어 들어 한순간에 나타난 결과물이었다는 것이다.

그 누구도 처음부터 현실에 안주하려고 하는 사람은 없다. 하지만 간절한 꿈을 이루기 위해 열심히 노력하고 행동해도 조금만 지나면 언제 그랬냐는 듯 현실에 안주하려고 한다. 왜 그럴까? 처음은 누구에게나 설레고 긴장되는 순간이다. 그렇기 때문에 정신을 바짝 차리고 긴장한 채 처음을 시작한다. 하지만 시간이 흘러 익숙해지고 경험이 쌓이면, 방심해지며 나태해진다. 이런 상태에서 문제나 사고가 생기는 것은 어쩌면 당연한 일일지도 모른다.

또한 이는 위기를 알리는 신호이기도 하다. 위기는 어려울 때가 아니라 현실에 안주했을 때 찾아온다. "우리가 어느 날 마주칠 불행은 우리가 소홀히 보낸 시간에 대한 보복이다"라는 나폴레옹(Napoléon)의 말처럼, 현재 당신에게 닥친 위기는 당신이 현실에 안주하고 안일하게 살아온 삶에 대한 당연한 결과다.

놀라운 성적으로 신인상을 수상한 운동선수도 2년차 징크스 슬럼프에서 벗어나지 못하는 경우를 많이 본다. 사업에서도 그렇고, 인기 연예인의 경우에서도 그런 경우를 종종 보게 된다. 성장통을 겪게 된다. 그렇다면 이 성장통을 쉽게 극복할 방법은 무엇인가?

사실 그 답은 아주 간단하다. 바로 초심으로 돌아가는 것이다. 그러나 세상에서 가장 어려운 일 중 하나가 초심을 유지하는 것이다. 어떤 이는 '세상에 성공을 위한 왕도란 없다. 있다면 초심을 잃지 않는 마음가짐이다'라고 말한다.

누구나 가슴 뛰던 출발의 순간이 있었다. 새 학기가 시작되던 날, 군대에서 전역하던 날, 직장에 첫 출근하던 날, 결혼식장에 들어서던 순간 등이 그것인데, 가슴 설레던 그때의 결연했던 마음가짐을 유지할 수 있다면 어떤 어려움이 닥치더라도 모두 이겨 낼 수 있다. 또한 이루지 못할 일도 없다.

하나 덧붙이면, 초심으로 돌아가기 위해 우선 해야 할 일은 기본을 돌아보는 것이다. 사람의 인생과 자주 비교되는 골프에서도 마찬가지다. 실력이 뛰어난 골퍼가 무슨 이유에서인지 어느 날 갑자기 샷이 제대로 되지 않고 장기간 슬럼프에 빠져 있을 때, 이를 극복하기 위한 가장 좋은 방법은 새로운 기술을 연마하기보다는 기본기를 다시 다지는 것이다.

아무리 위세가 등등한 명문가나 귀족 가문이라도 몇 세대 지나지 않아 대개 몰락하고 만다. 또한 아무리 뛰어난 천재라도 자신의 재능만 믿고 작은 성공에 만족하고 자기계발을 소홀히 하면 평범한 재능을 갖춘 사람만도 못한 인생을 살게 된다.

그래서 잘 나갈 때 어렵고 힘든 시기를 대비하여 준비해야 하는 것은 기업이나 개인이나 같다. 기업이 위기관리를 하고 잘 나갈 때 새로운 도약을 위한 혁신의 노력을 하는 것도, 새로운 성장 분야를 끊임없이 모색하는 것도 이런 이유다.

따라서 험난한 인생길을 헤치고 나아가려면 처음에 먹은 마음으로 꾸준히 개인의 능력과 자질을 키워 나가는 방법 외엔 달리 도리가 없다.

무슨 일이든 인내심을 갖고 한결같은 마음으로 추진하지 않으면 안 된다. 급하다고 서두르거나 건너뛰어 나가다보면 뜻을 이루지 못하는 법이다. 특히 꿈이 크고 이상이 높을수록 현실적 난관이 많은 법인데, 그것들을 착실하게 극복해 나가지 않고 성급한 마음으로 나서면 무리수를 두어 실패를 면할 수 없다.

빠른 성공에 너무 연연하지 말고 그저 묵묵히 자신만의 인생길을 걸어라. 그러면 반드시 행복하고 가치 있는 삶이 아름다운 꽃으로 피어난 후 탐스러운 열매를 맺을 것이다.

위대한 성공은 하루아침에 이루어지지 않는다. 오랜 기간이 필요하다. 그 기간 동안 반드시 한 걸음 한 걸음 올라가야 한다. 그리고 그것도 가장 낮은 밑바닥에서부터 시작해야 한다. 위대한 대가들이 초심을 강조하는 이유가 바로 여기에 있다. 조급하게 성공하려고 얄팍하고 치사하게 요령부리는 사람치고 어떤 분야에서든 대가가 되거나 고수가 된 사람은 한 명도 없다.

위대한 사람은 잘 나갈 때 더욱더 초심을 잃지 않고, 더욱더 열심히 자신을 성찰하면서 되돌아본다.

그래서 성인들은 초심을 잃지 않으려고 또는 자기와의 약속을 지키기 위해 스스로 고행을 선택하여 수양 정진을 게을리하지 않았다.

chapter___18

자신을 엄하게 다스려라

리더는 윤리성·도덕성을 갖춰야 한다. 리더 자리에서 3년 이상 견디는 사람은 인품을 갖춘 사람이다. 리더라고 해서 무조건 존경 받을 수 있는 것이 아니다. 인품을 갖추어야 롱런(long-run)이 가능하다. 덕을 쌓아야 사람들이 우러러보고, 그가 제시하는 방향을 함께 바라본다. 이는 결국 성공으로 이어질 수 있는 기초 체력으로 성공한 리더가 가진 필승의 비밀이기도 하다. 리더 자신이 가장 능력 있고 빛을 내는 사람일 필요가 없다. 출중한 역량과 자신감으로 강한 빛을 뿜어내는 사람은 종종 그 빛 때문에 주변에 사람을 모으거나 키우지 못하는 실수를 범하게 된다. 나 아니면 안 된다는 식의 독선에 빠져 혼자 모든 일을 처리하다가 결국 힘에 부쳐 자신과 조직을 다 망치는 경우도 있다. 자신의 이익이나 일신의 편안함을 좇는 것이 아니라 조직을 위해 무엇이 옳은 일인가를 항상 고민하는 사람이 리더가 되어야 한다.

리더는 적극적으로 나서서 모든 행동을 손수 하는 것이 아니라 조용히 그 자리에서 옳고 그름에 대한 기준을 제시해야 한다. 행동하지 않으면서 존재감을 나타내기 위해서는 조직이 지향하는 바를 몸소 나타내는 표상이 되어야 한다.

그런 까닭에 리더는 자신을 엄격하게 다스릴 필요가 있다. 일반인이라면 그렇게까지 자기를 엄하게 다스릴 필요가 없다. 하지만 남을 이끌어야 하는 사람이 자신의 큰 실수에는 한없이 관대하면서 구성원의 사소한 실수에는 엄격한 잣대를 들이댈 경우 결국 리더의 자격을 상실할 수밖에 없다.

흔히 '내가 사랑하면 로맨스고, 남이 사랑하면 불륜'이라고 자기 위주로 말을 한다. 남에게는 엄중한 잣대를 들이대면서 스스로의 잘못에는 관대해지는 경향이 있다. 단언컨대 이들은 리더로서 함량 미달이다. 자신의 잘못은 덮어둔 채 구성원의 잘못을 호되게 나무란다면, 그 누가 리더의 지휘를 수용하겠는가?

우리 사회의 크고 작은 모든 조직의 리더들 역시 마찬가지다. 스스로에게 더욱더 엄격한 도덕적·윤리적 잣대를 들이대야 할 것이다. 그렇게 할 자신이 없다면 애초에 리더로 나설 것을 포기하고 평범한 사람으로 살라.

올바른 리더란 우리가 감성적으로 훌륭하다고 느낄 수 있는 사람이어야 한다. 덕이 있는 사람은 도덕적인 성품과 뛰어난 능력,

성실성, 노력, 매력 등을 가지고 있다. 이러한 덕을 갖춘 사람이 리더가 되어야 한다.

윤리와 도덕은 올바른 리더의 조건을 가르쳐주기 때문에 올바른 사회를 만드는 데 도움을 준다. 고대부터 현대에 이르기까지 어떤 문명에서도 리더가 없는 사회는 없었다. 미래에도 마찬가지다. 어떤 리더가 사회를 이끄는가에 따라 그 사회는 엄청난 변화를 겪게 된다. 존립조차 위태로울 지경까지 이르기도 한다. 우리는 역사적으로 덕이 부족한 리더가 국가나 사회를 이끌었을 때 얼마나 비참한 결과가 나타났는지 잘 알고 있다. 패망한 역사가 그 사실을 증명하고 있다.

아무리 민주주의가 발달한 나라라 하더라도 리더에 따라 국민의 삶이 송두리째 바뀔 수 있다. 민주주의 사회는 권력이 분립되어 있어서 리더에 관계없이 나라가 돌아간다고 생각할 수도 있다. 그러나 예상 외로 리더 한 사람에 의해 전 국민이 커다란 변화를 겪을 수 있다. 또한 리더가 아니라 해도 높은 지위에 있는 몇몇 사람에 따라 사회 구성원의 삶은 크게 달라질 수 있다.

리더는 재능보다 덕을 갖추어야 한다. 불상사를 일으킨, 머리 좋은 엘리트는 모두 보통 사람보다 뛰어난 능력을 가지고 있다. 열의나 사명감도 있고, 보통 사람 이상의 노력을 했음에 틀림없다. 그러나 중요한 것은 사고방식에 문제가 있다. 모처럼 받은 능력과 열의를 올바른 방향으로 발휘하지 못하였다. 그래서 잘못된 행동을 범하고, 사회에 악영향을 끼치는 등 스스로의 목을 조이는 결과를 초래했다. 자신의 속은 검으면서 구성원에게는 일 열심히 하라, 성실하라 등 감언이설로 설득하지만 구성원은 뒤에서 웅성거릴 뿐이다. 오죽하면 윗물이 맑아야 아랫물이 맑다는 말을 했을까? 여기서 말하는 사고방식은 살아가는 자세, 즉 철학이나 이상, 윤리관 등을 가리키는데, 이를 모두 포함하여 인격이라 하기도 한다. 인격이 잘못되거나 비뚤어지면 아무리 능력이나 열의가 뛰어나더라도, 아니 뛰어날수록 결과적으로 더 큰 실패를 가져올 수밖에 없다.

대부분의 사람들은 자신의 리더를 뽑을 때, 인격이라는 애매한 조건보다는 재능이나 배경, 학벌 등과 같은 과거 스펙의 성과에 직결된 요소를 중시한다. 결론저으로 말해 덕이 모자라도 재능이 있는 사람을 자신의 리더로 뽑는다. 도덕 붕괴·도덕 상실의 시대라고 불리는 오늘날 다시 한번 명심해야 할 부분이다. 리더에게는 재능이나 지각보다 인격이 더욱 중요하다.

노자의 『도덕경』에서 덕(德), 인(仁), 의(義), 예(禮)를 다루고 있는데, 이 중 덕을 제일의 덕목으로 다룬다. 덕은 바른 마음과 행동으로 정직하게 앞으로 걸어 나간다는 뜻으로 풀이된다. 솔직하고 무색의 타고난 그대로의 인간 소질을 가리킨다고 하겠다. 여기서 덕의 사전적 의미를 살펴보면 도덕적·윤리적 이상을 실현해 나가는 인격적 능력, 배려하고 베푸는 것, 공정하고 남을 넓게 이해하고 받아들이는 마음이나 행동으로 나타나 있다. 덕이란 곧게 걸어가고자 하는 마음을 나타낸다. 덕은 마음뿐 아니라 수양과 실천을 통해서 얻어지고 나타난다. 공교롭게도 재주와 재능이 출중하면 덕을 무시하게 된다. 행동도 오만해진다.

또한 옛글의 사람을 평가하는 말 중에 덕승재(德勝才)라는 말이 있다. 재(才)는 재주와 재능을 이르는 말이고, 덕이 재주에 앞선다는 뜻으로 풀이된다. 이는 인재를 뽑을 때에 재주 있는 사람보다 덕이 있는 사람을 우선했다는 뜻이다. 그런데 현대에는 이 말보다 인재라는 말을 자주 사용하는데, 이때 인재는 재능 있는 사람을 이르는 말이다. 재주란 덕의 바탕 위에 있어야 하고, 덕이란 재주의 으뜸에 있어야 한다. 재주와 덕을 모두 온전히 갖추면 성인(聖人)이라 하고, 덕이 재주보다 앞서면 군자요, 재주가 덕보다 앞서면 소인이라 했다. 사실 아무리 재주가 있어도 덕을 겸비하지 못하면 그 재주는 쓸모없을 뿐 아니라 오히려 그 재주로 인하여 큰 위해를 입는 경우도 있다.

사업에 성공한 사람은 자기만의 탁월한 사업 수완과 능력을 갖고 있다. 허나 그것만으로는 사람을 관리하고 조직 전체를 끌고 가기에 결코 충분하지 않다. 능력은 물론 리더로서 덕을 갖추어야만 훌륭한 리더라고 할 수 있다. 능력은 훌륭하나 그 능력을 빛내 줄 훌륭한 덕이 없는 사람은 자칫하면 눈앞의 이익만을 탐내다 조직 전체를 위험에 빠트릴 수 있다. 즉 덕이 갖춰지지 않은 사람은 항상 이익 앞에서 자신의 마음 하나도 이겨 내지 못한다. 이익은 인간 세상 대부분의 화나 분쟁의 발단이라고 볼 수 있다. 따라서 능력은 있으나 덕이 없는 사람이야말로 가장 위험한 존재다. 똑똑한 사람은 대개 그렇듯이 경솔하고 오만해 주변 사람들로부터 좋은 평을 받지 못한다.

능력이나 힘은 사람을 잠시 굴복시킬 수 있어도 진정으로 복종시킬 수 없다. 성과도 잠시 올 뿐 길게 가지 않는다. 오로지 덕만이 사람을 마음으로 복종하게 하는 힘이고, 성과도 오랫동안 유지할 수 있다. 한 개인의 실패는 여러 가지 원인이 있을 수 있겠지만, 만약 그가 덕을 잃지 않았다면 언젠가는 성공의 전기가 반드시 있을 것이다. 반면 덕이 없는 사람은 은혜와 정의가 없어서 그를 위해 헌신할 사람을 찾기 어려울 것이다.

역사에 이름을 남긴 인물들의 공통점을 보면 선과 악, 행복과 불행에서 볼 수 있듯이 도에서 벗어나면 권력을 손에 쥐더라도 결국 나락으로 떨어진다는 점이다. 장사도 마찬가지다. 상도에서 벗어나면 지속적으로 성장할 수 없다. 반대로 상도를 지키며 장사하면 반드시 큰 부를 이루게 되어 있다.

예로부터 '나라를 어지럽히는 신하와 집안을 망하게 하는 자식은 재주는 출중한데 덕이 모자라서 엎어지고, 뒤집어짐에 이르게 하는 자가 많다고 하여 덕은 지위고하를 막론하고 사람으로서 지녀야 할 가치를 기본으로 생각하고, 이에 큰 비중을 두었다.

태어난 지 얼마 안 되어 아버지를 잃은 퇴계 선생은 지식에만 치중하지 않고, 엄격한 자기관리의 삶을 살아 오늘날 많은 사람들의 사표가 되고 있다.

그동안 기능과 효율 중심으로 달려와 한강의 기적을 낳았는데, 그 대가로 지금 다시 국가적 낭패를 맞고 있다. 이제는 덕을 바탕으로 자신을 엄하게 다스려 나라의 근본을 다시 세울 때다.

chapter__ 19

리더는 리더다워야 한다

리더가 자신이 이끄는 팀이나 부서, 조직의 성과에 무한 책임을 지는 것은 그가 성과에 영향을 미치는가라는 사실 문제도 있지만, 더 큰 문제는 리더가 가지고 있는 근본적인 철학과 태도다. 리더가 성과에 대한 모든 책임을 지려 하지 않고 핑계를 떠올리는 순간, 그 조직은 더 이상 좋은 결과를 기대하기 어려워진다. 조금 억울하고 분한 마음이 들어도 리더 자신이 이끄는 조직의 성과는 오로지 리더 그릇의 크기에 의해 결정된다. 그런 만큼 결과에 대한 모든 책임을 리더 자신이 져야 한다. 그 순간 오히려 마음이 편해지면서 가장 리더다운 리더십을 발휘하게 된다.

하지만 안타깝게도 지금껏 만나본 수많은 리더 중에는 성과에 대한 무한 책임을 지겠다는 이들보다는 책임을 회피하려는 이들이 더 많았다. 그들의 핑계를 들어 보면 대부분 경기가 좋지 않아서, 거래처 부도로, 구성원이 한 일이라 잘 모른다는 등 자신이 통제할 수 없는 환경 탓을 한다. 더 흔한 유형은 구성원의 근무 태만이다.

리더십의 본질이 무엇인지 고민하는 리더는 이런 말을 할 만큼 무책임하지 않다. 이런 말을 하는 사람은 리더로서 구성원을 이끌 자격조차 없다는 것을 본능처럼 잘 알고 있다. 리더는 처음부터 끝까지 자신이 통제할 수 없는 일에 무한 책임을 지는 사람이어야 한다. 이것이야말로 리더를 리더답게 만드는 가장 중요한 태도다. 이 때문에 리더로 산다는 것은 때로는 고독하고 때로는 힘겹다. 잊지 마라. 책임과 희생이야말로, 리더가 된 당신이 감내해야 할 운명적인 현실이다.

축구나 야구 등 운동경기에서 성적이 부진하면 먼저 감독에게 책임을 묻고, 그는 옷을 벗는다. 이렇게 감독 한 명 바꾼 것만으로 조직 성적이 확연히 달라지기도 한다. 2002년 월드컵 축구 경기에서 4강 신화를 이룩한 히딩크 감독을 기억할 것이다. 감독 한 명이 선수 수십 명보다 클 수 있다는 것을 입증하지 않았는가? 이런 현상은 비즈니스 세계에서도 종종 엿볼 수 있다. 똑같은 구성원이라도 어떤 리더가 이끄느냐에 따라 조직 성과는 극명하게 달라진다. 이러한 결과를 만들어 내는 리더십의 핵심 요소는 사람이 중심에 있다는 사실이다.

그런데 많은 사람이 리더가 되면 누릴 수 있는 권한과 혜택부터 떠올린다. 리더에게 권한은 최적의 결과를 이끌어 내기 위해 주어진 것인데, 이를 효율적으로 사용하기는커녕 악용하는 경우가 많아 사회적으로 물의를 빚기도 한다. 극단적인 예가 2014년 4월에 있었던 세월호 대참사 사건이다. 온 국민이 진정한 리더의 역할에 대해 논할 만큼, 세월호 선장은 리더로서의 책임을 완전히 망각했다.

리더십 부재가 비단 세월호만의 문제이겠는가? 구성원에게 온갖 비윤리적 방법을 동원해 성과만 높이려는 리더, 사명감은커녕 자리보전에만 급급한 정부 관료, 표를 얻기 위해 수단과 방법을 가리지 않고 당선에만 혈안이 되어 지키지도 못할 공약만 남발하는 정치인…. 이들의 리더십 부재로 인해 크고 작은 사회적 위기가 얼마나 많은가? 물론 리더가 모든 문제의 궁극적인 원인일 수는 없다. 하지만 우리나라, 조직과 회사, 사회를 위해서라도 제대로 된 리더십이 필요하다는 것은 부인할 수 없는 사실이다. 이런 이유로 사람은 모두 자기답게 살아야 한다. 정치인은 국가와 민족을 위해 자신의 지혜, 능력 등 모든 역량을 발휘하고 살 때 자기다운 것이다. 자신의 이익이나 명예를 위해 정치를 한다면 그것은 진정한 정치인이 아니라 시정잡배(市井雜輩)나 다름없다.

역설적이게도 세상엔 시정잡배가 매우 많다. 교사는 제자들에게 꿈을 심어 주고 사회와 국가를 위해서 역량을 발휘할 수 있도록, 즉 재목으로 키우겠다는 확고한 신념과 사명감을 가지고 가르칠 때 선생다운 것이다. 월급이나 받고자 하는 선생은 선생이 아니다. 공무원 역시 마찬가지다. 그리고 학생은 최선을 다해 열심히 공부하는 것이 학생다운 것이다. 이렇게 각자 위치에서 자기답게 사는 것이 사회에 좋은 영향을 끼치는 것이다.

위대한 리더는 자신의 행동에 책임을 진다. 더 나아가 조직의 잘못까지도 자신이 책임을 진다. 얼마 전 미국의 메이저리그 야구는 금지 약물인 스테로이드 복용 파문으로 진통을 겪었다. 현지 언론들이 연일 메이저리그의 미온적인 태도를 비판하자 예상치 못한 상황이 벌어졌다. 진심으로 잘못을 시인하고 용서를 구한 선수들은 대체로 용서를 받았다. 올바른 선택을 했다는 평가를 받았다. 다시 말해 규정을 위반한 야구계의 우상들이 잘못을 실토하고 나서 불명예를 씻은 것이다.

예전에 우리 옆집에 살던 아주머니는 늘 남 탓만 하였다. 아이가 문제를 일으켰을 때, 집안 경제 사정이 나빠졌을 때, 남편과 사이가 틀어졌을 때, 심지어 자신의 체중이 불었을 때조차도 매번 가족 누군가에게 책임을 돌렸다. 그녀는 온종일 타인을 비난하면서 끊임없이 불만을 쏟아냈다.

물론 모든 문제의 원인을 그녀에게만 돌릴 수 없는 것도 사실이다. 살아오면서 악몽 같은 일을 많이 겪은 탓도 있을 것이다. 그러나 자신은 물론 함께 일하는 동료들까지 잘되는 비결은, 개인 스스로가 책임을 다하고, 타인의 공로를 널리 칭찬하고 인정하는 분위기를 조성하는 것이다. 그러면 의도하지 않아도 자연스럽게 자신도 조직의 신임을 얻게 되고, 조직에 도움을 주는 문화가 조성되어 구성원들이 목표를 향해 열심히 달려가게 된다.

리더는 누린 만큼 책임을 져야 한다. 고귀한 신분에 따르는 도덕적 의무와 책임을 뜻하는 노블레스 오블리주라는 말이 있다. 이는 리더가 누리는 특권만큼이나 사회적 책임도 져야 한다는 의미로 오늘날의 리더라면 가장 먼저 갖추어야 할 자세로 여겨진다.

일본 작가 시오노 나나미의 『로마인 이야기』에서는, 로마제국이 2,000년 간 유지되었던 이유는 바로 로마 귀족의 노블레스 오블리주 덕이라고 한다. 전쟁이 났을 때 귀족들이 기꺼이 나가서 조국을 위해 목숨을 바쳤기에 로마제국이 유지될 수 있었다는 것이다. 카르타고의 명장 한니발(Hannibal)과 싸운 포에니 제2 차 전쟁에서 로마의 집정관 13명이 사망했다는 것은 그들이 귀족의 사회적 책임을 얼마나 중요하게 여겼는가를 잘 보여주는 사례라고 할 수 있다.

미국의 지도층 리더들은 높은 수준의 책임감을 갖고 있는데, 전쟁이 일어나면 가장 먼저 전장에 나가 조국을 위해 목숨을 바치는 것이 당연한 그들의 철학이라 한다.

나 혼자 잘 먹고 잘 사는 것이 인생이 아니라 내가 사는 이 세상에 내가 무엇을 할 것인가를 늘 고민하며 사는 것이 리더의 책임감이다.

국가의 리더가 노블레스 오블리주를 실천하면 민심의 지지를 받아서 강력한 국민의 정부를 이룰 수 있고, 기업의 리더가 실천하게 되면 전 구성원이 한마음으로 뭉쳐 튼튼한 기업이 된다. 반대로 사사로운 이익을 공적인 일보다 앞세운다면 그때부터 부정부패와 비리가 만연하면서 정부의 권력은 줄줄 누수가 시작될 것이다. 또한 기업 역시 조직의 힘이 분산되면서 기강이 무너지고 말 것이다.

제2 차 세계 대전에서 패망이 짙던 상황에서 영국이 극적으로 승리할 수 있었던 것도 지도층의 책임감이었다. 영국의 왕실과 귀족들은 자주 군복을 착용하고 공식 석상에 나타났다. 전쟁이 나면 제일 먼저 전쟁에 나갔다. 또한 국가 경제가 힘들어지고, 국민들이 어려워지면 그들의 돈과 힘을 나누는 노블레스 오블리주가 있었기에, 국민들의 존경을 유지하고 있는 것이다. 이러한 따뜻한 마음은 조직의 리더가 지녀야 할 숙명인 것이다. 이는 리더로서 국민을 위하여 몸과 마음이 다할 때까지 혼신의 힘으로 봉사하는 것이다.

다시 말하면 자신의 출세와 승진, 지위와 명예보다는 이웃과 국민의 안위에 더욱 신경을 써야 한다는 일종의 노블레스 오블리주 정신이라 할 수 있다.

한번 우리의 과거를 돌아보라. 임진왜란이 터지자 선조는 방어할 방법보다는 도망갈 궁리부터 했다. 살아남기 위하여 이곳저곳을 헤매었다. 백성들의 고통을 외면한 채 살기 위하여 온갖 수모를 감수하는 행동을 하였다. 임진왜란이 발생했을 때도, 6·25 전쟁이 터졌을 때도 똑같은 현상이 벌어졌다. 오히려 국민들이 나서서 나라를 지키기 위하여 목숨 걸고 싸웠다.

그렇다면 이 시대는 어떤가? 더하면 더했지 덜하진 않을 것이다. 참으로 안타까운 일이다. 국가를 위하는 마음 자세의 모범을 보이는 고위층을 찾아보기가 힘들다. 고위층 인사 중에는 병역을 이행하지 않은 경우도 있고, 세금 탈세, 부동산 투기, 이중 국적,

논문 표절 등을 당연한 것으로 여기는 경우도 있다.

리더가 되려는 당신은 지금 어떤 책임감과 소명의식을 갖고 있는가? 그리고 과연 당신은 구성원들의 잘못까지 기꺼이 책임질 수 있는 리더다운 리더의 자질을 갖고 있는가?

그래서 나는 말한다. 내가 아닌 우리에 대한 책임을 지는 것이 가장 우선되어야 할 리더의 덕목이라고.

chapter__ 20

리더는 바쁘면 안 된다?

최고의 리더는 아무것도 하지 않는다. 즉 현장에서 손을 움직이지 않더라도 머릿속은 늘 회전하고 있다. 리더로서 좋은 결과를 내놓는 사람은 생각하는 것이 일상화·습관화 되어 있다. 조직에서 누구보다 많이 생각하는 존재가 바로 리더다.

리더가 과하게 일을 하는 것은 일을 거의 하지 않는 것보다 훨씬 더 나쁘다고 할 수 있다. 지나치게 많은 일을 하는 리더는 별로 효율적이거나 통찰력이 있거나 전략적이지 않다. 설상가상으로 그의 구성원들도 능력을 충분히 발휘하지 못한다. 더 유능한 구성원들 역시 점점 분노하는 경향을 보인다. 자신들이 할 수 있고, 해야 하고, 하고 싶어 하는 일을 리더가 다 하기 때문이다. 훌륭한 능력자가 스스로 일하지 못하도록 리더가 방해한다면 구성원들은 자부심을 느끼지 못한다. 그 결과 쓸데없이 참견하는 리더에 대한 반감이 생기고 증오심이 점점 커진다. 리더가 지나치게 많은 일을 할 경우 구성원들은 그를 사소한 것까지 간섭하는 마이크로 매니저(micromanager : 맡긴 업무에 대해서 팀원을 믿지 못하고 미주알고주알 세세한 내용까지 지시하는 사람)로 여긴다. 이때 마이크로 매니저는 절대로 자신이 간섭한다고 생각지 않는다. 그 결과 그는 사소한 부분까지 지속적으로 간섭하게 되는데, 그러면 구성원들에게서 점점 더 멀어지고, 팀의 상황도 더욱 나빠진다. 그런 리더에게는 독재자 또는 마이크로매니저라는 평판이 생길 수밖에 없다.

요즘 골프장에 가 보면 이런 풍경 참 자주 보게 된다. 라운딩 중에 휴대 전화로 '야, 그건 이렇게 한 후 저렇게 처리해. 그리고 ○○기업에서 송금하기로 한 돈 들어왔어? 아직 안 들어왔으면 전화해서 빨리 입금하라고 그래'라며 시시콜콜 간섭하며 지시를 한다. 동반자가 티샷이나 퍼팅을 할 때는 조용히 해줘야 하는 게 예의인데 아랑곳하지 않고 계속 목청 높여 통화를 한다. 눈살이 찌푸려지는 장면이다.

그 사람에게는 그 장소가 골프장일까, 사무실일까? 그 사람은 지금 운동을 하는 것일까, 업무를 보고 있는 것일까? 그는 구성원을 믿지 못하고 모든 것을 자기가 처리해야 한다고 생각하는 것 같다. 그는 멋진 골프장에 와서도 골프를 즐기지 못하고 일을 하고 있는 것이다.

리더가 실무에 매달리면 조직은 굴러가기 어렵다

리더가 사사건건 간섭하며 구성원을 피곤하게 하면 구성원은 손을 놓게 된다. 리더가 실무에 매진하는 동안 중요한 의사 결정에 쏟을 시간과 에너지를 잃기 때문이다. 가장 좋은 것은 구성원이 알아서 일을 처리하고 리더는 아무것도 하지 않는 것이다. 물론 리더가 아무것도 하지 않는다는 것은 놀고먹는다는 의미가 아니다. 일을 시스템적으로 돌아가게 만드는 것이다.

몸에 에너지가 충만하여 아무 일도 하지 않기란 결코 쉬운 일이 아니다. 그러나 당신 자신이 아무 일도 하지 않을 수 있다면, 조만간 하나의 팀으로 성장하는 구성원들은 물론, 리더로 성장하는 당신을 목격할 것이다. 당신이 해야 할 일은 구성원들의 업무 방식에 사사건건 참견하지 않는 것이다. 그러나 과거에 출중한 업무 능력으로 리더의 지위에 오른 이들에게는 이것이 자연스럽게 취할 수 있는 방식이 아니다.

더러 어떤 리더는 주말에도 휴식 없이 일하는 것을 마음속 훈장처럼 자랑스럽게 여기기도 한다. 혹은 휴가 중이어도 회사 메일이나 메신저를 확인할 테니 연락하라고 하는 리더도 많다. 바쁘다는 것, 휴가 갈 짬도 없이 일에 매여 있다는 것을 은근히 자랑으로 착각하는 이들이 의외로 많다. 이런 리더 밑의 구성원은 휴가를 떠나려고 하면 뒤통수가 간지러워 쉬어도 쉬는 게 아니라고 한다.

외국 기업에서는 최고 리더가 휴가를 마음 놓고 갈 수 있는지 여부가 그의 경영 능력을 판단하는 하나의 기준으로 활용된다. 그만큼 조직적 의사 결정 구조와 시스템이 잘 구축돼 있다는 의미이기 때문이다. 내가 휴가를 가면 일도 모두 멈추는 것이 리더의 존재감을 증명한다는 우리 실정과는 반대다.

이쯤에서 당신은 자신에게 이렇게 말할지도 모른다. '나는 반드시 뭔가 해야만 해. 아무 일도 하지 않았다면 이처럼 높은 자리에 오르지 못했을 거야. 내가 할 수 있고, 꼭 해야 하는 일이 분명 있을 거야.' 이것은 아주 자연스러운 생각일 수 있다.

리더는 일하지 않는다. 구성원에게 손을 대려 들지 말고 눈으로 지켜보라는 말을 한다. 리더는 일하지 말고 어떻게 하면 일하기 좋은 환경을 만들 것인지 생각하라. 현장에서 일이 잘되느냐 그렇지 않느냐는 오직 일하는 구성원이 얼마나 열정적으로 일하느냐의 한 가지에 달려 있다고 생각한다. 구성원이 일하기 좋은 환경을 만들어 주고, 그 다음에는 간섭하지 않고 지켜보는 것인데, 이는 대단한 인내심을 필요로 한다.

리더의 본분은 많은 일을 하는 것이 아니라 다른 사람이 가능한 많은 일을 할 수 있게 도움을 주는 것이다. 만약 구성원들이 저마다 잠재력을 최대한 발휘할 수 있다면, 팀과 리더 모두 성공할 가능성이 아주 높아진다. 따라서 이 조언이 당신의 구성원들에게 어떤 도움을 줄지 생각하라. 업무 수행을 더 잘하면 그들은 뿌듯해할 것이다. 결국 팀은 더 효율적으로 운영되며, 심지어 자신의 업무에 흥미가 덜한 구성원까지 포함해 모든 구성원이 혜택을 받아 팀 분위기가 한층 좋아질 것이다. 그러면 즐거운 일터로 변하게 된다.

리더는 일처리를 확실히 하기 위해서 팀이 어떤 일을 하고 있는지 늘 예의 주시한다. 그러나 그들은 업무를 강요하지 않으며, 세부 사항까지 통제하지 않는다. 그 대신 구성원이 제대로 능력을 발휘할 상황을 조성하면서 그들의 팀과 그들의 직무와 그들의 조직에 헌신한다.

위대한 리더는 도움을 주고 조율할 뿐이다

리더는 훌륭한 전략을 궁리하며 다인이 그것을 실행하도록 도움을 준다. 내가 생각한 머리로 다른 사람이 일하도록 동기부여한다. 그들은 전략이 실행되는 시점, 또는 그 직전에 새로운 전개 과정을 미리 내다보는 통찰력을 얻는 데 시간을 투자한다. 그들은 자신의 분야에서 넓은 시각을 가지는 한편, 가능한 한 최적의 선택을 하기 위해 주요한 세부 사안들도 살펴본다. 결국 그들은 아무 일도 하지 않는다. 단지 수고하고, 주요한 결정을 내리고, 구성원이 일을 잘할 수 있도록 도움을 주고, 최종 전략이 확실한 성과를 거둘 수 있도록 조직을 약간 통제할 뿐이다. 정신없이 바쁘게 일하는 리더는 이렇게 할 수 없다. 그들은 구성원을 고달프게 할 뿐이다.

다음은 당신이 실제로 할 수 있는 것들이다. 진정 효율적인 리더가 되려면 조직을 시스템화한다. 아니 시스템으로 돌아가도록 해야 한다. 구성원들이 할 수 있는 일을 당신이 직접 하는 대신 그들이 일을 더 잘할 수 있도록 도움을 주라. 그런 다음 그들의 작업에 참견하기보다는 그들의 업무 수행을 용이하게 하라. 리더 없이도 잘 돌아갈 수 있도록 만들라. 모든 업무가 적절한 시기에 잘 준비될 수 있도록 작업 순서를 시스템화하라. 당신이 작업을 잘 조율하면 리더 없이도 구성원들은 개인적·집단적으로 업무를 순조롭게 수행한다.

요컨대 조바심과 스트레스에서 벗어나 초연함을 지닐 시간과 공간을 마련해 보라. 그리고 고독한 내면의 스위치를 켜보라. 이리저리 기웃거리는 방황이 아니라 자신에게 정직해지는, 최선을 다하려는 깊이 있는 사색을 하며 고독을 음미해 보라. 그런 다음 조용히 생각해 보라.

하루를 마감하며 당신은 무의미하게 하루가 날아갔다고 후회할 것인가, 아니면 목표를 이루었다고 만족할 것인가?

chapter__ 21

열린 리더를 갈망하고 있다

　내가 아는 사실 중 한 가지는 자연의 이치란 부패한 곳부터 썩는다는 것이다. 우리는 능력과 자질보다 더 귀중한 덕목인 정직과 진정성의 부족으로 가장 화려한 정점에서 추락한 리더의 소식을 이따금 접하곤 한다. 권력과 부귀를 차지하기 위해 불법과 합법의 경계선을 넘나드는 부도덕쯤은 아랑곳하지 않는 함량 미달의 리더 때문에 사회는 더 혼란스러워지고 있다. 리더가 어떤 가치관을 가졌느냐에 따라 조직은 성장하기도 하고 쇠퇴하기도 한다. 그래서 우리는 오랫동안, 그리고 지금도 뛰어난 리더를 기다리고 있다. 그럼에도 '우리나라에 리더다운 리더가 있는가'라고 질문한다면 곧바로 대답하기 어렵다. 우리 가운데 진정한 리더가 왜 떠오르지 않는가?

사실 함량 미달 리더는 특정 영역에만 존재하는 소수의 문제가 아니다. 정치, 경제, 문화, 예술, 종교, 교육, 군대 등 전방위적으로 거의 모든 분야에 걸쳐 활발하게 활동하고 있다. 주변을 살펴보라. 제대로 된, 올바른 마음가짐을 가진 리더가 있는가? 투표로 뽑힌 정치를 하는 리더나 발탁된 리더 대부분이 함량 미달 수준에 머물러 있다. 그 분야에서 역량과 품성이 꽤 괜찮다고 나온 인물이 그렇다. 고르고 고른 리더가 자리만 차지하다 사라지기 일쑤다. 선거가 끝나면 매번 들려오는 한탄이다. 최선은 아니어도 최악을 모면하는 선택을 하자가 목표가 된 지도 오래되었다. 그런데도 최악을 선택하다니….

왜 우리는 매번 최악을 고르는 것일까? 그만큼 우리나라 리더들의 생태계가 심하게 오염되었다는 방증이기도 하다. 타 종교 때문에, 타 기업 때문에, 다른 정치인 때문에 나의 종교나 우리의 정치가 오염된 게 아니다. 해당 분야 최고 리더의 식견과 수준이 국민과 구성원들을 국가, 학교, 종교가 지향하는 정의와 이상에서 점점 멀어지게 하고 있다. 몇몇 사람의 실수나 일탈행위가 전체에 큰 영향을 끼친 게 아니라 너무 많은 리더의 반복적인 일탈 때문이다. 그들은 그들의 리그 안에서만 맴돌고 자신들만 생각한다. 그렇게 권력을 쥔 소수가 국가를 위해, 구성원을 위해 어떤 이바지를 하겠는가?

불같이 뜨거운 열정과 똑똑한 머리로 높은 자리에 오른 사람들이 자성해야 할 것이 있다. 혹시 자신의 이익을 위해 남을 짓밟거나 모함하고, 해치면서 지금의 자리를 얻은 것이 아닌가 하는 것이다. 만약 그렇다면 그는 사방으로 잠재적인 적들을 갖고 있는 것이나 마찬가지다. 그들은 그를 비난하고 원망하면서, 심지어 그가 불행하기를 내심 빌기까지 할 것이다. 그처럼 화해롭지 못한 인간관계 속에서 그가 자신의 자리와 삶을 마음 편하게 누릴 수 있을까?

역사가 말해 주는 것처럼 권모술수로 자리를 취한 용렬한 리더는 사람의 마음을 얻지 못한다. 그러므로 리더가 되었다고 환호할 일만은 아니다. 설사 남들과 정당한 경쟁을 통해서 그 자리를 얻었다 하더라도 자신에게 밀려난 사람들이나 패자들을 진심으로 위로해 줄 필요가 있다. 이는 선거든 운동경기든 모든 경쟁의 자리에서 승자에게 요구되는 포용력이기도 하다. 이것만이 그동안 자리를 둘러싼 대립 감정과 대결 의식을 해소시켜 서로 따뜻한 마음을 나누게 해 줄 것이다. 그렇지 않으면 그는 불행을 면할 수가 없다.

정부 부처의 고위직에 임명될 인사들의 청문회 면면을 보면 우리 사회에서 보통 사람들이 추구하는 가치라는 것이 누구에게나 적용된다는 사실을 확인할 수 있다. 아파트를 사고팔면서 허위 계약서로 이익을 부풀리고, 되도록 세금을 적게 내려고 수단과 방법을 가리지 않고, 자식들을 좋은 여건에서 공부시키기 위해서 어떤 탈법도 마다하지 않는다. 또한 군복무의 의무는 본인이나 자녀가 가능한 합법을 가장하여 감당하지 않거나 감당한다 하더라도 좋은 여건에서 복무할 수 있는 방법을 취하고, 직장에 취업하는 것조차도 특혜가 주어진다. 겉으로 드러난 것만 해도 이런 문제에서 누구도 자유롭지 못하다는 것은 확실하다. 더욱이 밝혀지지 않은 부분까지 드러나게 된다면 제대로 된 부분이 없을 정도다. 이처럼 윗물이 맑지 않다보니 아랫물이 흐려져 자식이 제대로 풀리지 않게 된다. 우선은 잘나가는 것처럼 보이지만 세월이 흘러 나이가 들어감에 따라 서서히 제자리를 잡아 뿌린 대로 거두게 된다. 정당하지 못한 방법으로 취한 돈이나 권력은 어느 정도 시간이 흐른 다음에는 물거품처럼 사라지는 것이 자연의 이치다.

일례로 교육부 장관 후보가 논문 표절로 문제가 된 적이 있다. 정치인들이 짧은 시간 동안 그의 논문 표절 수십 군데를 찾아낼 정도라면 대학사회는 이미 다 알고 있었다는 이야기다.

교육부 장관 정도 되면 그 분야에선 꽤 괜찮은 리더라고 해서 추천을 받았을 텐데도 국민들은 '저 정도일 줄이야'라며 사회 지도층의 낮은 식견과 의식 수준에 실망감을 감추지 못했다.

또 국무총리로 선임되어 낙마한 후보자는 어떠한가? 군은 더 한심하다. 해군 참모총장 등 최고 지휘관을 지낸 예비역 장성이 방위사업 비리에 연루되어 처벌받을 정도니 군 비리 구조가 골수까지 스며들어 있다는 증거 아니겠는가? 후배들의 목숨과 국가안보를 담보로 자신들의 사익을 챙길 정도로 최고 리더가 부패한 것이다. 어떻게 이런 자가 진급 때마다 걸러지지 않고 해군의 최고 리더가 될 수 있었을까? 리더의 부패는 리더의 부재와 맞닿아 있다. 이렇게 우리는 진정한 리더의 부재 속에서 방향 감각을 잃은 채 헤매고 있는 것이다.

chapter__ 22

높은 안목과 통찰력을 키워라

왜 뛰어난 리더들이 하나같이 안목과 통찰력을 강조할까? 모두가 볼 수 있는 눈은 물론이고, 보이지 않는 그 너머를 볼 수 있어야 하기 때문이다. 먼저 보고 미리미리 대비해야 하기 때문이다.

리더가 되기 위해 학위를 따고, 지식의 양을 늘리는 데 목숨을 걸지 마라. 대신 더 큰 세상에 뛰어들어 많은 사람을 만나고, 다양한 경험을 하라. 여행을 하건 장사를 하건 아르바이트를 하건 선택은 자유다. 직접 몸으로 부딪치며 삶에서 길어 올린 지혜에는 돈으로 살 수 없을 만큼 큰 값어치가 있음을 기억하라.

이를테면, 정치 세계는 냉정하니 인간관계는 필요 없다고 생각하면, 그건 큰 오산이다. 이런 이들은 사람을 겉으로만 사귄다. 명함으로 사귀고, 돈으로 끌어들인 관계는 허약할 수밖에 없다. 평소 아무리 친하게 지내도 마음으로 통하지 않으면 그건 겉만 번지르르한 관계다. 이런 관계에서 한쪽이 위기에 몰리면 혼자 죽지 않는다. 성인군자가 아닌 이상 벼랑 끝에 몰리면 누구도 혼자 죽으려고 하지 않는다. 누구라도 끌어들여 목을 조르게 마련이다. 그래야 본인이 살아남기 때문이다. 세상은 그만큼 무섭다. 그러나 앉아서 당하지 않으려면 예방을 해두어야 한다. 리더가 되려면 평상시 불법한 행위나 탈법 등을 하지 말아야 함은 물론 꼬투리 잡히는 일도 멀리해야 한다.

특히 리더라면, 또 리더가 되고 싶다면 떳떳하지 않은 짓은 하지 않으려고 노력해야 하고, 불가피하더라도 일에서조차 나쁜 짓을 하면 안 된다. 일신의 영달을 위해, 자기 잇속을 챙기기 위해 저지른 나쁜 짓은 누구도 용납하지 않는다.

사람들은 신 앞에 무릎 꿇고 자신의 소망을 해결해 달라고 기도한다. 그때도 아마 신은 그들의 마음 중심에서 이루어지는 행실과 결과를 보고 응답해 주는 것이라 생각한다. 그렇다. 주어진 일에 꾸준히 최선을 다한다면, 그 운과 결과는 하늘이 내리는 것이라고 믿는다.

리더가 되려면, 신중하고 의식적으로 과정을 밟아 나가야 한다. 자신의 삶부터 투명하게, 정직하게 가꾸어야 한다. 사람들이 신체의 건강을 이상적으로 돌보기 위해 얼마나 많은 돈과 시간과 에너지를 쏟아붓는지 생각해 보라.

그러나 리더십 기술을 강화하려고 시간과 노력을 들이는 사람은 거의 보지 못했다. 삶 자체도 청렴하게 가꾸는 것도 보지 못했다. 근육을 강화하려면 반복적으로 운동해야 하는 것처럼 리더십 기술을 연마하는 데 더 많은 시간을 쏟을수록 리더십은 길러지게 된다.

새로운 직책을 얻거나 승진을 하거나 몇 년간 조직에 근무한다고 해서 리더십이 향상되는 것은 아니다. 이 중 어느 것도 리더십과는 관련이 없다. 리더십은 오직 성실성과 관련이 있다.

성실성이다. 현대인이라면 누구나 성실성이 자유시장 체제를 유지하는 원리 중 하나임을 익히 알고 있다. 그것은 개인 차원의 착실한 생활 태도를 넘어서 이 사회가 별 탈 없이 돌아가는 데 있어 꼭 필요한 원칙이기도 하다.

그렇기 때문에 리더는 성실성을 가벼이 여기거나 그것에 대해 안일한 태도를 가져서는 안 된다. 언론 매체를 통해 우리는 불성실한 리더가 어떤 최후를 맞이했는지 수없이 지켜보았다. 성실성은 매우 간단하고 단순해 보이는 한편 상당히 심오한 과제이기도 하다.

성실함 속에는 양심껏 일하고, 사소한 일도 가볍게 여기지 않고, 신중한 육체적인 외적 성실은 기본이고, 타인을 배려하는 정신적인 내적 성실까지 갖춰야 한다. 성실함이 단지 열심히 살아가는 것만을 의미하는 것은 아니다. 성실한 사람은 다른 이들에게 폐를 끼치지 않는다. 성실한 사람은 다른 사람에게 모범이 된다. 곧 나의 행동이 다른 사람에게 좋은 영향을 끼치도록 행동한다.

다시 말하면 성실성이 성공의 지름길이다. 성실하지 못한 것이 불성실이다. 불성실은 실패의 원인을 제공한다.

성공의 사다리를 발 빠르게 올라가고 남을 앞지르는 영악한 잔꾀가 사람을 성공시키는 것처럼 보이지만 한순간일 뿐이다. 한 분야에 프로가 되고 전문가가 된다는 것, 이 말 속에는 성실한 노력이 내재되어 있다.

그렇다면 리더가 되려는 당신은 성실한가? 하늘의 명을 어기지 않았다면 천벌을 받을 리가 없다. 하늘의 명을 어기지 않았다면 천벌을 받을 리가 없는 데 무엇을 무서워할 것인가? 무서울 것이 없는 데 무엇을 겁낼 것인가? 성실하게 살면 그보다 더 마음이 편할 수 없다. 마음 편히 사는 것이 곧 성실한 삶이다. 성실을 소중히 생각하고 귀하게 여기면 삶은 저절로 당당해지고 떳떳해져 그야말로 하는 일마다 밝아진다.

수작을 부리지 마라. 음모를 꾸미지 마라. 순리대로 성실하게 살라. 그러면 저절로 자기가 자신을 이룰 수 있다.

리더에게 성실성이 없으면 초심을 잃게 되어 있다. 리더가 초심을 잃는다는 것은 비극에 가깝다. 리더는 경험이나 핵심 기술, 결정적인 노하우 등을 전수하는 것만으로는 부족하다. 구성원의 열정에, 그들의 동기부여에 불을 붙일 수 있어야 한다. 이것은 리더의 신념이나 진정성이 없다면 전달되지 않는 속성을 갖고 있다. 바람 빠진 공으로는 운동경기를 할 수 없는 것과 같다.

리더는 자신의 내면에 있는 진정성을 회복하고, 그것이 눈부시게 빛을 발휘하도록 만들어야 한다. 작은 일도 무시하지 않고 최선을 다해야 한다. 작은 일에도 최선을 다하면 정성스럽게 된다.

정성스럽게 되면 겉으로 드러나고, 겉으로 드러나면 남을 감동시키고, 남을 감동시키면 변하게 되고, 변하면 성장하게 되어 있다.

그러니 오직 세상에서 지극히 정성을 다하는 리더만이 나와 구성원을, 더 나아가 세상을 변하게 할 수 있다.

chapter__ 23

리더에게 요구하는 권위는 무엇인가

진정한 리더는 현실에 안주하면서도 다가올 위험을 잊지 않고, 성공을 누리면서도 미래의 파탄 가능성을 잊지 않으며, 늘 자신을 성찰하면서 평화 속에서도 미래의 혼란 가능성을 잊지 않는다. 그리하여 안락한 삶과 함께 나라를 보전할 수 있다.

임금, 즉 한 나라의 리더에게 요구되는 권위를 이러한 관점에서 생각해 볼 수 있다. 참다운 권위는 힘이나 높은 자리에서 나오지 않는다. 예나 지금이나 막강한 권력을 가졌음에도 권위를 인정받지 못한, 또는 인정 못하고 있는 리더를 우리는 많이 알고 있다. 참다운 리더의 권위는 지혜로운 처신을 추구하고 실천하려는 정신에서 나온다.

리더는 무엇보다도 먼저 이러한 권위를 확립해야 한다. 그것이 리더의 중요한 덕목이다. 진정성 있는 마음만이 사람들의 신뢰와 존경을 얻을 수 있다. 그리하여 리더는 리더 자신의 안락한 생활에 가하는 불편함과 불이익, 구속과 통제까지도 달게 받아들일 것이다. 그것이 바로 자신들을 위한 것이요, 더 나아가 조직과 국가 사회를 위한 공적인 것임을 알기 때문이다.

리더는 하늘과 땅의 섭리와도 같은 권위로 통치해야 한다. 그 권위는 물론 하늘처럼 높은 자리에 의존하는 것이어서는 안 된다. 하늘과 땅이 만물에게 생명을 주는 것처럼 리더의 참다운 권위는 사람들의 생명적 삶을 진작시키는 공적인 일에서 쌓인다. 그 핵심에는 공익 우선 정신이 놓여 있다.

이는 환상적인 꿈처럼 들릴 수도 있다. 현실 사회에서 리더의 자격은 대체로 대중적 인기와 조직력, 권모술수 등이지 도덕적인 올바른 정신이 아니기 때문이다. 오히려 세상 물정 모르는 순진한 태도로 비아냥거리가 되기까지 한다. 하지만 그래서는 안 된다. 그러한 정신만이 사회를 맑고 아름답게 해 주며, 사람들의 삶에 생명적 기쁨을 줄 수 있다. 그러므로 아무리 실현 불가능할 것 같은 꿈이라 하더라도 희망을 버려서는 안 된다.

사회의 각급 리더뿐만 아니라 보통 사람들 역시 그와 같은 문제 의식을 가져야 한다. 사실 조직 구성원들이 월급에만 관심을 갖고 있다면 그 리더가 아무리 진리 정신이나 영적인 가치를 강조해도 소용없다. 그렇기 때문에 상하의 사람들 모두 체념적으로 현실에 안주하려 하지 말고 자신의 삶을 새롭게 이끌어 나가야 한다. 그동안 추구해 온 안락의 허상을 돌아보면서 부나 권력이 아니라 투철한 사명감으로 참삶의 즐거움을 모색해야 한다. 그러려면 삶 자체를 달리해야 한다.

리더의 하루하루의 삶은 보통 사람들과는 달라야 한다. 고수의 삶을 살아야 한다. 운동이나 바둑, 예술 등 모든 분야에는 급수가 있다. 학교에도 초등학교 중학교 고등학교 대학교로 올라가는 수순이 있다. 리더의 삶을 살아가는데도 똑같이 급수가 있다.

초등학교 수준의 삶이 바로 자신이 죽고 난 후 나라가 망하거나 기업이 도산하거나 자식이 죽거나 문제아가 되는 삶이다. 오로지 자신의 출세나 이익을 위해 상대방을 가슴 아프게 하고, 때로는 짓밟고 올라간 대가의 결과다.

조금 나은 중학교 수준 단계는, 그래도 타인에게 불편을 끼치지 않으려는 평범한 사람이 살아가는 최소한의 삶이다.

다음은 고급스러운 삶으로, 자식이나 후대까지 걱정하면서 죄 짓지 않고 올바르게 사는 삶이다. 자녀에게 관심을 갖고 후손까지 생각하면서 이타적인 삶을 사는 것이다. 이렇게 살면 자식이 문제아가 될 수 없다. 그래서 자식의 취직 걱정을 할 필요도 없다.

그러면 최고 고수의 삶이란 어떤 것인가? 고수의 삶에서 한 단계 더 나아가는 삶을 말한다. 죽어서 영혼의 성장까지 생각하면서 사는 삶이다. 당신이 얼마나 부유하든 또 얼마나 큰 권력을 가지고 있든 간에 인생의 마지막 날에는 결국 모든 것을 이 땅에 남겨두고, 오직 영혼만 떠나게 된다.

그래서 처음 세상에 왔을 때보다 훨씬 고귀하고 아름다운 영혼을 가지고 떠날 수 있도록 인생은 물질을 최고로 여기며 향유하는 것이 아니라 영혼도 함께 성장할 수 있도록 살아가는 삶이어야 한다. 즉 영혼을 성장시키는 생활을 병행해야 한다.

아메리칸 인디언들은 말을 달리다가 한 번씩 멈추고, 달려온 길을 뒤돌아본다고 한다. 너무 빨리 달리면 자신의 영혼이 미처 따라오지 못할까 봐 그러는 것이라 한다. 자기 자신을 돌아볼 새도 없이 살면 영혼은 점점 퍽퍽하게 된다. 또한 정신없이 돌아가는 하나의 톱니바퀴처럼 온갖 스트레스를 감내하며 돈과 명예, 사회적 지위를 향해 앞만 보고 달려가는 동안 영혼 역시 저 멀리 뒤처지게 된다. 그래서 살아가면서 가끔씩 자신의 영혼에 대하여 되돌아보면서 자신의 삶에 대하여 성찰할 필요가 있는 것이다.

몸은 정신과 영혼을 담은 그릇이다. 그러므로 인간의 본체인 정신과 영혼을 살아 있는 동안 수양하고 닦지 않으면 안 된다. 강인한 인간이 되기 위해서는 몸을 가꾸면서 정신 단련에 더욱 힘써야 한다. 즉 하루를 근면 성실하게, 부지런하게, 소박하게, 긍정적으로, 채식으로, 소식으로, 담백한 음식으로, 운동으로, 독서 등으로 정신의 양분을 공급하는 등 상대방을 배려하면서 자신의 삶을 성찰하고 정신을 단련하며 보낸다. 즉 정신 수양을 게을리하지 않는 삶이다. 그렇다고 도인이나 성인의 삶을 살아가라는 것이 아니다. 당신이 조금만 관심을 갖고 살아간다면 불가능한 일도 아니다.

그러면 당신의 삶은 어느 단계에 속해 있는가?

답은 이미 나와 있다.

chapter__ 24

건강관리에도 방법이 필요하다

운동은 자기 관리의 기초다. 운동의 혜택은 당연히 건강이다. 규칙적인 운동이 우리 몸을 건강하게 만든다는 것은 누구나 아는 상식이다. 다음은 강한 행복감을 선사한다. 그리고 자기절제 능력이다. 이 능력은 눈앞에 보이는 유혹에 흔들리지 않고 장기적인 목표를 추구할 수 있도록 유도한다. 그러므로 운동은 몸의 건강은 물론 머리가 좋아지고, 행복감과 자기 절제 능력까지 키워 주는 탁월한 활동이라 할 수 있다.

'건강은 만복의 근원'이라는 말처럼, 우리 인생의 일등 공신은 뭐니 뭐니 해도 건강이다. 심각한 병에 걸리면 그때부터 우리가 맞이해야 할 삶의 질도 급격히 추락할 수밖에 없다. 또 그로 인한 자신감과 자존감의 손상은 어쩔 수 없는 일이 되어 버린다. 건강은 우리 자신이 매일매일 알아서 직접 챙겨야 할 가장 시급한 과제다. 따라서 리더의 첫 번째 조건은 건강관리다.

사실 리더로서 갖춰야 할 다양한 덕목이 있다. 그렇지만 이를 가능하게 만드는 것의 기초가 바로 체력이다. '건강한 육체에 건전한 정신이 깃든다'는 말처럼 리더는 많은 사람을 만나고 중요한 의사 결정을 해야 한다. 리더의 이러한 역할 때문에 항상 건강하고, 건전한 정신과 판단력, 올바른 태도 등이 중요하게 작용한다. 운동을 하면 체력이 회사를 이끌고 사람들을 관리하는 데 큰 도움을 주게 된다.

리더는 건강해야 한다. 아무리 남다른 자질과 명석한 두뇌를 갖추었다 해도 건강하지 않으면 아무것도 할 수 없다. 비즈니스맨이 갖추어야 할 가장 중요한 자질은 잘 먹고, 잘 자고, 꾸준한 운동을 통해서 건강을 유지하는 것이다.

리더는 틈나는 대로 운동을 해서 체력을 강하게 만들 의무가 있다. 건강하고 에너지가 넘쳐야 열정적으로 일할 수 있기 때문이다. 건강에 적신호가 오면 그때부터는 어떤 일도 할 수 없게 된다. 그래서 리더의 건강관리는 스스로를 지키고, 조직을 지키는 엄숙한 의무이기도 하다.

며칠이라도 병원 침대에 누워 있어 보라. 무슨 생각을 하겠는가? 오로지 건강하게 퇴원하는 것 이외에 다른 생각이 없다. 목숨이 왔다 갔다 하는 중병에 걸렸을 때는 더욱 그렇다. 오직 살 수만 있다면 다른 어떤 것도 필요하지 않다. 세상의 그 무엇도 다 소용

없다. 그러므로 건강관리는 아무리 강조해도 지나침이 없다.

　병원 침대에 누워 있을 때 심정은 정말 소박하여 아무런 욕심도 없다. 병만 나으면 운동도 하고, 담배도 끊고, 술도 덜 마시고, 열심히 몸도 챙길 것이라고 다짐을 한다. 사람이 참 간사한 존재라는 것을 병원 침대에 누웠을 때라야 실감하게 된다.

　그러면 리더의 건강관리 어떻게 해야 하나? 이제부터 그 방법을 들여다보자.

　우선 규칙적인 생활을 해야 한다. 리더가 되면 갑작스런 천재지변으로 며칠을 뜬눈으로 밤을 새워야 하고, 마감일을 맞추기 위해 밤을 지새우고, 때로는 밤 늦게까지 폭음도 한다. 일에서도 대외적으로 중요한 사람을 만나고, 어려운 일을 해결하기 위하여 자칫 생활이 흐트러져 건강을 해칠 수 있다. 불규칙한 생활로 건강이 나빠지는 것은 당연하다. 건강이 나쁜 리더는 아무리 좋은 성과를 내더라도 성공한 리더가 될 수 없다. 단기적으로 실적을 내더라도 자기 관리에 소홀해 건강이 악화되면 곧바로 회사 가치가 떨어지고, 장기적인 안목에서 보면 회사의 경영 실적도 떨어질 수밖에 없기 때문이다.

　미국에서는 이런 이유로 리더의 건강 악화설이 보도되면 해당 회사의 주가가 곤두박질치기도 한다. 무엇보다 건강관리에 주의해야 한다.

　건강하지 못하면 출세는 꿈도 꾸지 마라. 성공한 리더는 겉보기에 왜소하여 서생같이 보여도 기본적으로 천하장사 같은 체력을 가지고 있다. 치열한 경쟁 사회를 살아가면서 몸 하나 건강하게 추스르지 못하는 것은 전장에서 무기도 없이 맨손으로 싸우는 것과 같다.

무언가를 시작하거나 이루고자 한다면 몸과 마음이 건강해야 한다. 그러니 우선 몸부터 만들라. 귀신 같은 몰골, 왜소한 모습으로 혹은 제 몸도 주체 못할 정도로 비만인 몸으로 누구한테 호감을 얻고, 무슨 일을 도모할 수 있겠는가? 몸이 망가지면 사소한 일로도 업신여기는 꼴을 당하기 쉽다. 강한 몸이 가장 강건한 경쟁력이다.

어떠한 사안을 판단하고 결단을 내릴 때 뜻밖에 체력이 중요한 변수가 된다. 예를 들어, 건강이 나쁘고 몸의 상태가 좋지 않다면 체력이 따라주지 않아 자신감도 떨어지기 때문에 보다 진취적인 결정을 내리는 데 주저하게 된다. 그러면 현명한 결정을 내리지 못해 조직을 잘못된 방향으로 이끌어 갈 수 있다.

그렇다면 직업적으로 가장 건강한 사람은 누굴까?

의사, 군인, 운동선수. 글쎄! 바로 조종사다. 신체적으로나 정신적으로 건강한 상태라는 것을 알 수 있는 분야는 비행기 조종사다. 하늘을 누비는 조종사들은 땅에서 혈압과 콜레스테롤을 낮추기 위해 열심히 달린다. 유산소 운동과 소식이 습관화 되어 있다. 뚱보 조종사를 본 적이 없다. 그들이 얼마나 자신의 몸과 마음을 갈고 닦는지 알 수 있다. 그들이 승객 수백 명의 생명을 책임지기 때문이다. 이는 어찌 보면 사회 구성원의 건강과 생산성 원리의 롤 모델이다.

그러면 우리 정치 리더들의 건강 상태는 어떤가? 건강이 좋지 않아 약을 복용한다면 정치·경제 영역을 비롯하여 전방위 리더로서 자격 미달이다.

극단적으로 말해 리더가 자신의 건강을 돌볼 수 없는 상태에 이르렀다면, 스스로 그 자리에서 물러나는 것이 옳다. 아프면 공정하고 올바른 판단을 내리는 데 방해를 받기 때문이다. 리더는 공명정대하며, 성실한 마음으로 상황을 판단하고, 결단을 내릴 수 있는 사람이어야 한다. 조금의 사심도 개입되지 않도록 정신뿐만 아니라 육체 역시 강건하고 건강해야 한다. 그런데 지병이 있어 약을 복용하고 있다면 리더로서 함량 미달이다. 물론 정상 체중 이상의 비만인 사람도 리더로서 함량 미달이다. 몸 상태가 좋지 않은데 열의만으로 자리를 이어가는 것은 건강만 악화시킬 뿐이다. 자신의 몸 하나 제대로 관리 못하는 사람이 다른 사람을 이끌어 간다는 것은 어불성설이다.

몸은 이를 미연에 방지하려고 컨디션을 악화시켜 쉬어야 할 때라는 신호를 보낸다. 컨디션이 좋지 않다는 것은 몸이 쉬고 싶어 한다는 신호다. 자신의 몸과 끊임없이 대화하며 쉬어야 할 때는 휴식을 취하라.

리더는 이 사실을 알고 있다. 그래서 체력도 강하다. 특히 체력을 키우면 성공과 운이라는 두 마리 토끼를 잡을 수 있다. 성공한 리더를 보면서 느낀 것은 그들 모두 건강하고 남들보다 체력이 강하다는 점이다.

몸 건강 못지않게 마음 건강도 중요하다. 마음에 깃든 병은 고치기 어려우며 그 후유증도 오래가는데, 이는 성공에 큰 걸림돌로 작용한다.

몸 건강을 위해서는 좋은 음식과 꾸준한 운동으로 생활 습관을 개선하는 것이 필요하지만 그보다 먼저 마음의 건강이 선행되어야 한다. 건강이 나빠질 때는 반드시 마음과 정신의 변화에서 시작된다. 마음과 정신 건강이 무엇보다 중요하다.

특히 재물에 대한 근심 걱정이 많아질 때나 명예나 권력 욕구가 달성되지 않아서 번뇌와 생각이 많아질 때에는 정신기가 약해진다. 지나친 욕심은 항상 경계해야 한다. 장수의 적은 바로 욕심이다. 욕심이 앞서면 병이 발병하기 쉬운 상태가 된다.

뭐니 뭐니 해도 건강의 첩경은 욕심을 비우고, 그것에 정신력을 길러 채우는 데 있다. 꾸준한 운동만큼이나 마음을 닦는 수련을 게을리해서는 안 된다.

마음이 강하지 못하면 탐하려는 마음이 생겨 과식을 하고, 과욕을 부리고, 사치한 생활을 하게 된다. 그러면 결국 허세와 형식을 좇는 생활에 빠져 살기 쉽다. 문제는 돈에, 뇌물에, 쾌락에 빠진다는 점이다.

몸과 마음은 서로 연결되어 있다. 따라서 몸을 고치려면 맘보부터 고쳐야 한다. 두통이나 속병을 고치려면 마음부터 바로잡아라. 그러면 머리가 상쾌해지고, 편해지고, 온몸이 활성화되고, 세상이 다 좋아 보인다.

또한 누구에게나 관대해진다. 세상만사 맘먹기 나름이라는데, 그 마음은 몸이 건강하고 처지가 좋아야 한다. 다시 말해 건강하게 살려면 자신이 변하는 수밖에 없다.

리더는 몸과 마음이 지극히 건강해야 한다. 무엇인가 이루기를 원한다면 매우 건강해야 한다. 그래서 리더는 열심히, 열정적으로 운동을 한다.

진정으로 성공을 목표로 하는 삶이라면 건강이 매우 중요하다는 것을 새삼 깨닫게 될 것이다. 성공을 향해 온 힘을 쏟고 싶은데 몸이 말을 듣지 않는다면 얼마나 애석한 일인가. 건강은 성공의 전제 조건이다.

그러므로 헬스, 수영, 마라톤, 자전거타기 등 다양한 운동을 즐기는 것은 기본 중의 기본이다.

요컨대 운동을 즐기지 않는 사람과 교류하지 마라. 그는 틀림없이 마이너 리그(Minor League) 선수와 같을 것이며, 마음 또한 이미 병들어 있을 것이다.

chapter__ 25

늘 솔선수범을 하라

우리들 삶의 많은 문제가 잘못된 인간관계에서 비롯된다. 얼마나 많은 사람들이 부모님 때문에, 친구 때문에, 남편과 부인 때문에, 선후배 때문에, 직장 리더 때문에 고통을 겪고 있는가? 인간 문제의 80~90퍼센트는 이 관계가 잘못 형성되어 발생한다.

그런데 그 모든 문제가 사실은 그들 때문에 발생하는 것이 아니라, 그 밑바닥을 살펴보면 나 때문에 발생한다는 사실을 알아야 한다. 물론 인생 문제의 10~20퍼센트는 우리 자신의 책임과는 무관하게 생겨날 수도 있지만, 문제의 상당 부분은 사실 나와 연유하여 일어난다는 사실을 인정해야 한다.

현재 무엇인가 심각한 문제에 시달리고 있다면 문제의 키를 내

쪽에서 풀려는 노력이 필요하다. 의외로 쉽게 풀릴 수 있다. 자꾸 상대방 탓으로 돌려 해결하려 하니 문제가 풀리지 않는 것이다. 오히려 더 어렵고 복잡하게 꼬여만 간다. 그러다 나중에는 최악의 상황으로 번지게 된다.

대개 높은 지위일수록, 리더일수록 구성원 탓을 한다. 곰곰이 생각해 보면 자신이 못 챙겨서, 자신이 무식해서 벌어진 일인 데도 구성원을 질책한다. 그래서 공자는 "리더가 앞서서 바르게 하면 누가 바르게 되지 않겠는가" 하고 말했다.

적어도 리더가 되려면 자기부터 정돈·정비해야 한다. 그리고 공정해야 한다. 진실성, 이성, 양심 등이 바탕이 되면 공정하게 된다. 그래야 대중 앞에 섰을 때 '저 사람 저러면 안 될 텐데' 하는 소리를 듣지 않는다.

리더의 자리에 오를수록 더 많이 자신을 되돌아보고, 구성원에게 더 베풀고, 먼저 나서서 움직여야 자신을 따르게 되는 법이다. 그리고 단순히 전시적으로 보이려는 데 그치지 말고 쉼 없이 실천해야 한다. 그래야 리더를 믿고 따르게 되어 있다. 어느 것이든 리더가 먼저 보여주지 않으면 발전이 없다. 또다시 말하지만 윗물이 맑아야 아랫물이 맑다. 리더십의 근간을 이루는 말이다. 리더가 리더답지 못하면 구성원다운 구성원을 기대할 수 없다. 생선은 어디서부터 썩는가? 머리부터 썩는다. 이는 바다에서 나는 생선을 말하고자 하는 것이 아니다. 바로 리더 이야기를 하는 것이다.

지금까지는 리더가 자신에게 부여된 직위와 권한을 활용하고 상벌 제도를 통해 지시하고 통제하면서 일을 시켰다면 이제는 리더 자신이 열정적이고 헌신적으로 업무를 수행해 나가는 모습을 보여줌으로써 구성원에게 동기부여를 해야 한다. 훌륭한 군인의 사표였던 맥아더(MacArthur, Douglas) 장군은 다음과 같이 말하였다.

"최고의 리더가 되기 위해 솔선수범하는 길은 간단하다. 병사들이 10킬로미터 행군할 때 100킬로미터 행군하면 된다. 병사들이 세 끼 먹을 때 두 끼 먹으면 된다. 병사들이 평탄한 길을 걸을 때 가시밭길을 걸으면 된다."

솔선수범하려면 일관성이 있어야 한다. 일관된 잣대를 적용하며 삶을 살아야 한다. 오늘은 이렇게 하고, 내일은 내 편의에 의하여 저렇게 하면서 따르라고 하면 어느 장단에 맞춰야 할지 혼란스럽다.

또한 자신의 기분대로 행동하면 낭패를 보기 쉽다. 그러므로 겉으로는 성인군자처럼 그럴듯하게 행동하고, 뒤돌아서 다른 마음을 품는 행동을 결코 해서는 안 된다. 말로는 열심히 하면 우대한다고 하면서 인사, 승진 등 성과급 지급에 있어서는 열심히 일한 구성원보다는 자신의 측근이나 편애하는 구성원을 챙긴다. 설사 사람들이 처음에는 속더라도 시간이 지나면서 진실을 알게 되고, 그 사람에 대한 신뢰가 완전히 무너져 다음번에는 그 사람의 말을 따르지 않는 결과를 가져온다. 눈앞에서는 따르는 듯하면서도 마음은 따르지 않게 된다. 이는 눈 가리고 아웅하는 식의 행동일 뿐이다.

리더가 원칙을 어기면 나라가 위태롭고, 회사가 위태롭다. 부모가 원칙을 어기면 가정이 무너진다. 리더가 바르게 행동하면 구성원은 자발적으로 더 열심히 일하게 된다.

현재 리더의 자리에 있는 사람이든, 앞으로 리더가 되기를 희망하는 사람이든 간에 스스로 모범을 보여야 신뢰가 생기고 따르는 사람이 생겨난다. 리더십은 그렇게 믿음을 바탕으로 형성되는 것이다. 얄팍한 리더십 기술을 배운다고 해결되는 것이 아니라 삶에서 솔선수범하며 모범을 보이는 것이 정답이다. 그래야 자신과 함께하는 사람이 상처받지 않고, 피해도 입지 않는다.

자신이 가진 권위와 지위로 함부로 행동하면 언젠가는 그 대가를 치르게 되고, 자신이 한 대로 되돌려 받게 된다. 우리는 그런 삶을 살지 않기 위해 솔선수범하며 살아야 한다.

전장에서 장수의 명령 한마디에 목숨을 걸고 두려움 없이 적진으로 뛰어들 수 있게 하려면 어떻게 해야 되는가? 좁고 험한 길을 행군하거나 진흙탕을 거쳐 가야 할 때 반드시 말에서 내려 함께 걸으며 병사들과 더불어 괴로움을 나누어야 한다. 병사들과 동고동락하는 힘을 같이하는 장수이어야 한다.

기원전 218년 제2차 포에니 전쟁 때 로마에 대항해 카르타고의 군을 지휘한 명장 한니발의 솔선수범 리더십에 귀 기울여보라. 한니발은 용병을 이끌고 그 당시만 해도 사람이 넘을 수 없다는 알프스를 넘었다. 알프스 계곡은 지옥의 계곡이라 불릴 정도로 혹독하다. 그것도 겨울철에 넘었다는 점에 주목해야 한다. 그리고 상대가 되지 않는다고 하던 무적 로마 군을 맞아 6만 명을 전멸시키며 칸나이 섬멸전이라는 전설을 만들었다. 이 과정에서 한니발의 용병은 단 한 명도 도망가지 않았다고 전해진다. 그들은 돈을 받고 싸우는 사람들이었다.

그런데 어떻게 해서 극복이 불가능한 자연환경에, 도전하기 불가능한 적수를 맞아 한 명도 도망가지 않을 수 있었을까? 바로 한니발의 리더십이 있었기 때문이다. 당시 한니발의 나이는 31살이었다. 그는 자신의 한계를 잘 알았고, 그것을 극복하기 위해서 구성원들과 똑같이 행동했다. 같이 걷고, 같이 거적을 깔고 자고, 같이 차가운 빵을 먹었다. 높은 위치에 있다고 해서 대우를 받으려 하거나 거만을 떨지 않았다. 바로 이러한 행동이 용병들의 마음을 사로잡았던 것이다.

솔선수범에서 명심할 것은 도덕성뿐 아니라 힘이 있어야 한다. 그래야 바람을 일으킬 수 있다. 솔선수범은 선한 의도만으로는 부족하고, 성과를 증명해야 한다. 리더가 먼저 성공의 증거를 보여줘야 구성원이 따를 용기를 낸다. 매번 리더가 먼저 하는 데도 구성원이 따르지 않는다면 효과성에 원인이 있는 경우가 많다.

리더십에도 내가 먼저가 필요하다. 리더의 행동은 빠르고 넓게 전 업무에 영향을 끼친다. 조직에 변화를 주고 싶다면 백번 말하는 것보다 리더가 먼저 솔선수범 행동해야 함을 명심하라.

리더의 솔선수범은 입이 아니라 몸으로 이뤄져야 한다. 남을 빨간 펜으로 평가하려 하지 말고, 스스로 빨간 펜이 되어 그 펜이 닳도록 실천해 보라.

사실 명령형 어미 '하라/하여라'보다 힘이 센 게 '들으면서 같이 하자'이고, 이보다 더 힘이 센 게 '내가 할 것이다'이다. 솔선은 이념이 아니라 실천이다.

작은 것부터 오늘 당장 실행해 보라. 누구든 옳은 소리는 할 수 있다. 하지만 누가 그 말을 하느냐에 따라 영향력은 하늘과 땅 차이로 갈린다.

지금 여기 나부터 변화의 구심점으로 삼겠다는 것을 가시적으로 보여주라. 리더의 변화가 먼저 이루어져야 불협화음이 아닌 신뢰가 형성되어 구성원을 움직일 수 있다.

chapter__ 26

리더십 아카데미 2

리더는 무엇보다 진솔해야 한다. 역사상 최고의 심리학자 가운데 한 명인 솔로몬 애쉬(Asch, Solomon) 전 미국 펜실베이니아 대학교 교수의 논문에 따르면 "사람은 성격이 분명히 드러나는 사람을 좋아하고, 본심을 알기 힘든 사람에게는 반감을 보인다"고 한다.

구성원을 가식적으로 대하는 건 장기적으로 역효과를 불러올 수 있다. 아무리 연기에 능한 사람이라도 자주 접촉할 경우 눈빛에서든 말투에서든 본심이 드러날 수밖에 없다. 당사자는 모르더라도 주변에서 먼저 눈치를 채고 알려 준다. 만약 어떤 구성원에게 불만이 있다면 최소한 간접적으로라도 이를 알려 주는 게 나을 수도 있다. 가식적인 겉모습과 상충된 속내가 드러날 경우 그 사람과는 더욱 멀어질 수밖에 없다.

  진실을 말하는 것은 리더십의 효율성과 구성원의 업무 태도에 막대한 영향을 미친다. 부정적인 리더와 함께 일하는 사람은 부정적이거나 예상치 못한 반응으로부터 자신을 보호하기 위해 눈치를 보고 겉치레에 신경을 쓰게 된다.

  부정직한 리더는 정치적인 음모가 판을 치는 기업 풍토를 조성한다. 항상 타인을 의식하다보니 소신이 없는 행동을 한다. 부정직한 리더 밑에서 일하는 구성원은 생산적인 일을 하는 대신, 다른 일에 많은 시간을 허비한다.

  이를테면, 리더가 제시한 안건을 의심스런 눈초리로 쳐다보고, 리더의 입맛에 맞춰 일을 하고, 개인 신상 정보를 수집하려 들며, 권력을 얻고자 음모를 꾸미고, 위험 부담이 전혀 없는 일만 골라서 하는, 즉 쓸데없는 부분에 많은 시간을 투자한다.

  반면 정직한 리더는 자신의 개인적인 출세보다는 조직 차원에서 믿음이 만연한 기업 풍토를 가꾼다. 정직한 리더와 함께 일하는 구성원은 자신들의 리더가 어딘가에 숨어 있다가 어느 날 갑자기 튀어 나와 그들의 뒤통수를 칠 불상사가 없을 것임을 알기 때문에 마음을 놓을 수 있다. 또한 그들은 쓸데없는 것에 에너지 소모가 없기 때문에 보다 많은 성과를 거둘 수 있고, 창의력을 마음껏 발휘할 수 있다.

  각종 조직에서 리더의 일차적인 덕목은 열린 마음이다. 편파적이고, 편협한 사고방식은 결코 사람들을 올바로 통솔할 수 없다. 그것은 조직 구성원을 불행에 빠뜨릴 뿐이다.

많은 리더가 열린 마음을 갖지 못하고 혈연, 지연, 학연, 지역 감정에 얽매여 편협하고 배타적인 시책을 펼치고 있다. 심지어 그것으로 자신의 기득권을 지키려는 나쁜 짓까지도 서슴지 않는다. 여기서부터 불행이 시작되는 것인데, 그 사실을 모른다.

열린 마음은 올바른 정신 속에서만 얻을 수 있다. 그래서 순수하고 정직한 인격으로 사람들에게 다가간다. 그러한 인격은 혈연이나 지연, 지역 감정과 같은 편협한 사고방식을 단호히 거부한다. 즉 만인에게 열린 마음으로 다가선다. 이처럼 올바른 정신은 모든 사람에게 요구되는데, 특히 리더의 필수 덕목이다. 권력을 휘둘러 사람을 지배하거나 일을 할 때 힘을 과시하려 해서는 안 된다. 그것은 모두에게 불행을 안겨 줄 뿐이다. 양자를 맺어 주는 것은 지배와 복종의 힘뿐, 거기에는 자타 간 인간적인 만남과 인격적인 감정 교류가 없기 때문이다.

예를 들어, 정치인들이 흔히 투표권자들의 인격에는 무관심한 채 그들을 한 표의 대상으로만 대한다고 하자. 그러면 당연히 그들 또한 그를 인격이 아니라 권력이라는 대상으로 대할 것이다. 인간 소외의 불행이 여기에서 생긴다. 그러므로 리더는 순수하고 정직한 인격을 무엇보다 먼저 갖추지 않으면 안 된다. 까닭은 행복한 삶이나 인간성이 회복된 사회는 그러한 정신 속에서만 성취될 수 있기 때문이다.

특히 리더는 외로운 자리다. 인간적인 믿음을 보여주는 사람을 간절히 원할 수밖에 없다. 그렇다면 어떻게 해야 그런 사람을 얻을 수 있을까? 어떤 리더는 매일 함께 밥을 먹고 술을 마시면서 가까워지려고 한다. 또 어떤 리더는 승진을 팍팍 시켜 주며 상대가 내 사람이라는 의중을 전하기도 한다. 그런가 하면 돈이 많은 리더는 성과급을 퍼주거나 따로 돈을 주며 감동시키기도 한다.

그런데 이렇게만 하면 사람들이 잘 따라 줄까? 글쎄다. 아무리 처우를 잘해 줘도, 월급을 업계 평균의 두 배를 줘도 진심을 함께 주지 않으면 위기의 순간에는 허망한 물거품이 될 뿐이다. 진심을 주고받는 관계가 아니면 승진을 시켜 준다고 해도 구성원은 따라오지 않는다. 리더가 힘을 잃는 순간 이들이 가장 먼저 외면할 것이다. 앞으로 이득을 볼 일이 없기 때문이다.

따라서 리더의 결정은 공정하게 이뤄져야 한다. 이러한 리더의 진정성은 구성원의 진심 어린 헌신을 이끌어 내고, 자신이 제시한 방향으로 사람들을 움직일 수 있게 한다.

chapter__27

리더가 되기 위한 조건 2

진정한 리더가 되기 위하여 많이 배워 지식을 늘리는 것도 어떤 면에서는 필요하다. 하지만 그보다 중요한 것은 다양한 경험이다. 젊은 시절 다양한 경험을 한 사람에게는 사람과 사물을 바라보는 안목은 물론 다양한 경력을 가진 사람과 두루 소통할 수 있는 능력이 자연스레 몸에 배게 된다. 사람은 누구나 엎어지고 깨지면서 걸음마를 배워야 우아한 걸음을 걸을 수 있다. 이와 마찬가지로 무수히 많은 실패를 경험해야 비로소 성공할 수 있다. 진정한 리더가 되려면 어떻게 실패를 마주할지, 어떻게 자신을 이겨 역경의 늪에서 벗어날지를 알아야 한다. 그 과정에서 좀 더 넓은 시야와 큰 그릇을 가진 사람으로 성장하는 것이다.

배고픔을 겪어 본 사람만이 어려운 사람에게 자기 것을 나누어 줄 수 있고, 인생의 밑바닥까지 떨어져 본 사람만이 실패와 시련으로 힘들어 하는 사람에게 희망을 말할 수 있고, 생사의 기로에 서 있던 사람만이 같은 고통을 겪고 있는 사람에게 용기를 줄 수 있는 법이다. 반대로 배고픔도 고통도 경험하지 못한 사람은 자신과는 다른 사람이라고 회피하거나 경멸할 수밖에 없다. 그래서 리더를 뽑을 때는 잘 선출해야 하는 것이다.

진정한 리더가 되고자 한다면 고생을 마다하지 않아야 한다. 큰 그릇은 고생으로 담금질 되어야 키워지게 된다. 우리가 크게 성장했던 때는 결코 안락하거나 쾌적할 때가 아니라는 사실이다. 우리가 업무에서, 또는 인간으로서 성장했다고 느끼는 순간은 반드시 괴롭고 힘들었던 때다. 일을 하면서 살아가는 동안 문제를 만났던 때, 빛이 보이지 않았던 때, 악전고투하며 어둠을 헤쳐 나갔던 때, 벽에 부딪쳤던 때 등 되돌아보면 우리의 성장에는 항상 계기가 있었다. 그래서 고생도 초년에 하는 것이 좋다.

사람에게는 세 가지 불행이 있다. 어린 나이에 과거에 급제하는 것이 첫 번째 불행이고, 아버지와 형제의 권세에 기대 좋은 벼슬을 하는 것이 두 번째 불행이며, 많은 재주가 있어서 타고난 능력이 뛰어난 것이 세 번째 불행이다.

그럼 이에 대해 좀 더 구체적으로 접근해 보자.

첫 번째, 초년에 고난을 겪는 것은 오히려 인생 말년을 위한 투자요 축복이 될 수 있다. 인생에는 고생총량의 법칙이 있다. 젊어서 구슬땀을 흘리지 않으면 나이 들어 식은땀을 흘린다. 초년의 고난에 머무르지 않고 마침내 싹을 틔워 생존해 가는 게 바로 인생이다. 인생의 인과는 초년에 뿌린 씨앗이 중년·말년에 반드시 결과물로 나타난다. 초년에 고생을 해서 정신을 단련하게 되면 중년·말년에 좋은 열매를 맺고, 초년에 편안한 생활을 해서 정신이 나약하게 되면 중년·말년에 반드시 불행하게 된다. 초년 운이 좋으면 말년 운이 나쁘고, 초년 운이 나쁘면 말년 운이 좋게 전개된다. 그렇긴 하지만 사람마다 그 시기에 차이가 있다. 대개 40~50대에 한번은 어려운 역경을 겪기 마련이다. 이 시기에 누구나 시련을 겪고, 인생을 리모델링하게 된다. 60~70대 운도 중요하다. 이 시기의 운세는 초기와 반대로 와 있을 것이다. 인생의 운세를 쭉 펴놓고 보면 초기와 말기는 반드시 반대로 전개된다.

우리가 현재 받는 고통은 분명 괴로운 것이지만 그것에는 그만한 의미가 있다. 사람은 고통을 통해서 성숙해진다. 거친 파도가 유능한 뱃사공을 만들 듯이 역경과 고난은 사람을 강건하게 하면서 겸손하게 만든다.

부질없는 집착과 욕심만 탁 내려놓으면 부끄럽지 않은 인생이 될 것이다. 역경은 자신의 가능성을 이끌어 내는 아주 좋은 성장의 기회다. 이런 이유로 어려움을 호되게 겪은 후에는 항상 내 안에서 생각이 조금씩 바뀌게 된다. 바뀌지 않으면 어두움을 헤쳐 나갈 수 없기 때문이다.

두 번째, 위대한 아버지를 둔 아들은 괴롭다. 원래 나무가 크면 그늘이 짙다. 그래서 큰 나무 아래서는 작은 나무가 잘 자라지 못한다. 아버지의 권위가 세게 되면 무시된 자식 농사는 그르치게 된다. 보통 한쪽이 강하면 약한 쪽의 기가 빨려 들어가 상대방이 기를 펴지 못하는데, 이런 우를 범하지 않아야 한다.

위대한 아버지를 둔 아들은 괴롭다. 아버지가 리더라면 더욱 그러하다. 저녁에는 고객 접대하느라 늦은 시간까지 함께 해야 하고, 주말에는 골프 접대하느라 쉴 수 없다. 휴일조차 새벽같이 나가 밤 늦게 집에 들어오니 자녀 교육도 제대로 이뤄질 리 없다. 마음은 오로지 일에 있다. 그 결과 자녀를 생각할 겨를, 즉 삶에 여유가 없다. 비상식과 불합리한 일이 횡행한다. 그런 와중에 정상적인 부모와 자식 관계, 특히 부자 관계가 형성되기는 쉽지 않다.

세 번째, 머리가 좋고 언변이 좋은 인물이 최악의 인물이다. 재능을 타고난 사람이 있다. 타고난 사람은 자기가 봐도 놀라울 정도다. 조금만 공부해도, 즉 매일 노는 것 같은 데도 점수가 잘나오고, 조금만 운동해도 메달을 목에 걸고, 조금만 일해도 돈을 금방 번다. 이렇게 뛰어난 사람은 된 사람이 못 된다. 뛰어난 사람이 된 사람이 안 되면, 자기 자신과 주변 사람을 굉장히 힘들게 한다. 그 중에서도 가장 힘든 것은 자기 자신이다. 그 다음이 가족이다. 똑똑한 재능을 하늘로부터, 부모로부터 받았는데 된 사람이 못 되는 것이다. 그러면 결국 그 날카로운 똑똑함이 자신을 망가뜨리고, 자랑을 하다가 다른 사람도 다치게 한다. 리더로서 상당한 능력을 갖춘 것임에는 틀림이 없지만, 어설프게 넘치는 재기로 무슨 일을 저지를지 모르는 불안감이 있다.

'저 사람은 수완가야. 능력이 있어'라고 평가받는 경우가 있다. 그러나 공연히 너무 유능하다보면 교만해지게 되고, 주위 사람에게 경계 대상이 된다. 당연히 신뢰성도 떨어져 경솔한 이미지를 피할 수 없다. 이렇게 되면 적어도 전폭적인 지지를 얻을 수 없다. 자칫 잘못하면 다른 사람의 원망을 살 일도 많아진다. 예로부터 화를 입는 사람 중 열에 아홉은 능력이 뛰어난 인물이었다. 작은 일에 흥분하고 분노하며 어쩔 줄 몰라 하는 사람은 절대로 큰일을 할 수 없다. 반면 큰일을 당해도 평상심을 유지하는 사람이 장차 큰일을 할 수 있다. 태연하게 행동한 인물 중에 화를 당한 자는 한 사람도 없었다.

그렇다면 어떤 인물이 리더가 되어야 하나? 머리 좋고 능력이 출중해도 좋다. 하지만 이보다는 듬직하고 차분하며 깊이 있는 인물이 더 좋다. 이런 사람은 내면에 능력과 덕이 가득함은 두말할 필요가 없다. 누가 보아도 신뢰할 만한 리더의 모습이다. 예전에는 이러한 유형의 인물을 많이 찾을 수 있었다. 그러나 최근에는 찾아보기 힘들다. 최고의 리더는 굳이 명문대를 졸업하지 않아도 된다. 똑똑하지 않아도 된다. 돈이 많지 않아도 좋다. 그런 사람 중에서 리더를 찾으라면 주위에 차고 넘친다. 그래서 최선의 선택은 다음과 같았으면 좋겠다.

진실한 마음을 기본적으로 갖고 있어야 한다. 마음이 따뜻하면 더 좋다. 즉 자신이나 자신과 친구, 친척 등 친한 사람을 챙기는 것보다는 국민을 더 위할 수 있는 사람, 자신의 잘못을 부끄러워하고 진심으로 사과할 줄 아는 사람, 자신의 부족함을 드러냄에 있어 한순간도 주저하지 않는 사람, 그런 사람이 최고 리더가 되면 좋겠다.

chapter__ 28

종횡무진 책 읽기를 하라 2

앞서가는 리더가 되기 위해서는 한 분야만이 아니라 총체적이면서 통합적인 폭넓은 지식을 갖추어야 한다. 책을 많이 읽는 리더는 나라를 잘 다스릴 수 있고, 책을 많이 읽는 리더는 최고의 기업을 만들 수 있으며, 책을 많이 읽는 부모는 자녀를 훌륭하게 양육할 수 있다. 요컨대 좋은 부모가 되고, 좋은 자녀를 만들고, 좋은 직장인이 되기를 바란다면 그 시작은 책 읽기부터다. 책을 읽는 직장인은 직장에서 탁월한 능력을 발휘함은 물론 꼭 필요한 구성원이 될 수 있다.

"선비가 독서를 하면 그 은택이 천하에 미친다."

연암 박지원 선생의 말이다. 독서하는 사람으로 가슴에 와 닿는 말이다. 독서를 잘하면 그 행위가 개인적 범위에 그치지 않고 세상에 공헌하는 일을 하게 된다. 위대한 인물은 비단 자신의 삶만을 최고로 만들어 개인적 풍요를 누리며 살지 않았다. 위인 대부분은 그 나름대로 인류와 사회에 커다란 유익을 주었다. 그들이 그렇게 살 수 있도록 이끌어 준 것이 바로 독서의 힘이다.

독서는 지혜와 정신과 의식이 응축돼 있는 세계를 탐험하는 행위이므로 그 과정에서 자아도 발견하고 자기 성찰도 가능해진다. 물론 여기서 그치지 않고 세상을 긍정적으로 바라보게 되고, 좋은 세상을 만들고 싶어 한다. 이런 잠재된 마인드가 불신과 부정의 늪에서 세상을 보호한다.

또한 책을 많이 읽을수록 분별력과 상상력도 더해져 여러 분야에서 보통 사람과 다른 참신한 면모를 발휘한다. 그러한 능력으로 세상을 현재보다 더 나은 쪽으로 발전시킨다.

독서, 즉 책을 읽는다는 것은 단순히 책 속의 내용을 아는 것에 그치는 것이 아니라 다른 사람이 발견한 새로운 가치를 통해 자신의 지혜를 넓혀 나가는 지적 과정이며, 열린 세계로의 영역 확대를 보장해 주는 생산적 활동이다. 이러한 독서 활동을 통해 공동체 생활에 필요한 실천적 기준과 행동 양식을 마련해 나갈 수 있게 된다.

방대한 양의 책을 읽다보면 그동안 쌓아 온 지식이 지혜로 바뀌는 순간이 찾아온다. 그 순간은 마치 어제까지 변함없는 평범한 인간이었던 존재조차 별안간 전혀 다른 존재로 만들어 준다. 이것은 정말이지 경험해 본 사람만이 안다. 그 순간이 오기까지는 책을 읽고 습득한다는 것이 마치 기나긴 고행처럼 무의미하고 힘겹게 느껴지기도 한다. 학문의 즐거움보다는 숙제를 한다는 무거움만이 자신을 엄습할 때도 있다.

그렇지만 독서의 즐거움은 그 누구에게든 반드시 찾아온다. '하나를 배우면 열을 깨우친다'는 말이 있다. 이는 오랫동안 쌓아 왔던 수백만 개의 지식 위에 단 하나의 지식이 얹어지는 순간, 막힘없이 두루 통하게 되는 경지에 오르는 것을 일컫는다.

도서관에서 만난 책을 읽는 사람들, 즉 여가 시간의 대부분을 독서에 투자하는 이들 중에서 가난한 사람은 없었다. '많은 책을 읽다보니 지혜로워져 가난을 면한 것이 아닐까' 하는 생각이 들 정도다.

시간을 들인 정도에 따라 정보→지식→지혜로 확실하게 진화해간다. 정보는 사실 한 단편이므로 정보에 정보를 더해야만 지식이 된다. 뉴스나 신문은 기껏해야 지식 수준에 머물 뿐이고, 지식 자체는 돈이 되지 않는다. 지식은 이미 인터넷을 통해 얼마든지 신속하고 편리하게 얻을 수 있게 된 세상이다. 하지만 지식과 지식이 결합된 지혜는 지식을 유기적으로 조합해야 하기 때문에 인간의 복잡한 뇌를 통해 오랜 시간 걸러 내는 과정을 통해야만 비로소 탄생한다. 지혜는 무한대로 돈이 될 수 있는 자산이지만 만드는 데 그만큼 오랜 시간이 걸린다. 그러므로 시간과 수고를 들여야만 하는 책에는 돈이 되는 지혜, 즉 영원불멸의 지혜가 그만큼 많이 담겨 있다.

다시 말하면 지식은 단편적인 것이어서 돈이 될 수 없다. 하지만 지혜는 다르다. 지식은 경험, 연륜, 시행착오 등 지혜를 빚어내는 중요한 원료 역할을 한다. 그러나 거기에 반드시 덧붙여져야 하는 것이 바로 책을 통한 지식의 축적이다. 이러한 지식이 쌓이고 쌓여 어느 시점에 이르러 비로소 지혜가 된다. 수많은 지식이 서로 충돌하고 결합하는 과정을 거쳐 화학반응을 일으킴으로써 전혀 새로운 방식이 생겨나게 된다. 이러한 값진 지혜를 가진 사람은 주변에 긍정적인 영향을 미치고, 그 대가로 지위와 돈을 얻는다. 뜸이 들어야 가능한 일이다. 독서에서도 10년의 법칙이 적용된다. 그 이상 20년이 되면 안목이 탁월해진다.

현재 눈부신 삶을 살아가는 사람은 10년 전부터 절도 있게 생활했다. 그들은 도서관에서, 서재에서, 혹은 직장에서 공부를 하고 책을 읽었다. 결코 텔레비전 앞에서 시간을 헛되이 낭비하지 않았고, 휴대 전화만 쳐다보지 않았으며, 휴일에도 무료하게 시간을 보내지 않았다.

그러므로 사무실에 앉아서 잡담하고 무료하게 보내는 대신 일찍 나가 책을 읽어라. 불필요한 야근을 없애라. 일을 엿가락처럼 길게 늘려 하지 말고, 일을 압축적으로 한 후 나머지 시간을 아끼고 아껴서 책을 읽는 데, 지식을 쌓는 데 투입하라. 이것이 출세하는 지름길이자 고액 연봉을 받을 수 있는 비결이다. 나아가 리더가 되고자 하는 사람들이 준비해야 할 삶의 방식이다.

그러면 독서를 많이 한 사람으로 인해 가까이 있는 사람의 질도 향상된다. 책을 많이 읽는 사람을 가까이하여 손해날 것이 없다. 늘 좋은 영향을 받게 된다. 책을 읽지 않는 사람은 책을 많이 읽는 사람을 통해 미처 보지 못한 세계를 보게 되고, 미처 경험하지 못한 이야기를 듣게 된다. 생각의 깊이에서 오는 차이를 직감하게 되는데, 그런 과정에서 자연스럽게 독서의 중요성을 깨닫게 되기도 한다.

이렇게 독서를 많이 한 사람은 사회에서 늘 좋은 영향 인자로 작용한다. 그런 의미에서 넓게 보면 봉사다. 바로 이런 이유로 독서를 하지 않는 것은 인류의 배반이다.

요즘 들어 사회 공헌이라는 말을 자주 듣게 되는데, 사회 공헌은 잘나가는 기업만이 행하는 큰일이 아니다. 잘 다져진 독서 습관으로 독서를 실천하게 되면 누구나 세상에 이로움을 퍼트릴 수 있다. 가장 가까이는 가족에게, 친구에게, 직장 동료에게 퍼트린다. 책을 많이 읽는 한 사람 한 사람이 모여 주변이 달라지고, 사회가 변화하고, 세상이 좋아진다. 독서하는 자가 없다면 역사는 결코 앞으로 나아갈 수 없다.

위대한 예술가, 작가, 제품 개발자, 발명가, 과학자, 요리사들은 어디서 나올까? 그런데 이들에게는 재미있는 공통점이 있다. 모두 정규교육을 통해 만들어진 인재가 아니라는 것이다. 위대한 위인 중에는 학교 교육이나 정규교육보다 독서를 통해 아주 많은 것을 배워 성공한 경우가 적지 않다.

나폴레옹 역시 전쟁터에서조차 손에서 책을 놓지 않았다. 매우 험한 전장에 나가서도 책이 가득 든 마차, 즉 이동 도서관을 대동했다. 그의 연전연승 비결도 바로 그 책의 갈피들 속에서 나왔다. 하지만 일단 승리로 교만해져 더 이상 책을 읽지 않고 전쟁에 임한 순간, 그는 무참히 패배했다. 나폴레옹에게 있어서 책은 운명의 명암을 그대로 비추는 거울이었던 셈이다. 그의 책이 밝은 빛으로 행간을 열어 보일 때 그의 군대는 승전보를 울렸고, 그의 책이 어둠 속에 처박혀 있을 때 그의 삶은 빛을 잃었다. 이처럼 우리는 한 권의 책, 양 페이지에 영웅의 빛과 그림자가 대조적으로 펼쳐지는 것을 보게 된다.

23전 23승. 위대한 군사 전략가였던 이순신 장군은 세 번의 파직, 두 차례의 투옥을 경험했다. 거기에 사형 선고를 두 번이나 받는 등 많은 고난과 역경에도 불구하고 이를 극복하고 전투마다 연전연승을 해 한국 역사상 그 유래를 찾아볼 수 없는 위대한 인물 1위로 꼽힌다. 이순신 장군은 어떻게 23전 23승이라는 연전연승을 해낼 수 있었던 것일까? 험난한 역경 속에서 그가 승리를 거둘 수 있었던 비결은 무엇일까?

이순신 장군이 23전 23승을 거둘 수 있었던 이유는 평생 책을 가까이하고, 그 내용을 활용해 전략을 세우고 실천했기 때문이라고 생각한다. 책을 읽고 자신의 일과 전술 분야에 적용하고 체계화한 것이다. 밤잠을 뒤척이며 생각하고 사유화(私有化)한 것이다.

책을 읽는다고 해서 모두 세계를 바꾸는 위인이 되거나, 천재나 부자가 되거나, 인생이 변하는 것은 절대 아니다. 하지만 왜 어떤 사람은 책을 읽고 최고가 되고, 또 어떤 사람은 최고가 되기는커녕 어제와 별반 다를 바 없는 인생을 살아가고 있는 것일까?

결국 당신의 미래는 책을 어떻게 읽느냐에 따라 달라진다. 책도 올바른 마음가짐으로 읽어야 의식이 향상된다. 아무리 책을 많이 읽었다고 해도 의식이 달라지지 않는 사람은 이기적인 마음이라서 인생이 별반 달라지지 않는다. 반대로 의식이 향상되면 자신에 대한 기대와 기준, 목표가 달라지는 변화를 경험하게 된다. 실제로 링컨, 루스벨트, 세종, 이순신 등 자신의 인생을 바꾸고, 나아가 새로운 것을 발명하거나 발견해 세계를 바꾼 위인들은 모두 바른 마음을 가진 다독가였다.

독서는 인류 역사상 그 분야의 최고가 된 사람들의 인생을 배울 수 있는 최적의 방법이다. 그 분야의 참고할 수 있는 데이터가 하나씩 늘어나고, 간접적인 경험을 통해 편협된 사고방식에서 벗어나면 사고의 수준이 높아질 수밖에 없다. 그런데 문제는 인간의 의식이 쉽게 바뀌거나 달라지지 않는다는 점이다.

능력을 키우려면 정보나 지식을 얻는 단순한 책 읽기에서 한 단계 더 나아가 자신이 중심이 되는 사색과 성찰 과정을 거쳐야 한다. 읽은 내용을 실천하면서 말이다. 이를 통해 사고력이 더 향상된다. 이런 경험을 통해 안목도 생기고 자신의 영역이 확장되는 경험을 할 수 있다. 그러면 자신의 의식 수준이 확장될 뿐만 아니라 의식 수준이 달라져 세상을 바라보는 관점도 바뀌어 이전과 전혀 다른 방식으로 세상을 살아갈 수 있게 된다.

chapter__ 29

인생의 멘토를 만들라 1

    용은 용과 사귀고 봉황은 봉황을 사귀는 것처럼 특별한 사람이 되고 싶으면 특별한 사람과 함께해야 한다. 함께하는 사람으로부터 영향을 받기 때문이다. 긍정적이면 좋은 영향을 받고, 부정적이면 나쁜 영향을 받는 원리와 같다.

    자석이 철을 끌어당기듯 성공한 사람은 언제나 성공한 사람 가까이 있기를 원한다. 그래서 초록은 동색이라 하지 않던가?

    부언하면 사람은 혼자 살 수 없다. 비록 혼자서 그럭저럭 지낸다 하더라도 친구가 있어야 한다. 이때 자신의 생각이나 환경이 비슷한 사람끼리 어울리게 되어 있다. 유유상종(類類相從)이란 말도 있지 않은가.

친구를 사귐에 있어서 어떤 마음가짐으로 친구를 대하느냐에 따라 그도 똑같은 마음가짐으로 나를 대한다는 것을 알아야 한다. 남녀를 불문하고 한 사람을 평가하는 가장 큰 기준은 내면세계가 얼마나 풍부한가이다.

재산이 많거나 높은 지위에 있지 않더라도 자존감, 관용, 굳은 의지가 있다면 미래에 빛이 날 수 있다. 그런 사람을 친구로 사귀어야 하고, 자신 역시도 그런 사람이 되려고 노력해야 한다. 가장 귀중한 친구는 당신이 어려울 때 옆에서 의리를 지키며 당신의 아픔을 함께한다.

그런 반면 매사에 손해를 보지 않으려는 사람이 있는데, 그들과 가까이하지 마라. 이익 앞에서 사람의 마음도 적나라하게 드러나는 법이다. 시간은 시비를 명확하게 가려준다. '길이 멀면 말의 힘을 알 수 있고, 세월이 길면 사람의 마음을 알 수 있다는 말과 같이 오랜 시간 왕래하며 자세히 관찰하면 사람도 그 마음도 알 수 있는 경지에 이를 수 있다.

친구 사이의 의리를 먼저 생각해서 우정을 지키면 상대방의 진심을 느낄 수 있고, 상대방도 진지하게 당신을 대할 것이다. 하지만 인간관계에 있어서 지나치게 이해득실을 따지면 친밀한 관계는 오래 지속될 수 없다. 이해득실에 대해 아주 작은 것도 민감하게 따지면 진실한 친구를 얻지 못한다.

재미있는 이야기가 떠오른다. 한 사람이 즐겁게 장난치며 노는 두 마리의 강아지를 보면서 "이 세상에 너희들보다 사이좋은 친구는 없을 것이다"라고 말하자 한 철학자가 "그들의 우정이 과연 그러한가는 고기 한 덩어리로 금방 확인할 수 있다'고 말했다.

두 강아지가 고깃덩이를 발견하기 전까지는 사이좋은 친구였지만 고깃덩이를 발견하는 순간 그들은 곧바로 경쟁자로 변해 적이 되었다. 이처럼 시련을 이겨 내지 못하는 우정은 진정한 우정이라 할 수 없다. 진정한 우정이라면 이익관계가 발생해도 등을 돌리지 않는다.

옛말에 '군자의 우정은 물과 같고 소인배의 우정은 단술과 같다'고 했다. 이는 권세에 아부하는 사람과는 절대 가까이 지내지 말고, 곤경에 빠져도 그들에게 도움의 손길을 내밀지 말라는 의미다. 그들은 우물에 빠진 당신에게 돌을 던지는 것이 유리하다고 판단되면 곧 뒤돌아설 것이다.

많은 사람이 종종 이렇게 이야기한다.

'전 친구가 정말 많아요.'

과연 그럴까? 이렇게 말하는 사람은 진정한 우정에는 친밀함과 깊이, 그리고 책임감이 있어야 한다는 사실을 모르고 있는 경우다. 많은 친구를 가진다는 것은 사실상 불가능하다. 진정한 친구를 만들려면 엄청난 시간과 감정을 투자해야 하는데, 이런 친구를 여러 명 가지게 된다는 것은 사실상 어려운 일이기 때문이다.

옛 사람들은 '인생에서 진정한 벗은 한 사람만 있어도 족하다'고 했을 만큼 진정한 친구를 사귀기란 어려운 일이다. 아무나 친구로 사귈 것이 아니다. 특히 권세에 아부하는 사람은 최대한 멀리하는 것이 좋다. 아부하는 사람에게 미래는 없다.

다른 사람들로부터 평판이 좋지 않은 사람과도 사귀지 마라. 사람들이 보는 시각은 똑 같다. 즉 나에게서 삶의 에너지를 빼앗아 가는 사람을 구별해 낼 수 있어야 한다. 그들은 그저 당신에게서 삶의 에너지를 빼앗아 갈 뿐이다. 또한 그들과 마주칠 때마다 당신 자신의 삶의 에너지를 빼앗기고 만다.

주위 사람을 보면 부정적인 사람과 어울리는 것만으로도 그 사람이 실패나 좌절 등 부정적인 상태로 변하게 되는 것을 볼 수 있다. 우리는 가깝게 어울리는 사람의 태도와 행동, 습관을 마치 스펀지처럼 흡수하여 받아들이기 때문이다.

'행복은 전염된다'는 말이 있는데, 이는 그냥 나온 말이 아니다. 기분 좋은 사람 곁에 있으면 덩달아 기분이 좋아지고, 우울한 사람 곁에 있으면 우울해진다. 나의 행복한 웃음이 내 주위 사람을 환하게 밝혀 줄 뿐만 아니라, 그들이 행복한 하루를 보낼 수 있도록 도움을 줄 수 있다. 그리고 그런 일상이 모여 행복한 인생이 되는 것이다.

지금 당신 자신을 돌아보라.

지금 이 순간 당신은 상대방에게 기분 좋은 행복감을 전해 주는 사람인가, 아니면 침울함과 우울감에 휩싸여 상대방의 기분까지 가라앉게 만드는 사람인가?

지금의 당신 감정과 표정이 가장 가까이에 있는 가족과 동료, 친구에게까지 고스란히 전달된다는 것을 기억해야 한다. 당신으로 인해 다른 사람까지 행복할 수도, 불행할 수도 있다.

그러므로 당신 자신뿐만 아니라 소중한 그들을 위해 웃으면서 살아야 한다. 이렇듯 행복도 관계 속에서 느낄 수 있는 것이다.

여러 말 할 것 없이 행복하고, 낙천적이고, 진취적인 목표를 향해 노력하는, 즉 건강한 자아를 가진 사람과 어울려라.

인생에서 좋은 사람과 멋진 인간관계를 맺는 것은 성공적인 삶의 필수 조건이다. 따라서 도움을 주고 지지해 주면서 용기를 주는 사람과의 친분 쌓기에 주력하라. 또한 함께 있으면 즐겁고 동기부여가 되고 서로 공감대를 나눌 수 있는 사람, 목표를 이루고 꿈을 실현하는 데 도움이 되는 사람을 가까이 하라. 그들이야말로 진정한 우정을 나눌 수 있는 사람이기 때문이다.

이 세상에 주변 사람보다 영향력이 더 큰 대상은 없다.

chapter__ 30

확고한 철학이 있어야 한다

　나이와 학력, 경력 따위의 거품을 모두 걷어내고 오직 상대가 지닌 품성과 재능을 바로 볼 수 있는 안목을 누구나 갖추고 있는 것은 아니다. 다른 사람의 재능과 품성을 알아보려면 자신이 높은 지혜를 갖추지 않으면 불가능하다. 남의 재능과 품성을 인정할 줄 아는 것은 너그러운 마음이요, 배려이므로 때로는 용기가 필요하다. 그 재능과 품성을 아는 일은 사람을 귀하게 여기는 마음에서 출발하여 사람을 존중하는 마음으로 끝난다. 사람을 모든 일의 중심에 놓는 태도는 배워서 도달하는 영역이 아니다. 지혜로워야 되고, 철학이 있어야만 가능한 일이다.
　그런 의미에서 리더는 반드시 철학이 있어야 한다. 철학이 부족하면 리더의 맛에 길들여져 초심의 마음이 변질된다. 세상을 바꾸어 가는 근본은 결국 철학 사상이다. 기술, 똑똑함, 명문대 졸업, 실용학문 등도 매우 중요하지만 그것이 세상에 퍼지고 제대로 쓰이게 되려면 그 밑바탕에 시대를 관통하는 철학 사상이 필요하다. 훌륭한 리더란 바로 이 당대의 철학 사상을 통해 미래를 예측하고 리더십을 발휘하는 사람이다.

지금 세계 여러 나라가 여러모로 어려움을 겪으며 혼돈 속에 있는 근본 원인은 새로운 시대를 창조하는 철학 사상 빈곤 때문이다. 바탕이 되는 철학이 없으니 세계를 넓게, 멀리, 깊게, 포괄적으로 보지 못한다. 또 멀리 깊게가 아니라 몇십 년 앞도 보지 못하고, 눈앞에 일어나는 현상에만 전전긍긍한다. 제 앞만 바라보는 근시안적 부분이 전체인 줄 착각하고, 그 한 부분에만 매달리는 근시안적인 안목이 전 세계 곳곳을 망치고 있다.

리더는 무릇 희망, 의욕, 욕심만으로 되는 것이 아니다. 또한 누구나 할 수 있는 것도 아니다. 자질을 타고나야 하며, 사명감도 충만해야 한다. 아울러 자신의 분명한 철학 정립 속에 리더십은 물론 노력과 인내도 필요하다.

작금의 정치 형태는 절망적이다. 이를테면, 사람과 생각, 그리고 행동은 바뀌지 않았는데, 당 명칭만 바꾼다고 정치가 바뀔까? 구성원은 그대로인 데도 말이다. 철학은 없고 개인의 욕망과 이기심이, 신의는 없고 거짓과 권모술수가, 명분은 없고 이해타산만이, 희생과 솔선수범은 없고 이중적 말장난만이, 지조는 없고 이당 저당 유리한 당으로 옮겨 다니는 철새 정치가가 판을 치니 어쩌란

말인가? 상생 협력보다는 당리당략만 일삼고, 야비한 비난만이 난무하고 있으니 말이다.

나는 미래 리더에게 그 무엇보다 다방면에 걸쳐 경험을 쌓으라고 말하고 싶다. 거기서부터 철학이 생기기 시작한다. 그런데 경험에서 뭔가를 얻지 못하면 풍부한 경험도 별 소용이 없다. 능동적으로 프로젝트에 참여하고, 성공이든 실패든 명확하게 나의 것이라고, 내 몫이라고 평가할 수 있는 사람만이 리더로서의 역량이 있는 것이다. 일을 적극적으로 하다보면 순간순간 최선을 다할 수밖에 없다. 최선을 다하다 처참한 실패를 겪더라도 그 결과에 대해 냉정히 판단하고, 스스로 책임진다면 그 또한 리더로서 더 단단한 자기 철학을 갖게 될 것이다.

가령 말하자면, 정치가나 성직자가 되기 위해서는 그저 앵무새처럼, 달변가처럼 좋은 문구나 교리를 달달 외우는 것으로는 부족하다. 실제로 사회의 밑바닥 인생을 몸소 체험해 보고, 눈물 젖은 빵을 먹어 봐야 한다. 한때는 책에도 푹 빠져 보아야 한다. 그런 후 대중 앞이나 강단에 서야 서민들의 애환을 제대로 이해하게 된다. 이러한 자세는 매우 중요하다.

왜냐하면 따뜻한 마음으로 무엇인가를 느끼기 전에, 아차하는 순간 머리만 커질 수 있기 때문이다. 그러한 삐뚤어진 자세로는 아무리 머리가 좋다 해도 올바른 리더가 될 수 없다. 철학이 없기 때문이다.

리더십의 핵심이 따뜻한 마음으로 사람의 마음을 바로잡아 그 사람을 변화시키는 것인데, 그럼에도 처음에는 추종자의 마음을 사로잡는 척하다 리더가 된 후에 그들을 돌보지 않는 리더도 많다. 그러므로 리더가 되었다면 항상 감시당한다는 생각을 가지고, 자기를 경계하고 수양해야 한다. '구성원은 3시간이면 리더를 알고, 리더는 3년이 지나도 구성원을 모른다'는 말이 있다. 그러기에 리더의 자기 수양과 경계는 리더십의 씨앗이 아닐 수 없다. 가르치는 리더가 아닌 본보기의 리더가 되어야 한다.

진시황은 뛰어난 선견지명과 과감한 결단으로 천하를 얻었으나 일인자가 갖추어야 할 리더십을 갖지 못해 몰락했다. 그는 자신이 천하를 통일했다는 스스로의 업적에 취해 권력과 쾌락에 빠져 들었다. 이 때문에 그가 세운 진나라는 불과 15년밖에 버티지 못하고 무너졌다. 권력과 쾌락에 취하니 그의 주변에는 그것을 이용하는 기회주의자들이 들끓기 시작했고, 나라를 위한 유능한 인재들은 사라졌다.

진시황은 천하를 통일하는 영웅이었지만 나라를 다스리는 현명한 군주는 되지 못하였다. 바로 철학이 없었기 때문이다.

chapter__ 31

행운의 비결은 받아들이기에 달려 있다

우리나라의 장수 리더가 공통적으로 하는 말은 무엇인가? 리더로서 장수할 수 있는 요인, 그리고 결코 하지 말아야 할 것은 무엇인가? 바로 마인드에서는 긍정이었고 태도에서는 정직이었다. 할 수 있다고 생각하는 긍정적인 마음, 즉 어떻게든 해결하겠다는 것이 성공 요인이라는 것이다. 긍정의 힘은 불행한 현실을 녹일 뿐만 아니라 나아가 현실을 뛰어넘는다.

긍정적이어야 한다. 능력 있는 리더는 긍정적이고 진취적이다. 똑같은 일을 해도 구성원을 들들 볶지 않는다. 그러나 능력 없는 리더는 부정적이다. 자신은 하지도 않으면서 구성원에게는 잘못한다고 질책을 한다. 사사건건 참견한다. 구성원은 주눅이 들어

일의 성과도 올리지 못함은 물론 직장 생활 자체가 고통이다.

리더의 태도는 직장의 온도 조절 장치와 같다. 리더의 태도가 좋으면 분위기도 밝아지고, 일하기 편한 환경이 조성된다. 반면 리더의 태도가 나쁘면 구성원이 견디기 힘든 온도가 된다. 숨 막히게 덥거나 얼음처럼 차가운 환경에서는 아무도 일하고 싶어 하지 않는다.

리더십의 중요성은 아무리 강조해도 부족함이 없다. 특히 의사 결정자의 리더십은 더욱 중요한데, 한 사람의 리더십이 조직 전체에 막대한 영향을 미치기 때문이다.

한 주의 시작인 월요일. 그 아침에는 어느 부서나 회의하는 풍경이 벌어진다. 부서원 전원이 주간 회의를 위해 회의실로 모여든다. 리더는 신속하게 기본적인 업무 상황을 챙긴 다음 일정에 대한 설명을 시작한다. 한마디로 잔소리를 하는 것이다. 회의는 일의 일부이지만 경직되어 있다.

어쩌면 당신은 회의실을 가득 채운 구성원에게 의욕을 불어넣고 싶어서 리더라는 자리에 이끌렸을 수도 있다. 그것이 당신의 욕구일지도 모른다. 그러나 진정한 리더는 구성원과 조직의 소통을 우선시한다. 구성원들에게 열정적인 연설이나 잔소리를 하기 전에 정말로 그 말이 필요한지 자문해 봐야 한다. 사람들에게 의욕을 불어넣는 일을 하고 싶다면, 주말에 어린이 스포츠팀의 코치로 자원봉사를 해도 좋다. 때로 리더는 뒤에서 이끌어야 한다.

그동안 리더십에 대한 논의는 대개 긍정적인 측면을 강조하는 경우가 많았다. 예를 들어, 구성원을 인격적으로 대하면 그들의 태도와 행동이 개선되고, 시너지가 발생되어 조직의 성과가 높아진다. 그런데 실제 업무 현장에서 보면 긍정적인 영향을 주는 리더보다는 부정적인 리더가 더 많다는 데 문제가 있다.

부정적으로 생각하거나 자신의 자리를 빼앗길 것을 두려워하는 리더는 다른 리더의 계발을 거의 하지 않는다. 만약 이러한 상황이 당신에게 적용된다면, 당신이 유능한 리더가 되기 위해서는 이러한 문제를 이겨 내야 한다.

리더가 긍정의 영감을 구성원 개개인에게 불어넣으면 이들이 자신의 강점을 찾아 활용하고 자연스럽게 개인의 정신적·물질적 성장은 물론 조직의 성장까지 이어지는 선순환이 일어난다.

미국 해군에서 사관생들 중 가장 유능한 사관생의 특징에 대해 연구했다. 그 결과, 유능한 사관생은 더 긍정적이고 활발하고 감정 표현이 풍부하며, 다정하고 사교적이고 더 고마워하며, 신뢰할 수 있고 친절했다. 그리고 많은 사람들이 그를 좋아한다는 공통점을 가지고 있었다. 최고로 경직된 조직인 군대에서도 이 원칙이 통한 것이다. 그러므로 우리는 절대로 부정적인 사람, 나쁜 사람, 비열한 사람이 되어서는 안 된다.

최고 리더층은 조직을 위해 좀 더 깊이 인식하고, 모범이 될 수 있도록 주의를 기울여야 한다. 아무리 성과를 높이려는 목적이 있다 하더라도 모욕적인 언행을 사용한다면 조직 전체가 영향을 받아 창의력이 떨어지기 때문이다. 직장 분위기도 썰렁하다. 창의력이 넘치는 조직을 만들고 싶다면 먼저 최고 리더의 리더십부터 점검해 봐야 한다.

리더는 자신의 렌즈를 통해 현실을 재해석하는 것이다. 상황이 악화될수록 오히려 리더는 긍정적인 시각을 구성원과 공유하고 소통함으로써 희망을 심어 주어야 한다. 리더의 긍정적인 사고방식은 구성원에게 자신감을 심어 준다. 리더가 주위 구성원에게 긍정적인 이야기를 하며, 그들에 대한 높은 기대감을 지속적으로 드러내면, 그들은 리더가 기대하는 것 이상으로 행동하고 좋은 결과를 낼 수 있다.

인생 행운의 비결은 받아들이기에 달려 있다. 리더의 행운을 가만히 들여다보면 사실 그 문제 자체보다 받아들이는 태도에 더 큰 작용을 하는 경우가 많다.

어려운 때일수록 긍정적인 삶의 가치와 의미를 찾아야 한다. 나름대로 사명과 존재 이유가 있다고 생각한다. 진지하게 자신의 긍정적인 생각을 쌓아 간다. 그러면 언젠가 인생의 꽃을 피우기 좋은 시절을 반드시 만나게 된다. 활기찬 삶과 신나는 인생의 기반은 어려울 때 긍정적인 사고로 만들어진다.

예컨대, 사고가 나서 병원에 입원하게 되었다고 하자. 그러면 흔히 이렇게 생각한다.

'죽지 않고 이만하기 다행이야. 넘어진 김에 쉬어 간다고, 이 기회에 책이라도 많이 읽어 실력이라도 쌓아 놓자. 아마도 큰 병이 생기기 전에 건강관리에 신경 쓰라는 하느님의 계시일 거야.'

즉 모진 리더를 만나 온갖 어려움도 견뎌 냈으니 웬만한 리더 살이는 별 어려움 없이 넘길 수 있을 것이라며 오히려 감사하는 식이다.

부언하면 같은 일이라도 때문에라며 불운을 탓하기보다, 또는 상대방 탓하기보다 덕분에라며 더 큰 의미를 부여해 행운으로 전환시키는 것이다.

이렇듯 긍정적인 리더는 무엇인가가 다르다. '성공한 사람은 넘어지면 앞을 보고, 실패한 사람은 넘어지면 뒤를 돌아본다'는 말이 있다. 성공하는 사람과 실패하는 사람의 차이는 간단하다. 전자는 하면 된다는 강한 신념과 사물을 긍정적으로 바라보는 눈을 가지고 있는 반면, 후자는 하면 될까와 같은 의구심으로 사물을 부정적·비관적으로 바라보는 눈을 갖고 있다.

삶에 지치고 좀처럼 풀리지 않는 문제에 직면했을 때일수록 긍정적인 마음가짐이 중요하다. 어떤 시각으로 세상을 바라보고 대하는지가 삶의 방식을 결정짓는다.

특히 성공한 리더는 어려운 상황에서도 무모하리만큼 긍정적으로 여긴다. 이들은 위기가 와도 순간적이고 경미한 사안으로 받아들여 극복 가능한 일로 생각한다. 반면 비관적인 리더는 이를 영속적이고 광범위하며, 자신의 능력으로 해결하기 힘든 일로 받아들인다. 동일한 현실에 대응하는 반응이지만 결국 다른 결과로 이어진다.

오늘날 우리에게 가장 필요한 것은 효과적인 전략이나 충분한 자금보다, 리더의 긍정적인 사고와 조직 구성원에 대한 신뢰와 기대라 하면 지나친 과장일까?

chapter__ 32

삶의 기본기를 가르치는 운동을 하라

　오늘날 미국이 안전하고 건전하게 유지되고 있는 토대는 스포츠를 통해 모든 국민이 어렸을 때부터 몸에 익힌 운동경기의 규칙 덕이라고 할 수 있다.
　1896년, 첫 근대 올림픽이 그리스에서 열렸다. 그때 올림픽에 참석한 미국 선수단은 12명이었다. 그들은 모두 미국 아이비리그인 하버드 대학교(7명), 프린스턴 대학교(4명), 컬럼비아 대학교(1명) 학생이었다. 그 중 하버드 대학교의 제임스 B 코널리는 육상 세단뛰기에서 금메달, 높이뛰기에서 은메달, 멀리뛰기에서 동메달을 따냈다. 프린스턴 대학교의 로버트 개릿 주니어는 원반던지기와 포환던지기에서 금메달을 땄고, 높이뛰기와 멀리뛰기에서는 각각

동메달을 목에 걸었다. 이후 아이비리그 학생들이 올림픽에서 딴 메달은 500여 개에 이른다. 우리나라 명문대 학생들이나 공부 잘하는 공부 벌레들이 체육에는 젬병인 것과는 매우 대조적인 상황이다.

여기서 스포츠를 즐겼던 리더를 떠올려 보라.

먼저 버락 오바마(Obama, Barack) 전 미국 대통령을 꼽을 수 있다. 그는 스포츠 광이다. 고등학교와 대학교 재학 시절 농구선수로 활약하기도 했다. 하버드 대학교 로스쿨을 다닐 때는 물론이고, 대통령 선거 기간에도 농구를 즐겼다. 조지 워커 부시(Bush, George Walker) 전 미국 대통령도 고등학교 시절 야구선수였고, 그의 아버지 조지 부시(Bush, George) 전 미국 대통령 역시 예일대 야구팀 주장이었다. 제럴드 포드(Ford, Gerald) 전 미국 대통령은 미시간대 재학 시절 미식축구 선수였고, 졸업 후에는 권투 코치와 미식축구 코치를 하기도 했다. 푸틴 블라디미르(Putin, Vladimir Vladimirovich) 러시아 대통령은 유도선수 출신이다. 14살 때부터 유도를 한 그는 러시아의 유도 챔피언과 삼보 챔피언을 지냈다.

운동은 인생에서 기본기를 가르치는 스포츠라 할 수 있다. 미국의 명문 사학들은 전통적으로 스포츠를 중시한다. 하버드 대학교에서는 신입생을 뽑을 때 학업 성적 외에도 과외 활동, 품성 및 인성, 운동 능력 등의 4가지 분야를 평가한다. 특히 중고교 시절 스포츠 선수로 활동하며 주장을 맡은 학생에게 후한 점수를 준다. 리더로서 갖춰야 할 기본을 스포츠를 통해 습득했다는 판단에 따른 것이다. 리더십과 협동심, 성실성, 사회성, 인내력 등을 스포츠를 통해 얻을 수 있다는 것이 아이비리그 대학들의 공통된 인식이다. 그러나 우리의 현실은 어떠한가? 수능이나 대학시험에 체육 점수가 반영이 안 된다는 미명하에 아예 체육 시간을 없애고 있지 않은가?

그런 반면 아이비리그에 학생을 많이 보내는 명문 고등학교들도 스포츠를 필수 과목으로 정해 인성교육의 한 축으로 활용한다. 이 고등학교들에선 학생들에게 스포츠를 통해 단결력과 절제력, 협동심을 키우는가 하면 이기심을 자제하며 자신을 희생하는 것을 강조한다. 하버드 대학교를 비롯하여 명문대는 스포츠 활동을 해야만 학교의 리딩 그룹에 낄 수 있어 내부분의 학생이 스포츠클럽에 가입해 있다. 미국의 대학교는 학생들이 수영, 피트니스(fitness), 농구 등 다양한 스포츠를 즐길 수 있도록 체육 시설을 확보하고 있다.

몸을 움직여야 머리가 좋아진다. 학생들도 운동을 해주어야 뇌가 자극받아 학습능력도 좋아지게 된다. 운동하면 뇌로 공급되는 피와 산소량이 늘어나면서 뇌세포가 활성화된다. 아이와 어른 할 것 없이 운동을 하면 집중력, 성취욕, 창의성이 증가하고, 뇌의 능력도 향상된다. 운동과 체육 수업의 중요성을 깨달은 여러 선진국에서 운동의 중요성을 강조하는 이유 중 하나가 여기에 있다.

어느 시대나 스포츠는 국가의 인재를 만드는 데 중요한 역할을 했다. 그런 만큼 이제 선진국과 후진국의 차이를 운동을 강조하느냐의 여부로 판단할 수 있다. 우리나라에서도 학교 체육을 통해 스포츠 교육을 적극 활용할 필요가 있다.

리더는 탁월한 운동 능력을 갖추어야 한다. 서구 선진 기업 리더와 우리나라 기업의 리더 이력에는 주목할 만한 차이점이 있다. 우리 나라의 기업에는 일류 대학 출신인, 학벌이 좋은 학술형 리더로 운동에 젬병인 리더가 많은 반면 선진 서구 선진 기업에는 탁월한 운동 능력을 보유한 체육형 리더가 많다는 점이다.

영국 500대 기업 최고 리더 중 70퍼센트 이상이 학창시절 스포츠팀 활동 경험이 성공적인 리더로 성장하는 데 결정적인 영향을 미쳤다고 답변했다. 응답자 중 50퍼센트 정도는 학창시절 스포츠 관련 우수상을 받았거나 스포츠팀 주장을 역임했다고 한다. 미국 기업 역시 인재를 선발할 때 체육인을 우대한다. 학창시절 자신이 만능 스포츠맨이었다고 뽐내는 리더가 많다는 사실이 그 방증일 것이다.

본론으로 돌아오면 운동을 좋아하는 사람은 정직이나 원칙을 강조한다. 운동은 말 그대로 정직하다. 노력하여 땀 흘린 만큼 결과를 얻을 수 있다. 그래서 매력이 있는 것이다. 이때 좋은 성적을 내려면 선수 간에 호흡을 맞춰야 하고, 코치나 감독의 주문 사항을 귀담아 듣고, 경기에 적용해야 한다. 선수가 받아들여야 할 가장 중요한 것은 코치나 감독 말의 경청이다. 혼자만이 잘난 무소불위(無所不爲)라는 자만심으로는 좋은 성과를 낼 수 없는 것이 바로 팀 운동이기 때문이다.

아무리 지식 정보가 중요한 사회가 와도 지식으로만 무장한 인사는 탁월한 리더가 될 수 없다고 본다. 리더란 개인적인 지적 능력보다는 구성원들을 이끌어 조직 목표를 구성하는 사람이기 때문이다. 이러한 이유로 리더는 항상 크고 작은 위험에 노출되어 있고 예상치 않은 난관에 봉착하여 늘 스트레스에 시달리게 된다.

스트레스 해소 방법으로 가장 좋은 것은 운동으로 흘리는 땀이다. 담배도 술도 운동으로 흘린 땀을 능가할 수 없다. 운동은 기분을 좋게 하고, 감정을 안정시켜 스트레스 호르몬 분비를 감소시키는 역할도 한다. 땀 흘려 운동을 하고 난 후에 느끼는 기분 좋은 상쾌함이 이를 증명해 준다.

사실 리더는 엄청난 스트레스에 시달린다. 이러한 압박감으로부터 벗어나기 위해서는 운동과 독서가 가장 좋은 방법이다. 그렇지 않으면 헤어나기 어려워 회피하고, 구성원에게 전가하고, 구성원을 피곤하게 만든다.

운동은 리더십의 기본 자질을 키워 준다. 운동을 하다보면 예측하지 못한 다양한 상황이 발생한다. 경기 중에는 용기를 발휘해 밀고 나아가야 할 때와 과감히 포기해야 할 때가 있다. 서로 협력해야 할 때도 있다. 상황에 따라 선택을 하고, 결정을 해야만 한다. 이러한 것들이 리더십을 키워 주는 기본 자질이 된다.

흔히 많은 운동을 인생에 비유한다. 마라톤을 한 사람은 인생을 마라톤에 비유한다. 야구를 한 사람은 야구를 인생에 비유한다. 흔히 야구를 인생의 축소판이라고 말한다. '그저 오락거리일 뿐인 야구 경기 한판을 보면서 인생에 비유하다니, 지나친 비약이 아닌가 하는 생각이 들 수도 있다. 그러나 공 하나, 아웃카운트 하나에 울고 웃으며 흙투성이 그라운드를 뛰고 구르는 선수들의 모습을 볼 때 우리의 가슴은 어떠했는가? 또 9회 말 2 아웃에서 짜릿

한 대역전의 드라마를 펼치는 경기를 보면서 우리는 말할 수 없는 감동과 전율에 휩싸이지 않았는가?

　가만히 생각해 보면 우리가 야구를 통해 얻을 수 있는 교훈은 무수히 많다. 농구 선수들은 '농구가 인생의 축소판이기에 농구를 통해서 사회를 배울 수 있다고 말한다. 그들이 말하는 성공 조건은 단순하다. 운동을 잘하기 위해선 평소 생활부터 기본을 지켜야만 가능하다는 것이다.

　운동을 하면 체력이 좋아지는 것은 당연하다. 몇 년간 지속적으로 하면 놀랄 만큼 좋아지게 된다. 내 경험을 말하는 것이다.

　체력이 좋으면 일상생활에서 안전사고도 막을 수 있다. 사고를 당한다 해도 덜 다친다. 노인들은 유연성이 높아지고 전반적인 삶의 질도 좋아진다. 근력과 평형감각이 좋은 노인들은 낙상 등 사고를 잘 당하지 않게 된다. 운동 능력은 각종 안전사고를 줄여준다. 스포츠를 통해 순발력과 민첩성을 키우고 근력과 평형감각을 키우면 보행 중 교통사고를 비롯하여 돌발 상황을 모면할 가능성이 높아진다. 그리고 근력이 좋고 순발력이 있으면 위험 상황에 좀 더 빨리 대처할 수 있다. 넘어질 상황에서도 한발 먼저 내디뎌 중심을 잡을 수 있다. 넘어지더라도 부상을 최소화할 수 있는 능력을 갖게 된다.

　운동을 몸의 건강함을 위해, 몸을 우람하게 만드는 걸로 오해하는 건 어리석은 일이다. 몸이 딱딱해지면 예민함도 줄어들고, 정치 성향도 완고해지게 된다.

　최근 한 연구 결과에 따르면 "운동하지 않아 덩치가 큰 남자나 여자가 분노를 더 표출할 가능성이 크다"고 한다. 내 주위를 둘러보면 운동을 전혀 하지 않아 고도 비만인 분이 있다. 그를 유심히 살펴보면 사사건건 시비조에 툭하면 싸울 뿐만 아니라 불평불만도 많다. 근육량이 적으면 대화를 하고 타협을 시도하기보다는 상대를 제압하는 쪽을 선택하게 된다. 상대편에 지고는 못 배긴다. 몸이 유연하지 못하기 때문에 정신도 유연하지 못하다. 몸과 마음은 밀접하여 정신이 유연하지 못하면 몸도 유연하지 못하다.

운동을 해서 근육량이 쉽게 붙는다는 사람은 마음에 문제가 많은 사람이다. 영혼이 맑은 사람은 운동을 해도 근육질이 잘 생기지 않는다. 속 근육이 생길 뿐, 바깥으로 드러난 근육은 잘 생기지 않는다. 과거 칸트(Kant, Immanuel)를 비롯한 수많은 철학자들이 산책을 즐겨 한 이유이기도 하다.

그래서 리더라면 야외에서 유산소운동을 해야 한다. 긍정적인 사람, 마음이 맑은 사람, 정신력이 강한 사람은 근육 운동을 한다고 해도 근육이 잘 생기지 않는다. 몸에 열이 많아 열정적이기 때문이다.

크게 성공할지 못할지는 운동을 해보면 잘 알 수 있다. 육체미가 그럴듯하게 균형 잡힌 사람들이 있다. 이런 사람들은 성공하기가 어렵다. 정신력이 강한 사람, 즉 성공할 수 있는 사람의 몸매를 보면 아무리 근육 운동을 한다 해도 상체 근육이 잘 생기지 않는다. 운동을 심하게 하면 몸에 이상이 생기며, 근육이 잘 붙지 않는다. 몸매에 근육이 생긴 사람은 크게 성공하기 어렵다.

일반적으로 운동을 하는 사람은 그렇지 않은 사람에 비해 생활 습관이 건전한 경우가 많다. 운동을 하기 위하여 일찍 자고 일찍 일어나며, 가능하면 해로운 음식이나 술을 절제하고, 담배를 멀리 하는 경향이 있다. 이런 것들이 질병 치료와 예방에 유익하게 작용한다. 더 나아가 자기관리 수단이 되기도 한다.

운동으로 생각이 풍부해지고 체력이 강해져서 훌륭한 작가나 스포츠맨이 되기도 한다. 운동은 몸 건강뿐만 아니라 정신적으로 자신의 지조, 근면과 성실 근육도 강하게 단련시킨다.

우리 모두는 지적 생활에 맞는 두뇌를 타고났고, 모든 인간은 지적인 삶을 살아가도록 만들어졌다. 우리는 그렇게 진화되어 왔다. 그러므로 누구든 신체 단련의 기회를 만들어 지적 생활로 인한 두뇌의 피로를 풀어주어야 한다. 그것이 바로 운동이다.

그러나 몸을 움직이지 않으면 소화력과 흡수력이 약화되어 신선한 영양소가 가득한 혈액을 제때 머리로 공급해 주지 못하게 되어 문제를 일으키게 된다.

우리의 뇌는 상당히 많은 양의 혈액을 필요로 한다. 리더와 같이 머리를 많이 사용하는 지적 노동에서는 더 많은 혈액을 필요로 한다. 그 때문에 과도한 정신 노동자들에게서 자주 목격되는 고통, 스트레스가 야기되는 것이다. 강렬하게 불타오르는 정신을 나약해진 육체가 받쳐주지 못한 데서 비롯된 병이다.

육체적인 활동과 정신적인 지적 생활은 별개의 것이 아니다. 불가분의 관계다. 뛰어난 문학가들, 특히 오랜 세월 위대한 작가로 불려온 대가들에게는 풍부한 운동 경험이 있다. 그들에게는 육체는 가장 훌륭한 소재였다. 그들이 몸을 움직일 때마다 소재는 다양해졌고, 인물은 풍부해졌으며, 문체는 생동감을 누렸다. 그뿐만이 아니다. 위대한 과학자는 하나같이 운동을 공부했다. 자신의 신체 특성에 어울리는 육체적 활동을 고안해 냈다. 그 발견은 곧 위대한 발명의 학설로 이어졌다. 감각적이고 사색적인 화가들은 어떤가? 그들은 낯선 곳으로 망설임 없이 걸어갔다. 그 와중에 만난 사람들, 풍경들, 경험들이 캔버스에서 위대한 예술로 재탄생하는 것을 우리는 수없이 목격했다.

철학자들이라고 다를 바가 없었다. 철학자의 길이라는 말이 나올 정도로 산책을 하면서 사색에 몰두하였다. 육체적으로 움직이면서 내면에 잠재된 역량을 최대한 끌어내었다.

체력이라는 것은 며칠 밤을 새는 육체적 체력만을 의미하지 않는다. 극한 상황에서도 당황하지 않고 차분하게 일을 처리할 수 있는 정신력도 체력이다. 따라서 체력이 바닥난 상태에서 정신력에 의존하여 무언가를 한다는 것은 허상에 불과하다.

운동하면 흔히 건강을 위해서 하는 것으로 생각하기 쉽다. 그러나 운동은 건강만이 아니라 자신의 운명 관리에서부터 자기 관리, 더 나아가 조직관리, 기업관리에까지 적용할 수 있다.

다음은 운동을 통해 기업에 적용하여 성공한 사례다. 자랑스러운 중기인으로 뽑힌 배관 제조 업체 ○○○ 대표를 만나보자. 그는 40여 년간 폴리에틸렌 수도관, 가스관, PVC(폴리염화비닐) 통신관 등 플라스틱 관 제조 업체에 종사한 전문가다. 배관 업계의 실력자인 그는 검객으로도 유명하다. 그는 검도를 경영에 접목해 회사 성과를 키우고 있다. 그런 그는 "검도에는 경서 1만 권이 들어 있다"고 말한다.

똑바로 행동하는 정행이 원칙이다. 검도 이치를 공부하면서 자신의 자세와 행동도 반듯해졌다는 것이다. 그래서 회사 사훈도 올바름을 세우자는 의미의 '입정(立正)'으로 세웠다 한다. 그러면서 그는 "검도가 갖고 있는 예의 문화를 회사에 전파하다보니 구성원 사이에 이익보다는 의를 중시하고, 존중하는 문화가 생겼다"고 말했다. 이어서 "구성원들이 애정을 가지고 진검 승부하듯 기술 계발에 매진하니 자연스레 성과로 이어지곤 한다"고 덧붙였다.

chapter__ 33

어진 사람은 귀가 크다

옛말에 '어진 사람은 귀가 크다'고 했다. 덕장으로 묘사되는 유비의 어린 시절 별명이 귀가 큰 아이였다. 유비가 어떤 상황에서도 평정심을 잃지 않는 온화하고 침착한 군주로서 백성들의 존경을 받을 수 있었던 것은 그가 자신의 큰 귀로 끊임없이 다른 사람의 말을 경청하고, 그들의 입장을 이해하려고 노력했기 때문일 것이다.

경청해야 한다. 성공한 사람들은 대개 말하기보다 듣는 것을 우선으로 했다. 칭기즈 칸(Jinghis Khan)은 잘 듣는 사람의 대표자였다. 그는 역사상 최대의 영토를 정복하였다. 정복을 만든 힘은 경청이었다. 반면 ○○○는 장군으로서는 성공했지만, 대통령으로서는 실패했다고 한다. 듣기가 문제였다. 그는 장군이었을 때는 잘 들었지만, 대통령이 되었을 때는 듣기보다 보고서 읽기를 더 많이 했기 때문이라고 한다.

예나 지금이나 자신이 속한 단체나 나라의 리더가 잘못을 범하였을 때 찾아가서 이를 바로 지적할 수 있는 용기를 가진 사람은 많지 않다. 그리고 지적을 당했을 때 자신의 잘못을 깨닫고 반성하거나 시정할 수 있는 리더 찾기도 쉽지 않다. 사실 우리 모두는 그 누구도 완벽하지 않다.

역사적으로 볼 때 리더의 잘못을 지적하거나 직언하다 목숨을 잃거나 불이익을 당했던 경우가 많다. 그만큼 직언하는 사람을 가까이 두기 어렵고, 설령 가까이 두었다 해도 귀담아 듣고 실천하기는 더욱 어렵다.

대화에서 가장 중요한 것이 경청이다. 경청은 그냥 듣는 게 아니라 자기를 비우고 상대방에게 집중하는 것이다. 대화는 상대방이 왜 옳은지를 바라보고 상대방의 주장에 공감하는 과정이다. 그리고 상대방의 눈에 비친 나를 보는 과정이기도 하다.

자신의 주관을 굽힐 수 있을 때 비로소 대화의 가능성이 열리게 된다. 상대방의 주장을 경청하는 것은 바로 그 굽힘의 한 실천이라 생각한다. 쉽게 말해 내 경험과 지식이 상대와 다를 수 있다는 것을 인정하는 것, 즉 자기의 주관을 포기할 수 있는 자기 절제와 용기가 필요하다. 자기 절제와 용기가 없으면 경청할 수 없고 불통된다. 리더가 불통이라는 말을 많이 듣는 이유가 바로 여기에 있다. 고집불통은 자기 이외의 것을 배제하고 억압하여 결국 전체의 불균형을 초래하기 때문에 지속적인 발전을 기대하기 어렵다. 결국 불통이 망하는 단초를 제공하는 셈이다.

진정한 리더라면 자신에 대한 비판이나 충고를 받아들이는 것, 이것은 일종의 능력이며 실력이다. 자신이 불리하거나 괴로운 상태에 빠졌을 때, 그 괴로움을 순순히 받아들인다는 것은 인간적인 성숙과 도량이 없으면 불가능하다.

실력이 없는 리더일수록 그 부담을 피하려고 변명을 늘어놓기 마련이다. 다른 사람의 충고를 받아들일 수 있다는 건 그만큼 스스로에 대한 자부심과 여유가 있다는 것을 나타낸다.

소통을 못하는 사람의 공통점은 무엇인가? 말을 매우 살한다는 점이다. 자기중심적 태도에 자기 확신이 겹치면 난공불락의 고집 불통이 된다. 내가 중요하게 생각하는 것을 상대도 중요하게 여길 거라 철석같이 믿을 때, 상대는 절벽에 대고 말하는 절망감을 느낄 수 있다.

'리더의 지능은 소통지수와 반비례한다'는 말이 있다. 리더는 늘 자신의 이야기를 하려 하지 남의 말을 잘 들으려 하지 않는다. 특히 자신이 똑똑하고 잘났다고 생각할수록 더욱 남의 말에 귀를 기울이려 하지 않는다. 그러나 남의 이야기를 듣지 않고 자신의 고집과 편견을 주장하며 일을 결정하면 그 결과는 좋을 수 없다. 리더가 똑똑할수록 독단적으로 일을 결정하기 쉽다. 자신만이 100퍼센트 옳다고 주장하면 상대방이 들어올 틈이 없다. 상대방의 의중은 아랑곳하지 않고 자신의 의도만 일방적으로 전달하면 튕겨 나온다. 자신도 틀릴 수 있다는 것을 인정하고 받아들여야 상대와 통하게 된다. 자신이 변화해야 소통이 가능하다. 변화란 편견과 아집에 머물지 않고 끊임없이 자신을 성숙시켜 확대하는 것이다. 소통이란 타인과 교류하며 서로 간에 권리와 의무, 이해와 신뢰를 주고받는 것이다. 이러한 변화와 소통을 위해서는 전체적인 상황에 대한 이해와 지식이 필요하다.

소통하려면 기본적으로 자신의 생각을 전달하려는 의도보다 내 생각을 점검하고, 상대의 의중을 알아보려는 마음이 앞서야 한다. 내가 변해야 한다. 나를 비우고 상대의 마음을 담으려 해야 한다 마크 로버트 폴릴은 『역사를 바꾼 50인의 위대한 리더십』에서 위대한 리더의 조건 중 하나가 "리더에게 거슬리는 말을 해 주는 사람을 옆에 두는 용기를 가진 사람"이라 기술하고 있다.

그럼 폴릴이 왜 용기라는 말을 사용했을까? 그것은 그 일이 그만큼 어렵기 때문에 용기가 있어야만 가능하다는 사실을 잘 알았기 때문이다. 나아가 폴릴은 "귀에 거슬리는 소리를 하는 사람의 말을 듣고 나서 기꺼이 자신의 생각을 철회하는 사람이야말로 위대한 리더의 조건"이라고 덧붙였다.

경험이 많은 리더는 다른 사람을 자신이 원하는 방향으로 이끌기 전에 그들의 말을 경청한다. 토미 프랭크스(Franks, Tommy) 장군의 말을 직접 들어 보라.

"유능한 장군이라고 해서 실수가 없는 것은 아니다. 내적으로 갈등이 많다. 군이 누군가에게 장군의 책무를 맡기면서 거기에 필요한 현명함까지 배급해 주는 것은 아니기 때문이다. 장군이 되어 병사들을 통솔하는 것은 단순히 전략을 짜고 명령을 내리는 것과는 다르다. 사실 위에서 통솔하는 장군보다 여단 및 대대를 지휘하는 장교, 중대장, 소대장 등이 각자가 맡은 단위의 강점과 약점을 더 잘 안다. 무엇보다 현장을 잘 안다는 점이다. 그러므로 성공적으로 통솔하는 장군은 구성원의 말을 주의 깊게 경청한다."

소통은 정직하고 투명해야 가능하다. 자꾸 가리고 숨기고 배제하면 거짓이 되고, 의혹이 되고, 적이 되어 불통이 된다. 열려 있지 않으면 진짜가 아니다. 그리고 자꾸 닫는 것은 어딘가 구린내가 나는 이유가 있다는 사실이다.

구성원이 잘 따라오지 않을 때 더욱 열심히 들어야 한다. 따라오지 않는다고 해서 강압적으로 할 필요가 없다. 더 강한 추진력을 찾을 필요도 없다. 꾸짖을 필요도 없다. 구성원의 말을 경청하면 훨씬 더 잘 다룰 수 있다.

지금 당신의 구성원들이 심리적으로 안전하다고 느끼는가? 그들이 언제든지 질문을 하거나 의견을 내놓거나 이의를 제기할 수 있는가? 만약 그렇게 할 수 없다면, 그들은 그렇게 할 수 있는 상황만큼 의욕을 갖지 못할 것이다. 구성원들이 심리적으로 안정감을 느끼게 하는 것은 리더인 당신의 몫이다. 이런 상황을 조성하려면 많은 노력이 필요하다.

노력의 일환으로 구성원들의 질문과 의견을 기꺼이 경청해야 하며, 그들의 아이디어를 받아들여 실무에 접목해야 한다. 그들이 참여하고 질문하고 지적하고, 문제 제기까지도 가능하다는 사실을 명확히 밝혀야 한다. 그리고 그들의 이 같은 행동을 더욱 장려해야 한다. 최고의 효율성을 유지하려면, 구성원들이 심리적으로 안정되고, 팀 분위기가 민주적이라고 느껴야 한다.

훌륭한 리더라면 구성원의 충언에 항상 귀를 열어 두어야 한다. 유방은 항우보다 능력이 떨어졌지만 한신이나 소하 등 참모들의 충언을 항상 받아들였기 때문에 천하를 차지할 수 있었고, 당태종 이세민도 위징, 방헌령의 간언을 잘 받아들였기 때문에 정관의 치라는 태평성대를 열 수 있었다. 그러나 이런 유형의 리더는 그리 많지 않았고, 대부분 간언을 싫어했다.

이는 '순리를 따르는 자는 흥하고 순리를 거스르는 자는 망한다'는 옛말을 상기시킨다. 자연의 이치는 작은 것 같지만 인간이 범접할 수 없이 크고 위대하다.

위대한 리더에게는 반드시 리더 못지않은 위대한 구성원이 있다. 즉 위대한 리더에게는 충복처럼 따르는 사람이 많다는 뜻이다. 그 중 리더에게 진정 필요한 충복은 맹종하라는 것이 아니라 리더의 지침에 따르면서도 리더의 잘못에 대해서는 과감하게 간언하는 사람이다. 사실 순명하며 리더를 잘 따르는 사람 중 리더의 말에 무조건적으로 순응하는 사람은 리더가 위기에 봉착하면 슬그머니 꽁지를 빼는 경우가 적잖이 있다. 하지만 리더의 지시에 따르면서 리더의 잘못된 언행에 대해 간언하는 사람은 리더가 어려움에 처하면 오히려 헌신하며 리더를 구한다. 물론 대부분의 리더는 간언하는 구성원보다 잘 따르는 구성원을 좋아하기 마련이다.

그렇긴 하지만 시키면 시키는 대로, 부르면 부르는 대로 무조건 달려오는 충실한 사람이나 구성원이 주변에 있다는 것은 정말 기분 좋은 일이다. 원하고 바라는 것에 대해 손발이 되어 움직여 줄,

충성을 다하는 사람은 효율적인 조직 운영에 반드시 필요하기 때문이다. 그러나 주변에 리더의 말을 무조건 따르는 사람들만 있는 것보다는, 분명한 자기 소신과 판단력을 가지고 리더의 문제점을 지적해 주고, 가서는 안 될 길을 가지 않도록 말리는 사람이 있어야 한다.

리더의 말에 토를 달고 반대하는 사람이 비록 눈엣가시 같아도 거시적으로 보면 리더에게 큰 도움을 주는 사람일 수 있다. 그저 자기가 가지고 있는 작은 영역을 지키고자 하는 사람에게는 필요 없지만 천하를 도모하기 위해서는 리더보다 지위가 낮은 데도 불구하고 늘 자문을 구하고 존경을 표하는 구성원이 주변에 있어야 한다. 이른바 조직에 예스맨만 있어서는 큰 꿈을 이룰 수 없다. 아니오라고 말할 수 있는 사람이 몇 명은 있어야 진정 대사를 도모할 수 있다. 잘못하는 부분을 고쳐서 제대로 할 수 있다.

무엇이든 변화하면서 흐르지 않고 한 곳에 고이면 썩는다. 또한 소통되지 못할 때는 싸움을 낳기 쉽다. 개인이 이룬 재산과 소유물은 사적인 것이건 공적인 것이건, 그것이 독점되어 썩지 않고 사회로 소통되고 분배되어 다시 새로운 재화를 창출해야 한다.

리더도 이와 마찬가지로 자기만의 독단과 편견을 버리고 여러 사람의 말에 귀를 기울일 수 있어야 한다.

요컨대 리더가 충언을 들어주느냐 묵살하느냐의 여부에 따라 충언도 하고, 간언도 할 줄 아는 구성원이 생긴다는 점이다. 어디에서나 윗사람은 귀를 활짝 열어 구성원들의 말과 뜻을 잘 청취하여 수렴한 의견을 경영에 반영하고, 자기 자신을 바르게 하여야 구성원들을 잘 거느리고 다스릴 수 있다. 예나 지금이나 남을 다스리려면 리더 자신부터 잘 다스리는 수신이 필요하다.

많은 사람들이 우러러본다 해서 자만과 독선에 빠져서는 안 된다. 아무리 역량이 뛰어나고 지혜가 출중하다고 해도 거기에는 한계가 있는 법이다.

사람들의 의견과 비판을 경청할 줄 아는, 겸허하고 열린 마음을 갖고 있어야 한다. 그것이 리더의 덕목이다. 그야말로 리더는 그릇이 커야 한다. 그릇이 큰 리더는 잘못된 것을 비판하는 구성원의 말을 경청한다.

chapter__ 34

종횡무진 책 읽기를 하라 3

책은 사람을 위대하게 만든다. 책을 읽지 않고서 최고가 된 리더는 드물다. 하지만 책을 읽어서 최고가 된 리더는 많다. 먼 곳에서 찾을 필요도 없다. 정주영 같은 리더를 비롯하여 빌 게이츠, 오프라 윈프리, 버락 오바마, 나폴레옹, 윈스턴 처칠, 마오쩌둥도 엄청난 양의 책을 읽었다.

영국의 수상이었던 윈스턴 처칠은 어렸을 적 성적이 늘 꼴찌였다고 한다. 절망에 빠져 학업을 포기하려던 처칠에게 어머니는 하루 5시간씩 책을 읽으라는 처방을 내렸다. 그렇게 10년을 보낸 후 처칠은 그전과는 180도 바뀐, 영리하고 공부 잘하는 학생으로 거듭날 수 있었다. 그래서 20대에 국회의원에 당선되고, 제2 차 세계

대전에서 승리의 주역이 되었다. 더 나아가 노벨 문학상을 수상하는 등 역사에 길이 남는 위인이 되었다. 그런 면에서 어떻게든 독서 시간을 확보하는 것이 중요하다. 그러한 시간이 꾸준히 축적되면 어느새 처칠처럼 훌륭한 사람으로 성장하여 뛰어난 사회적 성공을 거두는 자신을 발견하게 될 것이다.

그런가 하면 뛰어난 건축가들도 독서를 통해서 자신만의 사유와 철학을 형성한 덕분에 독창적인 건축물을 만들어 낼 수 있었다. 잘 알려진 투자자들도 하나같이 책을 많이 읽어 세상과 자본주의 사회가 어떻게 돌아가는지를 꿰뚫어 보는 통찰력을 가졌다.

빌 게이츠는 새로운 아이디어와 영감을 얻기 위해서 학습과 독서를 게을리하지 않았다.

워런 버핏은 세계에서 가장 위대한 주식 투자자로 칭송 받는 만큼이나 공부를 많이 한 사람으로 유명하다. 그는 "투자자로 성공하려면 무엇을 해야 하느냐"라는 질문에 이렇게 말했다.

"손에 잡히는 대로 읽어라."

그는 매일 책을 몇 시간씩 읽고 생각하는 것만으로도 투자에 성공할 수 있음을 몸소 보여주었다. 그는 자본 시장의 판도를 바꿀 만큼 영향력이 큰 투자 전문가임에도 불구하고, 지금도 기업의 주식을 사면서 해당 기업에 대한 분석과 공부를 게을리하지 않는다고 한다. 늘 배운다는 자세로 투자하고, 실패한 투자에서는 실패의 교훈을 배운다고 한다.

운동선수도 책 읽기를 게을리하면 대형 선수가 되기 어렵다. 스포츠는 기업이나 조직에만 도움이 되는 것이 아니다. 자기 경영에 절대적인 영향을 미치게 된다. 그래서인지 운동선수로서 책도 읽고 공부도 하면서 훌륭한 성적을 낸 선수의 이야기를 들어 보면 상당히 공감이 가는 부분이다. 이는 내가 직접 책을 읽으며 직장의 업무에, 더 나아가 삶에 적용하면서 경험했기 때문에 말하는 것이다.

일류 운동선수가 되려면 스피드, 체력 등 신체적인 능력을 중시하는 경향이 있다. 하지만 실제로 신체적인 능력과 별개로 뇌가 커다란 영향을 미친다는 점이다. 어린 선수에게 무리한 체력 훈련을 강요하거나 학교 수업을 제외시키는 상황은 유능한 선수의 탄생을 막는 요인이 될 수 있다. 선신국에서 운동선수에게 학교 교육을 의무화시키는 원인이 몸과 정신의 균형을 유지하는 데 있다.

일류 운동선수인지 그저 그런 선수인지는 삶의 태도에서 엿볼 수 있다. 경기를 하기 위하여 비행기 탑승 시간을 기다리는 동안, 또는 비행기 탑승시 비행기 안에서 책을 읽는 선수가 있는데, 바로 이런 선수가 일류다. 운동선수이기에 책 읽기를 소홀히 한다는 그 자체가 보통 수준을 능가할 수 없다. 선배 선수들이 공통적으로 하는 말은 '현역 때 비행기에서 책을 열심히 읽던 선수가 나중에 좋은 리더가 되더라'고 입을 맞추듯 이야기한다. 상당히 실감이 가는 이야기다.

어느 일류 야구 선수는 재미있게도 목표 달성 용지의 운 항목에 책읽기를 적어 놓은 후 실천하고 있었다. 책을 많이 읽어야 행운이 찾아온다고 믿었기 때문이다.

대형 선수! 무엇이 이들을 영웅으로 만들었을까? 바로 독서다.

책을 많이 읽으면 최고의 삶을 산 이들의 사고방식과 의식이 고스란히 자신의 것이 되기 때문이다. 평범한 사람과 위대한 사람의 차이는 세속적 능력의 차이가 아니라 사고의 질적 차이다. 그리고 그 차이를 만들어 내는 것이 책 읽기다. 특정 분야의 고수와 하수의 차이는 기술적 실력이나 업무 능력의 차이만 가지고 말할 수 없다. 이 같은 실력 차이는 기껏해야 두세 배를 넘지 못하기 때문이다.

하지만 의식 또는 사고력의 차는 성공과 실패라는 결과물로 나타나는데, 그 차는 100배 이상 벌어질 수 있다. 그럼에도 불구하고 눈에 보이지 않기 때문에 실감하지 못할 뿐이다. 그런데 그러한 것들을 실감하게 해 주는 것이 아이러니컬하게도 돈이다. 어떤 사람은 1년 연봉이 1,000만 원이지만 어떤 사람은 몇 억 원이 된다.

책을 읽지 않고 최고가 된다는 것은 정말 상상조차 할 수 없다. 나아가 어떤 분야에서든 책 읽기가 바탕이 되지 않고는 최고의 자리를 오랫동안 유지하기 어렵다.

chapter__ 35

원석 그 자체로는 진가 발휘 못한다

리더십도 학습이 요구된다. 즉 준비가 되어야 한다는 의미다. 어느 조직이나 처음 직장 생활은 말단에서부터 시작한다. 실무자가 하는 일은 전문적인 기술을 요하는 일이다. 크든 작든 조직에서 일하는 직장인이라면 나이가 들면서 자연히 직급도 올라가면서 중요한 역할을 맡게 된다. 자신을 위함은 물론 조직의 발전을 위해서 더욱 그렇다.

단 직장 경력이 올라갈수록 그에 맞는 리더십이 갖춰지기는 하지만 준비되어 있지 않은, 학습되어 있지 않은 리더십은 편향적이고 아집이 될 수 있다. 그 편향적이고 아집적인 리더십 때문에 수많은 직장인이 힘들어하고 있다. 어느 조직이든 리더십 학습은 필수적이다.

처음부터 위대한 리더가 될 수 있는 자질을 가지고 태어난 사람은 1퍼센트도 채 되지 않는다. 오히려 끊임없는 학습과 훈련을 통해서 위대한 리더가 길러지는 것이다.

리더십을 터득하는 과정도 다르지 않다. 때가 되었을 때 성공적으로 리더십을 발휘하고 싶다면 미리 가능한 많은 것을 배워라. 리더십을 발휘할 수 있는 위치가 되기 전에 말이다. 리더는 배움의 중요성을 알아야 한다. 끊임없이 배워야 한다. 그들의 태도에서 중요한 것은 배운다는 자세와 함께 배우려는 마음을 지키려는 태도다. 모든 리더가 배우려는 마음을 갖고는 있지만 성공한 리더는 그것을 언제나 주도적으로, 그리고 반복적으로 실행한다는 것이다.

리더가 반드시 실천해야 할 의무는 조직의 발전과 성과가 아니다. 후배, 구성원에게 배우려는 자세. 구성원에게 가르침을 받을 용기가 있는가? 여기에서 리더의 수준이 결정된다.

'경쟁자에게 자극받고 배우는 사람이 성장한다'는 말이 있는데, 경쟁자는 자신과 비슷한 수준이라고 마음속으로 인정한 사람이다. 그런 사람한테 배우는 것은 어렵지 않다. 하지만 내가 데리고 있는 사람에게 모르는 것을 묻는다는 것은 여간 용기를 필요로 하는 일이 아니다. 하지만 이러한 순간의 창피함을 무릅쓰면 이후 10년은 무난하게 유지될 수 있다고 하면 과장일까?

'묻는 것은 그때의 창피요, 묻지 않는다는 것은 평생의 창피'라는 말처럼 손해는 고스란히 나에게 돌아오는 법이다. 창피한 경험을 하는 것은 나쁜 게 아니다. 모르는 것을 부끄러워하지 마라. 모르는 게 있으면 아는 사람한테 물어보면 된다. 물론 물어보는 것은 창피한 일이지만, 모르는 것을 물을 수 있으니까 그 사람은 성장할 수 있는 것이다. 정말로 똑똑한 사람은 자기가 모르는 것을 주저 없이 묻는다. 그러니 오늘부터 다 같이 창피한 경험을 해 보라. 마음에 새겨진 상처로 창피한 경험을 하면서 배운 것은 평생 잊히지가 않는다. 그래서 모르는 것은 그 즉시, 그리고 솔직하게 묻는 것이 상책이다. 그 일을 해낼 수 있다면 리더로서 더없이 용감하고 대담한 성품을 가졌다는 증거다.

아무리 재능이 뛰어나다고 해도 공부를 통하지 않고는 그 재능을 발휘할 수 없다. 아무리 귀한 보석도 원석 그 자체로는 진가를 발휘할 수 없다. 보석 세공사의 손에 의해 정성껏 다듬어져야 진정한 가치를 인정받는다.

사람 역시 어느 분야든 간에 학문을 통하지 않으면 재능을 발휘할 수도, 숨겨져 있던 잠재력을 발휘할 수도 없다.

천하를 얻는 것은 말 위에서 이뤄지지만, 천하를 다스리는 것은 책상 위에서 이뤄지게 된다. 공부하지 않는 사직이 천년을 이어갈 수 없다. 말 잔등에서 천하를 얻었다고 말 잔등에서 천하를 다스릴 수 있겠는가? 나라를 세우는 것은 말을 달리며 영토를 정복하면 가능하지만, 나라를 세운 후 말을 달리며 싸움을 하듯 나라를 다스릴 수 없지 않는가?

나라를 유지하고 발전시키려면 나라를 정복하는 방법과는 다른 방법을 통해야만 가능하다. 그 방법이 바로 공부로 터득하는 것이다. 천하를 얻는 방법과 천하를 다스리는 방법이 다르기 때문이다.

이는 오늘날 리더들에게도 통하는 말이다. 특히 간난신고(艱難辛苦) 끝에 자수성가한 리더일수록 자신의 현장 경험은 훌륭하지만, 맨땅이 아닌 다른 지형에 적응하려면 또 다른 배움이 필요하다. 이론을 통해 경험을 체계화하고 확장해야 저 높은 곳으로 한 단계 나아가는 것이 가능하다.

전술한 바와 같이 조선시대를 통틀어 가장 위대한 임금이라고 감히 단언할 수 있는 세종 대왕. 무엇이 그를 그토록 위대하게 만들었을까? 바로 평생 지속한 공부의 덕이었다. 그는 임금의 위치에 있으면서도 과거를 치르는 선비 못지않게 공부하고 또 공부한 임금이다. 세종 대왕의 놀라운 통치력과 경영의 힘은 모두 끊임없이 공부하는 습관에서 비롯되었다.

그는 한밤중에도 책을 읽었다. 식사 중에도 좌우에 책을 펼쳐놓고 보았다. 궁중에 있으면서 손을 거두고 한가히 앉아 있을 때가 없었다.

『세종실록』에 의하면 "세종은 몸을 축내면서까지 밤새 공부에 몰입한 적이 많았다"고 전한다. 임금이었지만 신하들에게 지시나 하고 자신은 쉬는 사람이 아니었다. 그 어떤 신하보다도 더 열심히 공부를 하였다.

왜 나라의 최고 자리에 올라섰는데도 그렇게 고단하게, 힘들게 멈추지 않고 공부한 것일까? 임금이라도 공부하지 않으면 아무짝에도 쓸모없는 인간이 될 수밖에 없다는 것을 그는 이미 깨달았기 때문이다.

세종 대왕은 임금으로서 자신이 알아야만 더 나은 세상을 만들 수 있고, 통치할 수 있고, 다스릴 수 있다는 사실을 분명히 인지하고 있었다. 그에게 있어서 진정한 공부란 무엇이었을까? 단순히 지식의 쌓음이 아니라 백성을 대하는 자세와 태도의 문제였다. 뿐만 아니라 자신에게 주어진 삶을 제대로 살아가기 위해 반드시 해야만 하는 과제였다.

즉 임금으로서 국가를 다스리고 통치하기 위해서라도 꼭 해야만 했던 것이다. 그 결과 세종 대왕을 조선 최고의 임금으로 우뚝 서게 할 수 있었던 원동력이 된 것이다.

사실 '세종 대왕의 이러한 열린 의식이 없었는데도, 우리만의 고유한 한글이 없었는데도, 우리나라가 국민소득 2만 불이 넘는 눈부신 발전을 할 수 있었을까' 하는 의구심이 가시지 않는다.

같은 맥락에서 볼 때, 우리나라의 역대 대통령들이 세종 대왕의 반의반을 공부했는데도 나라가 그렇게 혼란스러운 상황을 맞이했었을까 하는 의구심도 든다.

그렇지 않았을 것이라고 하면 지나친 억측일까?

chapter__ 36

인생의 참뜻을 배우는 리더의 길이 있다

 선망의 대상이 되는 전문직 종사자들에게 통용되는 생존 법칙이 있다. 우선 공부하는 데 투자하는 시간에 비례하여 전공자들의 경쟁 대열에서 탈락하는 비율이 좌우된다는 법칙이다. 어려운 공부를 많이, 그리고 오랫동안 한 그룹이 해당 전문 분야에서 자리 잡을 확률이 더 높다는 얘기다.

 오늘날 우리 사회는 오로지 성공만을 위한 공부에 목표를 두고 있다고 해도 과언이 아니다. 오직 성공만을 위해 공부한다면 그 공부는 자신이나 가족을 위한 돈이나 권력 등 이기적으로 활용하는 극단으로 흐를 수밖에 없다. 성공을 위해 수단과 방법을 가리지 않게 되고, 도덕성이 없는 냉혹한 지식인이 되기 쉽다. 잔재주로 인하여 집안을 어지럽히고, 기업을 망하게 하고, 나라를 어수선하게 만드는 상황을 초래할 수 있다. 공부도 하려면 제대로 해야 한다. 그렇지 않으면 여러 사람에게 피해를 주게 되어 아니함만 못하다.

청소년기에는 물론이고 성인이 되어서도 직장에서의 성공을 위해 자기계발에 힘쓴다. 물론 이런 공부도 반드시 필요하지만 진정한 뜻이 있는 배움 역시 게을리해서는 안 된다. 진정한 배움이란 공부를 통해 자신의 가치를 높이고, 자아실현을 완성해 가는 것이다. 이때 자아실현이란 부를 취하고 높은 자리에 오르는 것이 다가 아니라, 자기가 이룬 것을 통해 삶의 의미와 목표를 이루어 가는 것을 말한다.

지식은 인간의 도구에 불과하다. 인격을 결정짓는 요소가 아니다. 지식만 앞서면 위험할 수 있다. 하물며 지금은 지식을 돈으로 살 수 있는 시대다. 물론 없는 것보다는 낫다. 다만 그 정도 가지고 전부라고 말하며, 그 이상 공부를 하지 않으니까 문제가 생기는 것이다. 인생을 어떻게 살아야 하는가를 공부하는 것이 진짜 학문이다. 한정적인 삶을 어떻게 살 것인가? 이것이야말로 중요한 문제다. 수단을 공부해 본들 아무런 도움이 되지 않는다. 오히려 잔머리 굴리는 데 명수가 되어 자신을 망치고 주변 사람들을 힘들게 만든다.

이렇듯 공부의 본질을 외면한 채 출세와 부귀영화를 위한 수단으로 이용하는 자의 말로는 불행하기 이를 데 없다. 무엇보다 무서운 것은 이런 식으로 공부한 자들이 자기 자신은 물론 나라까지 망친다는 엄연한 현실이다. 게다가 지금 우리 사회의 지도층과 기득권층이 앞장서서 이런 교육과 공부를 부추기고 있지 않은가?

많이 배우면 배울수록 벼처럼 고개를 숙이는 사람이 있는가 하면, 많이 배우면 배울수록 더 교만해지는 사람도 있다. 그러면 왜 많이 배우면 배울수록 교만해지는 사람이 있는가? 그것은 지식을 습득함에 있어 수양 없이 단지 돈이나 명예 등을 이용할 수단으로 받아들였기 때문이다.

공부하기 전에 먼저 나쁜 습관을 제거해야 한다. 그렇지 않으면 아무리 수양을 하고 공부를 한다 해도 올바르게 발현될 수 없다. 그리고 공부한다 해도 제대로 되지 않고, 도를 닦는다 해도 큰 도를 이룰 수 없게 된다. 쾌락에 물들면 안 된다. 무질서한 생활도 삼가야 한다. 마음도 맑아야 한다. 몸 공부가 먼저라는 이야기다. 옛 고승들은 도를 깨우치러 온 사람들에게 먼저 마당 청소를 시키고 물을 길어오게 하는 등 허드렛일을 시켰다. 그런 몸 공부를 통해 몸 속의 욕심과 집착을 제거하고 난 이후에 진짜 능력과 용기를 습득하게 된다.

사실 수양 없이 받아들인 지식은 대부분 남을 이용해 먹거나 교만한 행동을 하기 위한 도구로 사용된다. 지식을 습득할 때에는 그에 못지않게 수양을 쌓는 일에도 소홀함이 없어야 한다. 아무리 영양가 있는 음식이라도 잘못 먹으면 체하는 것처럼 지식도 잘 받아들여야 도구가 아닌 진정한 지식이 된다.

출세할 생각으로 지식을 주입하는 공부는 해가 된다. 그런 생각을 가지면 반드시 이치에 맞지 않는 말을 하면서 이기적으로 살게 되며 문제를 일으키게 된다. 공부하는 사람은 뜻이 작거나 기가 가벼워서는 안 된다. 뜻이 작으면 쉽게 만족하게 되고, 쉽게 만족하면 발전이 없다. 또 기가 가벼우면 눈앞에 벌어지는 이익에 따라 움직이는 행동, 즉 가볍게 행동한다.

주매신(朱買臣 : 중국 전한의 정치가)은 가난 때문에 땔나무를 하여 먹고 살면서도 손에서 책을 놓지 않았다. 땔감을 짊어진 채 책을 읽었는데, 그 때문에 아내마저 곁을 떠났다. 그렇게 공부해서 주매신은 출세했다. 인간 승리의 표본이라 할 만하다. 하지만 그 뒤 그의 행동을 보면 '그가 공부를 해도 한참 잘못한 것이 아닌가' 하는 생각을 지울 수 없다. 오로지 자기 한 몸의 영달과 출세만을 위해 공부한 것이 아닐까? 매정하다 못해 잔인하기까지 한 주매신. 매우 힘들게 공부한 탓에 사람이 각박해진 것은 아닌지….

오늘날 우리 주변에서 주매신과 같은 사람을 많이 볼 수 있다. 고생스럽게 공부하여 공명을 얻고도 반듯하고 따뜻한 인간미를 풍기지 못하고 남의 것까지 빼앗고 해치는 경우가 많다. 공부를 개인의 영달과 출세를 위한 수단으로 여겨 성품이 각박해지고, 상대가 누구이든 자신의 이익을 건드리면 수단과 방법을 가리지 않고 달려들어 해치고 물어뜯는 비정한 인간이 된 것이다.

공부에도 방법이 있고 바른 길이 있다. 인간의 길을 가르쳐주는 공부, 그 길을 배우려 하지 않는 공부는 대단히 위험하다. 이는 다른 사람을 해치기 때문이다.

뉴스에서 명문대학교 졸업 후 고급 공무원이 되어 직장에서 촉망받던 인재가 어느 날 부조리로 여론의 질타를 받는 모습을 볼 때마다 느끼는 것이 있다. 바로 공부도 올바르게 해야 한다는 것이 그것이다. 법률 전문가로 진시황의 유서를 조작해 진나라를 멸망으로 이끈 조고(趙高 : 중국 진나라의 내시)가 그랬고, 정도는 다르지만 주매신도 그랬다. 전처를 자살하게 하고, 많은 사람을 해치다 결국 자신도 처형당하지 않았는가?

공부는 지식 습득에서 출발하지만, 끊임없는 자기 수양을 통해 지혜의 단계로 승화시키지 못하면 그 지식은 남을 해치는 무기가 되기 쉽다. 무엇보다 분별력을 갖추지 못한 지식과 지식인은 정말 위험하다. 바른 공부가 중요한 것이 그 때문이다.

chapter__ 37

어떻게 리더가 만들어질까

훌륭한 리더십은 현장에서 터득된다. 현재 어느 위치에 있든 리더십을 연마하고 발휘함으로써 향후 더 크고 중요한 책임을 맡을 역량을 키워라. 훌륭한 리더가 되는 길은 평생토록 배워야 하는 과정이다. 아직 규모가 작아 위험 부담이 낮을 때 의사 결정을 하고, 리더십 발휘법을 배워야 한다. 그렇지 않으면 정작 높은 위치에 올랐을 때 곤란에 빠질 가능성이 높다. 높은 위치에서는 실패했을 때 훨씬 큰 대가를 지불해야 하고, 충격이 미치는 범위도 넓으며, 훨씬 많은 사람들에게 영향을 미치기 때문이다. 작은 실수는 쉽게 극복할 수 있다. 하지만 정상의 자리에 앉아 저지른 실수는 다르다. 조직 전체가 심각한 대가를 치러야 함은 물론 나라의 운명이 좌우될 수도 있는데, 당연히 리더에 대한 신뢰에 크나큰 흠집이 날 것이다.

조직을 책임지는 최고 리더에게 요구되는 능력은 멀리 내다볼 수 있는 안목, 결정적인 시기에 흔들리지 않는 강인한 정신력, 그리고 미래에 대한 포부다. 리더의 자질 부족은 자기 자신뿐 아니라 조직에도 비극이다. 여기에 초심까지 잃게 되면 마이너스 방향으로 가속도가 붙는다. 어설픈 재능으로 톱 리더가 되면 압박과 스트레스로 병만 키우게 된다. 운이 좋다든가 경기가 좋아 잘 나갈 때는 문제가 없다. 그러나 썰물이 되어 고기가 잡히지 않는 상황이 벌어지게 되면 목숨을 담보로 하여 벌거벗은 채 진검 승부를 펼쳐야 할 때도 있다.

환경이 좋을 때는 선두 회사의 전략을 모방하고 명령과 지시만 내려도 가능하다. 하지만 급변하는 환경에서 자기가 잘났다고 하는 재주의 자만에서 깨어나지 못하면 리더 개인뿐만 아니라 조직에도 커다란 위기가 된다.

일이 잘될 때는 평범한 사람이나 리더도 나름대로 실적을 올릴 수 있는데, 그것은 진짜 자기 실력이 아니다. 진정한 능력은 위기에 빠졌을 때 검증을 받게 된다. 일을 하다보면 위기는 반드시 찾아오는 법. 이를 무사히 극복한 사람만이 비로소 유능한 리더인 것이다.

유능한 리더는 나이가 든다고, 직급이 상승한다고 되는 것이 아니다. 준비가 필요한 것이다. 승진을 하는 사람들이 흔히 착각하는 게 있다. 학교에서 학년 과정을 마치면 학년이 올라가는 건 당연하다. 중학교를 졸업하면 고등학교에 간다. 고등학교를 마치면 대부분 대학에 진학한다. 그러나 리더는 다르다. 리더는 기간을 채웠다거나 과거 성과가 좋았다는 것만으로 올라갈 수 있는 자리가 아니다. 물론 현실적으로 시간만 경과하면 승진하는 경우도 있다. 그러나 그건 거의 과장까지다. 어떤 사람은 만년 과장에 머물기도 한다. 구성원 때부터 실력을 키울 준비가 안 되었기 때문에 이런 일이 빚어진 것이다.

가장 소극적인 의미에서 승진하면 누구나 리더가 된다. 비록 가장 높은 자리까지는 아니더라도 밑에 구성원이 존재하는 한 당신은 리더로 살게 된다. 그러나 직업이 꿈과 다르듯 직급이 높아졌다고 해서 다 리더는 아니다. 리더는 직급이 아니라 근무 자세에 가깝기 때문이다. 그런 점에서 리더는 임명하는 것이 아니라 스스로 리더가 된다.

그럼 리더는 어떻게 만들어지는 것일까? 그동안 성과 덕으로 회사에서 당신을 승진시켜 준다고 당신이 리더가 되는 것일까? 리더는 누군가가 자리를 만들어 주고 임명하는 게 아니라 스스로 노력하여 만들어지는 것이다. 리더는 리더가 되고자 하는 마음을 먹어야 한다.

그러므로 리더는 꿈을 가진 자다. 그런 의미에서 리더는 남이 부여하는 직위에 오른 사람이 아니라 스스로 되겠다는 자세를 갖춘 사람이다. 리더를 만드는 것은 회사가 아니라 스스로 꿈을 갖고, 그 꿈을 이루기 위하여 부단히 노력하는 의지에 의하여 탄생한다는 뜻이다.

강렬한 염원은 스스로 결과를 만들어 낸다. 내가 그것을 마음속에 새기고 내 마음을 온통 차지하도록 만들라. 마침내 내가 그 아이디어를 움직이는 대신 그 아이디어가 나를 움직이게 한다. 내 마음은 항상 내가 생각하는 것을 끌어당긴다는 사실을 기억하라.

부와 성공에 대해서 생각하는 자는 이런 것들을 소유할 수 있도록 끌어당긴다. 그러나 절망, 실패, 좌절, 빈곤 등을 생각하는 사람은 그가 생각한 그대로 달갑지 않은 힘을 끌어당길 뿐이다. 머릿속에서만 그리던 꿈의 시각화, 이것은 불가사의한 마법의 힘을 가지고 있다.

누구나 미래에 이러이러한 사람이 되겠다는 꿈을 가지고 있다. 그렇다면 그 꿈을 이루려면 어떻게 해야 할까? 지금부터 미래에 되고 싶은 사람의 생각을 받아들이고, 필요한 기술을 터득하고, 올바른 습관을 익혀라. 오늘 여기 이 자리에서 내일을 준비하지 않고 언젠가 리더가 되면 하겠다는 공상에 빠져 지내면 명백한 실패를 겪는다. 오히려 리더가 되지 않은 때보다 불행한 상황까지 발생한다. 부모의 과거 훌륭한 치적까지 까먹는다. 자신이 큰 과오를 범하게 되면 부모에게 누를 끼치고, 구성원이 큰 과오를 범하게 되면 조직을 위기 상황으로 몰고 간다. 기회가 왔을 때는 이미 늦다. 훌륭한 리더가 되고 싶다면 리더십을 발휘할 자리에 오르기 전부터 구성원 이끄는 법을 배워야 한다.

chapter__ 38

배움을 경영하라

최고의 리더는 평생 배움을 멈추지 않는다. 그리고 항상 배우는 자세를 잃지 않도록 구성원을 격려한다. 유능한 리더는 자신이 알고 있는 지식이 전부가 아니라는 사실을 알고 있다.

리더의 자리에 있으면 전반적으로 해이해지기 쉽다. 자신이 모든 답을 알고 있는 것 같은 착각에 빠지기 쉽다. 사람들은 세상에서 가장 똑똑한 리더라고 당신을 치켜세울 것이다. 하지만 그런 말을 진심으로 믿는다면 당신은 세상에서 가장 어리석은 사람이다. 일단 정상에 오르면 남의 말에 귀를 기울이거나 바쁜 일정으로 배우는 것을 중단하기 쉽다.

또한 날마다 저녁 약속이 꽉 차 있을 것이다. 바로 이런 이유 때문에 정상의 자리를 계속해서 지키는 것이 어려운 것이다. 따라서 성공한 지금, 자신을 되돌아보는 습관을 들이면서 보다 더 열심히 노력하라.

인간은 어떤 면에서 신이라 할 수 있다. 전 인류의 능력과 지혜를 합하면 신의 능력이라 할 만큼 엄청난 능력을 갖게 되기 때문이다. 그러나 개개인의 능력은 아무리 뛰어난 사람이라 하더라도 한계가 있다. 리더십은 많은 사람의 중지를 모아 신의 능력에 최대한 가까이 접근할 수 있도록 자기 자신, 조직, 사회, 국가를 이끌어 가는 것이라 할 수 있다.

인간은 누구나 장단점이 있기 마련이다. 리더는 장점을 살리고 부족한 점을 보완하여 원만한 인격을 만들어 나갈 필요가 있다. 구성원을 통해 보완할 수도 있지만 스스로 자신을 갈고 닦는 노력을 통해 보완해 나간다면 원만한 인품을 바탕으로 만사가 형통할 수 있는 여건이 조성된다. 훌륭한 리더일수록 균형 감각을 유지하며 리더십을 갖추어야 한다.

여기서 살짝 리더가 되기 위한 공부법을 알아보자.

한 분야의 리더가 되기 위한 진정한 공부에는 희생이 필요하다. 공부의 진보란 불필요한 일에 관심을 갖지 않는 것이다. 술이나 담배, 돈 버는 일, 노름이나 잡기 등은 마음을 혼탁하게 하니 삼가야 한다. 이익을 좇는 일이나 음란한 쾌락을 즐기는 일은 공부를 산만하게 하니 멀리해야 한다. 그 대신 규칙적인 생활, 운동으로 에너지를 생성해야 한다. 에너지가 부족하면 체력 손실이 커 공부에 흥미를 느낄 수 없다. 공부 자체는 엄청난 에너지가 소모되기 때문이다.

똑같은 시간 일을 하는 것보다 책을 보거나 공부를 할 때 유난히 피곤한 것으로 알 수 있다. 허영심에 빠져 옷을 화려하게 입는 사치나 위장을 기름진 음식으로 길들이는 일 또한 공부의 길과는 너무 멀다. 인스턴트식품 섭취나 과식, 맵고 짠 자극적인 음식 등도 마음을 어지럽혀 공부에 방해가 되는 만큼 삼가야 한다. 음식에 대한 욕심도 탐욕이다. 큰일을 하고자 한다면 식사는 소박하게 해야 한다. 맛집을 찾아다니면서 먹지 말아야 한다. 한 끼니 식사조차도 정성껏 먹어야 한다. 음식은 일을 하는 데, 공부를 하는 데, 영혼의 성장에 지대한 영향을 미치는 에너지이기 때문이다.

세상에 부유한 사람보다 가난한 사람이 더 많다. 매우 가난했지만 공부를 통해서 집안을 일으키고 꿈을 실현한 사람이 수없이 많다. 꿈의 실현과 성공은 공부를 통해서 가속도가 붙는다. 공부를 열심히 하는 사람일수록 성공할 확률이 높은 이유가 이 때문이다.

끊임없이 공부하지 않으면 우리 자신도 모르게 정신적으로 피폐해지게 된다. 그리하여 왜 사는지, 무엇을 위해 사는지, 삶의 참된 의미가 무엇인지, 무슨 가치를 추구하면서 살아야 하는지, 인생의 숭고한 목적과 목표는 무엇인지 등등의 근본적인 삶의 질문을 깨닫지 못한 채 하루하루 하루살이처럼 의미 없는 삶을 살아가게 될 수밖에 없다.

반면 꾸준히 공부를 하는 사람은 어제보다 더 나은 오늘을 살 수 있고, 오늘보다 더 나은 내일을 살 수 있기 때문에 날마다 늙어가는 것이 아니라 성장해 갈 수 있는 것이다. 무엇보다도 삶의 근본적인 질문에 대해 좀 더 올바른 답을 만들어 나갈 수 있다.

나는 평생 학습을 하는 사람이 어떤 조직에서든지 지속 가능한 발전을 하고, 또 성공한다고 믿는다. 그러니 절대로 죽을 때까지, 끊임없이 배움의 손을 놓지 않기를 바란다.

수많은 생을 살아오면서 잘못된 습관에 의하여 자기가 만들어졌기 때문에 변화시키기가 어렵다. 자신의 성격이 어떤지 알고, 쓰고 있는 말과 행동이 어떤지를 늘 자각하는 자세가 중요하다. 자신을 바로 알아야 변화가 가능하다. 공부를 하는 목적도 자기를 변화시키는 데 있다. 결국 좋은 성격으로 바꾸는 것이 자기를 변화시키는 것이다.

공부는 우리의 정신과 사고방식을 바꾸어 놓는 힘이 있다. 참된 공부를 하면 자신의 생각이 바뀌고 삶이 바뀐다.

링컨 대통령은 초등학교조차 제대로 다니지 못한 인물이었다. 하지만 그는 평생 공부의 끈을 놓지 않았다. 그가 한 공부는 암기 위주의 시험공부나 졸업장을 위해 지식을 쌓기 위한 그러한 공부가 아니었다. 그가 한 공부는 진정 자신을 뛰어넘는 위대한 공부였다. 그가 많은 실패 속에서도 평생 포기하지 않았던 것이 독학을 통한 공부였다.

나는 집이 가난하다고 해서 배움을 게을리해서는 안 된다고 생각한다. 또한 집이 부유하더라도 부유한 것을 믿고 배움을 게을리해서도 안 된다고 본다. 가난한 사람이 부지런히 배운다면 부자가 될 수 있고, 부유한 사람이 부지런히 배운다면 이름이 더욱 빛이 날 수 있다.

흔히 중국의 상인을 세계 3대 상인 중의 하나로 꼽는다. 이들이 뛰어난 상술을 갖게 된 이유를 설명할 때, 그 배후에는 공부가 깔려 있다. 장사조차도 대 상인이 되기 위해서는 공부가 필요한 것이다.

한나라 이후 공자의 가르침은 유교 형태로 굳어지면서 중국의 통치 수단으로 자리잡게 된다. 인재를 선발하기 위한 과거 시험에 『대학』을 비롯한 사서오경이 주요 과목으로 선정되어 중국 전역에 공부 바람이 불었다. 중국인 부모 가운데 자녀의 입신양명을 바라지 않는 사람이 없었고, 아이들은 자연스럽게 사서오경을 배우면서 성장하게 되었다. 글 좀 읽었다는 사람은 모두 나 공자, 맹자하면서 사서오경을 외웠고, 그들은 나라의 관리가 되는 게 평생의 소원이었다.

그런데 불행하게도 시험에 고배를 마신 사람이 훨씬 많았다. 시험에 매번 떨어져 대책이 없는데, 나이만 자꾸 먹으니 달리 할 일이 없어 장사를 시작했다. 그런데 그들의 머릿속에는 여전히 유학의 글귀가 머릿속에 남아 있었다.

물건을 팔 때마다 이익을 보기 전에 사람을 보게 된다. 신뢰를 지킨다. 장사란 결국 사람을 남기는 것이다. 내 이익도 중요하지만 상대방 이익도 챙겨 준다. 상대방을 배려하다보니 이익이 극대화되고 장사가 날로 번창하게 된다.

그간 배움을 게을리한 사람이 출세한 것을 보지 못했다. 설령 출세했다고 해도 길게 가지 못한다. 2,3대를 유지하지 못하게 된다. 그러나 어려운 상황에서도 부지런히 무언가를 배웠던 사람이 출세한 사례를 많이 보았다. 배움이란 몸의 보배이고, 배운 사람이란 곧 세상의 보배다. 배우면 리더가 되고, 배우지 않으면 거지가 된다.

배움 없이, 즉 책을 읽지 않고 무엇인가를 행하는 것만큼 위험한 것은 없다. 세종 대왕, 이순신 장군, 링컨 대통령처럼 위대한 리더는 하나같이 겸허하고 인격적으로 높은 수준에 있었다. 눈이 반짝반짝 빛나고, 자신감이 넘치고, 얼굴에는 윤기가 흐르며, 말이 유창하면서 유머러스하고, 행동도 민첩하다는 사실을 알게 된다. 왜 성공한 리더는 한결같이 이러한 모습일까? 그것은 끊임없는 공부로 자신을 성장시키고 발전시켰기 때문이다.

세상의 빠른 변화와 흐름을 공부가 아니고서 무슨 방법으로, 무슨 전략으로 따라갈 수 있을 것인가? 오로지 공부 외에는 달리 방법이 없다.

사마천은 인간으로 태어나 공부하는 목적을 대체로 세 가지를 세우기 위해서라고 했다. 이를 삼립(三立)이라 하는데, 입신(立身), 입언(立言), 입덕(立德)이 그것이다. 이는 실질적 공부의 중요성을 강조하였으며, 오늘을 살아가는 현대인들에게 진정한 공부의 의미를 돌아보는 계기를 마련해 준다. 이 셋은 별개이면서도 발전 단계성을 띤다. 즉 입신으로 시작해 입언의 단계를 거쳐 입덕의 단계에 이르는 길은 공부의 심화단계와 같다. 입덕은 공부의 최고 경지인 셈이다.

입신은 말 그대로 자신의 몸을 세우는 것으로 취업, 출세, 명예, 부귀, 권력 등 세속적인 가치를 추구하는 공부 단계다. 예로부터 진정한 공부는 입신 출세를 위한 것이 아니었다.

입언은 자신의 사상이나 철학, 학문적 성과를 글이나 책으로 정리해 세상을 바른 쪽으로 이끌고자 하는 사회적 책임감을 동반하는 공부 단계다.

입덕은 공부의 최고 단계이자 최선의 경지로 덕을 갖춘 사람으로 이 단계에 오른 사람이라야 정치와 통치를 할 자격이 있다고 했다.

자, 그러면 리더인 당신은 어느 단계에 속하는가?

chapter__ 39

권한 위임은 제로섬 게임이 아니다

업무에 대한 책임을 다른 사람에게 맡긴다는 것이 어려울 때가 있다. 특히 그들이 원하는 만큼 일을 잘 해내지 못할 것이라고 생각될 때 그렇다. 하지만 그것은 리더인 당신이 능력이 없기 때문이다. 이는 자신감이 없다는 변명에 지나지 않는다. 당신 자신이 맡은 책임의 일부를 다른 사람에게 기꺼이 양도하지 않고는 유능한 리더가 될 수 없다.

바로 위임이 리더의 기술이다. 리더는 큰 그림을 그리는 사람이다. 전략이라는 목표를 가지고 비전을 제시하고 달성하기 위하여 생각하는 시간을 많이 가져야 한다. 그래서 자질구레한 일에서 최대한 자유로워져야 하고, 스스로 모든 문제를 자신이 알고 결정해야 한다는 강박관념에서 벗어날 필요가 있다. 리더는 핵심적인 업무 위주로 챙기고, 중요한 문제를 결정할 때 역량을 발휘하면 된다. 일상적인 정보와 권한을 과감히 구성원에게 위임하고, 그들이 자신에게 주어진 권한을 토대로 자유롭고 창의적으로 일을 할 수 있도록 한다. 단 반드시 권한 위임과 책임성을 연계해야 한다는 것을 명심해야 한다. 권한은 위임하되 그에 대한 책임은 반드시 리더의 몫이다.

부언하면 크고 작은 모든 일을 반드시 내가 결정해야 한다거나 내가 하지 않으면 안 된다는 강박관념을 떨쳐라. 그리고 내 주위에 분명히 나보다 그것을 훨씬 더 잘 해낼 수 있는 구성원이 있다는 믿음을 가지고, 자신의 업무나 해야 할 일 중 핵심적이지 않은 것을 과감히 위임해야 한다. 갈수록 어떤 일을 잘하기 위한 노력보다 그것을 가장 잘할 수 있는 구성원 찾는 능력을 기르는 데 신경 써야 한다. 그동안 해 왔던 일 중 다른 구성원에게 맡길 수 있는 일은 과감하게 위임하라.

권한 위임은 한쪽이 권한을 받는 만큼 다른 한쪽은 권한을 잃어버리는 제로섬 게임이 아니다. 권한이란 위임할수록 리더와 구성원 모두의 권한이 확장되는 윈윈 게임이다. 권한 위임을 통해 구성원이 더 많은 업무를 해내고 인정받게 되면, 결국 리더의 권한은 더욱 확대되기 때문이다. 이제 우리 조직에서도 성공적인 권한 위임을 위한 준비를 하나씩 해 나가야 한다.

권한 위임 시 주의할 점은 일의 위임에 그치지 않도록 해야 한다. 형식적인 위임이 아니라 전권을 위임해야 한다. 일의 위임은 리더가 권한과 감독권, 책임을 보유하는 것이다. 권한 위임은 권한 수령자에게 힘과 책임까지 넘겨주는 것이다. 즉 해당 업무를 수행할 권한과 그 과정에서 수반되는 결정권을 함께 위임하는 것이다.

많은 리더가 권한만 줄 것인가, 책임만 줄 것인가, 둘 다 줄 것인가를 가지고 고민한다. 이는 진정한 권한 위임을 제대로 알지 못하기 때문이다. 사실 각각의 경우에 따라 조금씩 다르다고 볼 수 있다. 조직 문화와 구성원의 상황에 따라 완급 경중을 달리해야지 정답은 없다. 다만 명심할 점은 우리가 함께 상호 영향을 실천해 나가는 과정이란 사실이다. 리더 혼자 다 하려고 해서는 안 된다. 리더가 반드시 할 일, 일을 위임할 것, 권한을 위임할 것, 이 세 가지만 제대로 구별해도 리더십의 절반 이상은 해결된다. 처음에는 일의 위임을 통해 호흡을 맞춰 가며 점점 권한 위임 쪽으로 보폭을 떼 가는 게 바람직하다.

권한 위임을 하는 단계에서 어떻게 일을 해 나가는지 과정과 방법을 알려 주고, 누구로부터 협조 받고 조언을 얻을 수 있는지, 어떻게 타부서와 협조할 수 있는지 등 중요 사항을 챙겨 주어야 한다. 큰 줄거리는 개략적으로 설명해 주어야 한다. 이를 두루 챙기지 않고 일을 마친 후 잘못했다는 이유로 왜 일을 제대로 못했느냐고 꾸짖는 것은 리더의 횡포다.

경영 컨설턴트인 제임스 루카스(Lucas, James)는 권한 위임의 비율을 아예 숫자로 콕 집어 지적한다.

"전체 업무 시간의 25퍼센트는 영향력을 행사하라. 그 중에서도

5퍼센트 동안에는 결정적 명령을 내려라. 20퍼센트 동안에는 지시를 구성원이 잘 수행하고 있나 확인하는 시간으로 활용하라. 하지만 전체 시간의 75퍼센트는 구성원 스스로 의사 결정을 내리도록 배정하라."

결국 리더의 일 중 75퍼센트는 구성원에게 맡겨 아낌없이 지원하라는 결론이다.

권한을 적절히 활용하는 것은 필요하다. 하지만 여행지나 골프장에서조차 휴대 전화로 업무지시를 하는 등 지나치게 권한을 움켜지고 자잘한 실무자 일에 매달려 있으면 결국 리더가 추하게 일 그러진다.

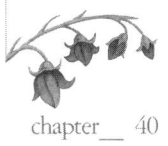
chapter__ 40

수평적 리더십을 발휘하라

리더 중에는 좀처럼 업무 위임을 못하는 이들이 적지 않다. 특히 탁월한 리더일수록 구성원의 능력이 불만족스럽고 못 미더워 자신이 후딱 하는 경우가 많다. 결국 구성원은 성장할 기회를 놓치고, 리더는 늘 피곤하고, 조직의 사기는 저하된다.

혹시 당신은 자신이 하는 게 더 빠르고 잘한다고 구성원의 일까지 빼앗아 대신하고 있지 않은가? 그것은 인재 육성에 득이 되지 않는다. 구성원이 만들어 온 서류가 성에 차지 않더라도 교육과 반복 훈련을 통해 성장을 기다려 주는 것은 참된 성공을 만들어 내기 위해 리더가 감수해야 할 고통이다.

훌륭한 리더는 자신의 힘을 나누어 준다. 유능한 구성원을 찾아

낸 뒤 업무 수행에 필요한 권한과 자유를 부여해도 좋을 때까지 육성한다. 구성원에게 권한을 주면 혼란스러워지기도 하고, 제대로 통제되지 않기도 한다. 하지만 구성원은 이런 시행착오를 거치며 나름의 리더십과 업무 진행 방식을 터득한다. 훌륭한 리더일수록 구성원의 그런 모습을 보며 흡족해 한다. 최고의 자질을 가진 리더는 구성원이 권한을 부여한 윗사람보다 돋보일 때 오히려 기뻐한다.

웨인 슈미트(Schmidt, Wayne)는 "아무리 능력이 많아도 불안감에는 당할 장사가 없다"고 말했다.

지당한 말이다. 자신감이 없고 불안한 리더는 항상 자신이 맨 앞에 서야 하며 자신밖에 모른다. 이처럼 자신만 강조하다보면 주변에 최선이 아닌 차선의 인재를 두게 된다.

반면 자신감이 있는 리더는 남에게 관심을 쏟고, 남이 잘되기를 바란다. 자신이 아닌 조직이 공을 인정받게 한다. 자신감 있는 리더는 구성원의 성공을 바라므로 그들에게 지식을 전수하고 훈련시키고 권한을 부여한다. 자신이 아닌 남에게 관심을 집중하면 자연스레 자신의 권한을 나누어 주게 되어 있다.

한편 어떤 리더는 일하는 구성원의 모습이 눈에 보여 자잘한 것까지 지시한다. 구성원과 똑같은 시선으로 보니 너무 바빠진 리더도 종종 보인다. 그래서 만약 당신이 모든 답을 알아야 한다고 생각한다면 당신의 리더십 접근 방법을 바꾸라.

훌륭한 리더는 모든 답을 가지고 있지 않다. 대신 필요한 답을 찾아낼 구성원을 모아서 권한을 준다. 즉시 이 접근법을 실시하라.

앞으로 한 달 동안 누군가 당신이 모르는 것을 물으면 모른다고 시인하라.

리더십은 구성원의 창의성을 발휘하도록 하는 것이지 창의성을 통제하는 게 아니다. 권한을 주고 후원을 하면 구성원은 시키지 않아도 열심히 일할 수 있는 잠재력을 가지고 있다.

사람들은 자신의 행동이 스스로에게서 나온 것이라고 느낄 때 더욱 열심히 일한다. 즉 자기 행동이 외부의 어떤 것에 의해 결정된 것이 아니라 스스로 선택한 것이며, 행동의 동기가 외부의 통제 때문이 아니라 자기 내면의 자발적 요구로부터 나왔다고 느끼기를 원한다. 그것이 바로 자율성 욕구다.

그러므로 리더라면 사람의 기본적 욕구를 충족시킬 수 있어야 한다. 구성원에게 어떻게 하면 더 많은 선택권을 줄 수 있을지 고민해야 한다.

어떠한 결정에 어떤 식으로든 내 의사가 반영되었음을 느끼면 우리는 더욱더 그 일을 나의 것으로 생각한다. 자신이 할 바를 스스로 선택한 사람은 자기가 하는 일에 더욱 전념한다. 까닭은 자기에게 선택권을 준 사람이 자신을 온전한 개인으로 인정해 주면 내적 동기가 향상되기 때문이다. 또한 타인의 일방적 지시에 따라 일하는 사람보다 더 많은 일을 잘 해낼 수 있기 때문이다.

리더가 모든 일에 참견하고 관여하면 일을 망치게 된다. 지금은 시대가 바뀌어 모든 일이 과거에 비하여 다양해지고 깊어지면서 넓어졌다. 모든 것을 잘하는 팔방미인이 아니다. 그래서 구성원이 능력을 발휘하도록 재량권을 주는 여유를 보여야 한다.

리더라면 권한을 위임하면서 큰일만 관장하고 작은 일에는 간섭하지 말아야 한다. 잔소리를 하고 훈수를 두어 사기를 꺾는 우를 범하지 않기 위해서다.

혹자는 '명령이나 지시를 하지 않는 것은 현장의 리더로서 부적합하다'고 반대 의견을 말할 수도 있다. 이는 어디까지나 정도의 문제다. 전혀 지시를 하지 않는 것은 불가능할지 모른다.

하지만 일상적인 지시에 대해 한번쯤 냉정하게 되짚어 보면 불필요한 잔소리나 구성원의 자주성을 침해하는 말이었음을 알 수 있다.

리더란 이끄는 사람인 만큼 아무래도 우리 모두를 강하게 이끌어 주는 역할을 기대하고 있을지 모른다. 하지만 그렇지 않은 리드의 방식도 있다. 예전처럼 승급, 승진, 신상필벌 등으로 구성원의 행동을 제한하지 않는다. 구성원 한 사람 한 사람이 가슴 뛰며 스스로 행동할 수 있도록 목적을 제시하고 권한을 위임하는 것이 새로운 리더십의 형태다.

경영에서는 적당한 선을 유지하는 것이 그 무엇보다 중요하다. 리더와 구성원에게는 각기 직무와 직위가 부여된다. 따라서 리더와 구성원이 맡은 바 일을 충실히 할 때 기업은 온전히 성장할 수 있다.

따라서 구성원이 최대한 능력을 발휘하고 발전하도록 그들에게 기회를 주어야 한다. 그러나 현실적으로 구성원이 자신의 재능을 마음껏 발휘하면서 실적을 올리기란 말처럼 쉽지 않다. 조직의 구속, 내부 제도의 한계성, 외부에서 오는 압력 등에 발목이 잡혀 자유롭게 역량을 펼치기가 쉽지 않기 때문이다.

그러므로 구성원이 자신의 가치를 발휘하여 조직 전체가 발전하도록 하기 위해서는 구성원이 자유롭게 능력을 펼칠 수 있는 공간과 여건을 리더가 제공해야 한다. 그것이 바로 권한 위임이다.

구성원의 역량에 대해 신뢰를 하지 않으려는 리더의 성향 역시 자율 경영을 저해하는 요소다. 그럼에도 이런 리더는 '아무리 주위를 둘러봐도 믿을 만한 사람이 없다고 항변한다. 하지만 이는 명백한 오류다.

물론 리더로서 지금의 나와 내가 가지고 있는 역량을 토대로 구성원을 평가하면 리더에게 충분한 신뢰를 줄 수 있을 정도의 역량을 지닌 구성원이 실제로 많지 않을 수 있다. 하지만 그건 구성원 입장에서 보면 공정한 게임이 아니다. 지금 내 기준으로 평가하지 말고 리더 자신이 과장 나이 혹은 위치였을 때와 현재의 과장을 비교해야 한다. 이렇게 해보면 과거 과장 시절의 리더 자신보다 지금의 과장이 훨씬 똑똑하다는 것을 인정할 수밖에 없을 것이다.

지금 우리에게 필요한 건 소수의 리더가 일방적으로 계획을 세우고 의사 결정을 독점하는 통제가 아니다. 조직 구성원과 생각을 공유하며 이들의 집단적 역량과 창의성을 적극적으로 활용하는 수평적 리더십이 요구된다. 수평적 리더십이란 리더가 가진 권한을 조직 구성원들과 적극적으로 나누는 것이다. 그리고 그들의 역량에 대한 신뢰를 바탕으로 그들이 업무를 자율적으로 수행할 수 있도록 환경을 만들어 나가는 과정이라 할 수 있다.

아직도 구성원을 지시와 통제의 대상으로 간주하여 수직적 관계를 바탕으로 그들을 통제하려 한다면, 21세기 4차 산업혁명시대에 적합한 리더라고 볼 수 없다.

자율 경영은 구성원의 역량과 인격에 대한 믿음과 존중에서 시작되고, 이를 뒷받침하는 리더의 의지에서 시스템과 문화로 완성된다는 사실을 기억해야 한다.

chapter__ 41

한 **차원** 높은 **도덕관을** 가져라

리더라면 혹은 리더가 되고 싶다면 자신에게 왜 리더가 되고 싶은지 질문할 필요가 있다. 사람들에게 진심으로 관심이 있고 그들을 도와주고 싶은 리더와 오직 자신의 이익만을 좇는 리더 사이에는 큰 차이가 있다. 이기적인 리더는 통제하고 싶어 한다. 또한 다른 사람의 가치를 희생시키는 대신 자신의 가치를 지속적으로 추구하려 한다.

직함이야말로 그의 자아를 살찌우는 영양분이다. 그렇기 때문에 리더로서의 권위와 권리를 주변에 인식시키기 위해 끊임없이 노력한다. 또한 경제적인 이득을 위해서라면 사람들을 이용할 뿐 아니라 파렴치한 행위도 서슴지 않는다. 그들에게는 착한 성품과 행동보다는 멋진 겉모습이 더 중요하다. 이런 리더는 초점을 잃기 쉽다. 천부적인 재능을 타고났기에 언제 어디서든 자신에게 이익이 되는 상황으로 몰고 갈 수 있는 역량이 있다.

그리고 개인적인 이득을 추구하고 싶은 유혹에 빠지기 쉽다. 자신이 매우 중요하고, 대단한 사람이라는 착각에 빠질 위험이 크다는 점이다. 이런 이유로 리더는 현실적인 관점을 유지해야 한다. 현실적인 사람의 가장 중요한 성격적 특징은 바로 겸손이기 때문이다.

그럼에도 불구하고 리더는 어느 순간 세상이 자신 중심으로 돌아간다고 착각할 수 있다. 자신이 이끄는 조직이 승승장구할 때는 더욱 그러하다. 성취가 크면 클수록 자아를 억눌러야 하는 필요도 덩달아 커진다.

대개 성공이나 승리의 순간에는 반드시 우쭐한 마음이 따라온다. 바로 자만이다. 이것은 인간의 본성이라 어쩔 수 없다. 아무리 스스로 일깨우고 경계하며, 의식적으로 겸허하려고 노력해도 자만하는 마음이 조금씩 자리를 잡아가기 마련이다

자신감을 갖는다는 것은 좋은 일이다. 하지만 자만과 자신감은 다르다. 자만은 우리의 눈과 마음을 가리게 된다. 특히 성공과 승리에 흠뻑 취해 있을 때는 더욱 그렇다. 때문에 성공을 이루기까지 겪었던 것들을 냉정히 돌아보지도, 교훈을 찾지도, 성장하지도 못한다.

사실 실패는 분명 괴롭고 고통스럽다. 하지만 그럴 때 우리는 자연히 겸허해진다. 반성과 깨달음은 우리를 성장시키는 법이다.

겸손한 사람에게는 현실에 감사하며 자신의 부족한 부분을 채우고 성장하려는 욕구가 있다. 교만한 사람은 성장의 욕구가 없기에 앞으로 나아갈 수도 없다. 정말 재미있는 사실은 겸손함은 오히려 강한 자신감이 내재되어 있을 때 나타날 수 있다는 점이다. 거만한 사람은 열등의식을 가지고 있어 현재 자신이 이룬 것도 대단하다고 생각하며 현실을 과시한다. 현재 자신의 모습을 잔뜩 포장해서 남들에게 보여주기 위한 삶을 사는 것이다. 진정으로 강한 사람은 과시하지 않는다. 행운은 과시하는 사람보다 늘 겸손한 자세로 노력하는 사람의 편을 든다.

겸손한 리더는 자신이 관심의 중심에 서 있어야 한다고 생각지 않는다. 그는 구성원이 이룬 성취를 축하해 주고, 그들이 성공하도록 권한을 위임하며, 그들이 빛나도록 만든다. 그렇다고 리더가 존재감을 드러내면 안 된다는 뜻은 아니다. 올바른 시각으로 상황을 바르게 내다봐야 한다는 뜻이다.

겸손한 리더는 구성원의 마음을 움직이고, 그들이 정보를 서로 공유하도록 촉진한다. 또한 구성원이 책임감 있게 주도적으로 업무를 수행할 수 있게 해 준다. 이는 결국 더 나은 기업의 성과로 이어진다.

흔히 사람들은 성공한 리더를 단상에 올려놓고 떠받들곤 한다. 이때 현실적이고 겸손한 리더가 되려면 그 단상에서 내려와 사람들과 어울려야 하며, 솔직하고 진정성 있는 태도를 보여야 한다.

일의 실패는 오만이나 우월감에서 비롯되는 경우가 많다. 자신의 능력을 과신하는 리더는 일에 임하여 준비를 소홀히 하고 주의를 게을리한다. 하지만 현실은 녹녹지 않고, 뛰는 사람 위에 나는 사람이 있고, 그 위에 운 좋은 사람이 있는 법이다. 운은 힘이 세다. 실력보다 한 수 우위다. 왜냐하면 실력은 사람의 힘이지만 운은 하늘의 힘이기 때문이다. 결국 우월감은 자신의 길 앞에 스스로 실패의 함정을 파놓는 것이나 다름없다. 그러므로 어떤 일이든, 아니 삶 자체에 자신의 한계와 무지를 자각하는 겸손의 정신을 갖지 않으면 하늘이 도와주지 않게 된다.

물론 겸손함에도 불구하고 일의 실패를 겪기도 한다. 하지만 정말 겸손한 사람은 실패 앞에서 좌절하지 않는다. 사실 좌절감은 오만의 또 다른 산물이다. 자신의 뛰어난 능력을 사람들이 인정해 주지 않는다는 생각이 좌절감을 불러일으키는 것이다. 만약 자신을 무지하고 무능하다고 여긴다면, 또는 자신의 역량이 부족하다고 느낀다면 그는 실패를 겸손하게 받아들일 것이다.

진정한 겸손은 자신을 비하하거나 부정하지 않는다. 그래서 실패를 자기 성찰의 기회로 받아들여 향상의 계기로 삼는다. 실패는 자신의 오만 방자함을 깨우쳐 주기 위해, 무지와 무능을 자각시키기 위해 신이 일부러 내리는 시련이기 때문이다. 진정한 겸손의 정신은 그렇게 실패의 자리에서조차 앞으로 나아갈 길을 찾는다.

자연의 섭리는 지나친 기운을 덜어내 모자란 곳으로 보낸다. 그래서 물은 높은 곳에서 낮은 곳으로 흐른다. 귀신조차도 교만한 자에게는 재앙을 내리고 겸손한 사람에게는 복을 준다. 권력이든 재물이든, 아니면 지식이든 자기 힘을 뽐내려는 사람은 남들의 원망과 비난을 자초하는 것이 현실이다. 이처럼 하늘과 땅도 지나친 것을 배척하고 모자란 곳, 낮은 곳을 채우는 것을 보면 사람들이 오만한 자를 미워하고 겸손한 사람을 좋아하는 것은 어쩌면 당연한 처사다.

겸손해야 한다. 그러면 자랑하거나 과시하는 일 없이, 조용히 훌륭한 성과를 거둔다.

여러 해 동안 거대한 기업에서 실제 역할을 해 온 리더는 모두 한 가지 공통점을 갖고 있다. 바로 겸손함이다. 그들은 추종자들의 욕구에 효율적으로 대응함으로써 다른 구성원이 높은 성과를 올릴 수 있도록 사기를 진작시킨다. 최고의 리더는 나가 아니라 우리를 먼저 생각한다. 그래서 인기가 높다.

그리고 그들은 도덕적으로 행동하려는 타고난 본능에 순응하는 그저 좋은 사람일 뿐이다. 그들은 도덕적 잣대를 따르지 말라는 유혹이 있어도 도덕적 잣대를 따른다. 도덕적 잣대의 가치를 누구보다 잘 알기 때문이다. 위대한 리더일수록 더 높은 도덕관을 갖고 있다. 그들은 정직함을 믿고, 자신과 다른 사람을 책임져야 한다고 생각한다. 그들은 사람을 동정한다. 다른 사람을 이해하는 방법을 알고 있다. 마찬가지로 자신을 용서하는 방법도 알고 있다.

우리는 도덕적인 능력은 다소 부족하지만 유능함을 인정받고 있는 리더를 알고 있다. 그러나 성실함과 책임감이 매우 부족한 리더가 지속적으로 성공을 거두는 경우는 보지 못했다. 설령 성공했다 해도 그 기간이 아주 짧았다. 유능하고 정직한 많은 리더들이 성실함과 강한 책임감으로 인해 존경을 받고 있는 것이다.

chapter__ 42

리더의 역할

훌륭한 리더는 매우 개방적이다. 그는 구성원의 위아래, 전 방향으로 그들에게 다가선다. 그는 정해진 경로를 고수하지 않는다. 그는 격식에 구애받지 않는다. 그는 구성원에게 솔직하게 대한다. 그는 접근하기 편한 사람이다.

기업에서 리더의 역할은 간단명료하다. 리더라면 세 가지를 잘 해야 한다.

첫째는 우수한 구성원을 확보하는 것이다. 기업의 성장 발전에 필요한 구성원을 확보하는 것은 전적으로 최고 리더의 몫이다. 구성원을 선발하려면 반드시 그들의 품행을 엄격히 살펴야 한다. 자칫 재능을 갖춘 구성원은 입지가 더 탄탄해질수록 이상해져 조직에 누를 끼칠 가능성이 높다. 또한 잘못해서 적합하지 않은 구성원을 채용하면 설령 그 사람의 능력이 뛰어나더라도 폐해가 극심하다.

둘째는 그렇게 모은 구성원을 조직하고 성장시키는 것이다. '구슬이 서 말이라도 꿰어야 보배'라는 속담이 있다. 아무리 우수한 구성원이 모여 있어도 그들이 조직적으로 일할 수 있도록 만들지 않으면 원하는 성과를 얻기 어렵다.

셋째는 조직 구성원들에게 비전을 제시하고 동기를 부여하는 것이다. 최고 리더는 구성원이 미치도록 일하게 만들고, 업무에 몰입하도록 만들어야 한다. 기업을 빠르게 키우는 리더와 성장 정체로 어려움을 겪고 있는 리더는 이 세 가지를 얼마나 중요하게 생각하고 어떻게 실현하느냐에 따라 편차가 크다. 즉 기업의 성장은 리더가 구성원을 얼마나 잘 관리하느냐에 달려 있는 셈이다.

진정으로 위대한 기업을 만드는 것은 리더의 역량에 달려 있다. 리더라면 자기 시간의 50퍼센트 이상을 사람에 관련된 일, 즉 제대로 된 사람을 뽑아서 교육하고, 적재적소에 배치하고, 관리하고, 성장시키는 데 써야 한다.

리더의 역할을 종합예술에 비유할 수 있다. 리더가 처하는 모든 변수가 워낙 종합적이고 힘겨운 과제이기 때문이다. 리더십을 말할 때 종종 오케스트라의 지휘자를 연상하곤 한다. 지휘자의 지휘에 따라 각각의 연주자들은 일사불란하게 움직임으로써 멋진 감동을 주는 교향곡이 탄생하게 됨과 같이 리더십도 이와 마찬가지다. 조직을 이끄는 리더의 지휘에 따라 구성원들은 각자의 악기를 가지고 연주함으로써 조직도 발전하고 성과도 창출해 냄은 물론 그 미래도 기대할 수 있는 것이다. 리더십은 예술작품이며 교향곡이다.

리더가 되면 구성원을 통제할 수 있을 것이라는 착각을 일찌감치 버리는 편이 좋다. 믿기 어렵겠지만 회사에서 어떤 일이 일어나는지 가장 늦게 아는 사람이 바로 리더일 가능성이 높다. 리더의 자리에 오르는 순간, 구성원은 리더의 입맛에 맞게 적극적으로 포장한 정보를 보고하거나 불이익을 받게 될 사안에 대하여는 모르는 척하기 때문이다.

그래서 무엇보다 중요한 것은 구성원의 신뢰를 얻는 일이다. 그래야 왜곡되지 않은 정보를 얻을 수 있다. 하나 더 염두에 둘 것은 리더의 영향력은 결국 인간적인 매력이 뒷받침되지 않으면 자발적 협조, 헌신 등 성과 창출에 반드시 필요한 구성원의 반응을 지속적으로 이끌어 내기 어렵다는 점이다.

구성원은 자신을 믿고 큰일을 맡겨 주는 리더에게 무한한 충성심을 발휘한다. 기업에도 이런 자세는 매우 중요하다. 많은 기업들이 업무 혁신, 학습 팀 운영, 팀제 운영, 자율 경영 등 혁신적인 많은 활동을 펼치지만 과연 몇 퍼센트나 성공을 할까? 대개의 기업은 실패를 거듭한다. 여기에는 여러 가지 이유가 있다. 준비 미흡, 구성원의 능력 부족, 리더의 열정과 헌신 부족, 시스템 미비 등을 들 수 있다. 그러나 그것보다 더 중요한 것이 있다. 바로 신뢰가 없다는 것이다. 기업 내부의 신뢰만큼 중요한 것이 있을까 싶을 정도다.

신뢰는 리더십 관계뿐 아니라 모든 관계의 기초다. 당신 자신을 신뢰하지 않는 사람에게 영향을 줄 수도 없고, 당신을 부정적으로 인식하는 사람과는 긍정적인 관계를 구축할 수도 없다. 신뢰는 사람들을 단결시키는 접착제 역할을 한다.

신뢰는 예전이나 요즘이나 절대로 무너뜨려선 안 될, 무슨 일이 있어도 지켜야 할 최후의 보루다.

공자는 "식량, 병사를 다 포기하더라도 끝까지 지켜야 하는 것이 바로 신뢰다"라고 말했다. 또한 "신뢰 없는 리더십은 멍에 없는 수레에 비유할 수 있다"고 했다. 그만큼 리더에게는 신뢰가 중요하다는 말이다.

아무리 바른 목표와 좋은 아이디어가 있더라도 상하 신뢰가 구축된 후 실행에 옮겨야 효과를 발휘할 수 있다. 경영에서조차도 가장 중시하는 한 글자로 장수 기업이 믿을 신을 꼽았다. 상품과 서비스를 파는 기업은 흥하기도 하고 망하기도 한다. 하지만 믿음을 파는 기업은 영속한다.

리더십의 본질을 요약한다면, 그것은 영향력이다. 리더는 구성원들에게 유익한 목표를 성취하도록 함께 일하게 한다. 어떻게 하면 다른 사람들에게 뭔가를 자진해서, 훌륭하게, 꾸준히 할 수 있도록 만들 수 있을까? 바로 영향력을 발휘하는 것이다. 그 영향력은 신뢰가 있을 때 가능하다.

리더가 신뢰를 얻는 새로운 방법은 권력을 독점하지 않는 것이다. 사람은 사회적·경제적 지위가 높아질수록 신뢰할 수 없는 사람으로 변해 간다. 이유는 놀랄 만큼 단순하다. 누구든 권력을 독점하게 되면 다른 사람의 도움이 덜 필요해진다. 스스로 자신의 이익을 지킬 수 있는 충분한 힘을 갖고 있기 때문이다. 한마디로 남의 신뢰를 얻기 위한 수고로움을 덜하게 된다. 이는 마치 독점 기업의 폐해와 같다. 견제 없는 권력이 부패하는 것과 같은 이치인 것이다.

반면 절대 권력이 없는 사람에겐 신뢰가 중요하다. 신뢰 받아야만 다른 사람의 도움과 지지를 얻을 수 있기 때문이다. 그래서 불편하더라도 노력하게 된다. 신뢰받은 리더의 상당수가 스스로 자신을 낮추고, 자신의 힘을 절대화하지 않는 시스템을 만든 이유도 여기에 있다.

리더가 사사로움이 없는 마음으로 조직을 이끌면, 구성원은 자연스레 뒤를 따르기 마련이다. 반대로 자기중심적이거나 사욕을 채우려 하면 구성원의 충성은 기대할 수 없다.

'돈도 필요 없고, 명예도 필요 없고, 목숨도 필요 없다'고 말하는 이들만큼 책임감 있는 사람은 없다. 그와 같은 사람이 아니면 국가의 큰일을 맡길 수 없다. 사적인 욕심이 없는 사람이 아니면 높은 지위에 올라서는 안 된다는 의미다.

리더는 자기 자신이 서야 할 위치를 명확하게 이해해야 한다. 사리사욕으로부터 멀어져야 한다. 자신이 아니라 직장을 중심에 두고 원칙을 세워야 한다. 또한 늘 청렴을 잃지 않을 용기를 지녀야 한다. 직장 윤리와 규칙을 머리로만 이해하는 것이 아니라 몸에 익혀 가슴으로 이해해야 한다.

리더의 지시 하나로 구성원의 사기가 오를 수도 있고, 반대로 떨어질 수도 있다. 그러므로 더욱 리더는 자신의 사정에 맞춰 지시를 내리거나 감정적으로 목표를 정하는 모습을 보이지 않도록 노력해야 한다. 더 많은 이들의 지지와 충성을 원한다면 말이다.

또한 리더는 결코 비겁해서는 안 된다. 리더의 비겁한 행동은 조직 내에 부정한 행위를 용인하는 분위기로 이어진다. 이는 자연스럽게 기만과 윤리 의식의 저하를 초래한다. 그리하여 종국엔 신뢰와 존경이 사라지고 돌이킬 수 없는 혼란과 분란으로 이어지는 것이다. 과오가 있다면 깨끗하게 인정해야 한다. 조직과 구성원들에게 명확하게 사과해야 한다. 결코 회피하거나 변명해서는 안 된다. 리더라고 모든 것을 아는 절대자가 아니다. 리더도 사람에 불과하다.

그렇다고 리더의 결정이 반드시 옳아야 하는 것은 아니다. 틀릴 수도 있다. 중요한 것은 잘못된 줄 알았으면 고쳐야 하고, 잘못된 것을 지적해 줄 수 있는 시스템을 마련해 놓아야 한다. 실수를 지적받았을 때 리더의 대처 능력이 중요하다. 지적받은 사항에 대해 불편해하거나 예민한 반응을 보이면 그 다음부터는 잘못된 것조차 지나쳐버리게 된다.

아닌 것 같지만, 구성원은 리더의 일거수일투족을 관심 있게 지켜본다. 그리고 각자가 어떤 구성원이 되어야 하는지를 그 관찰의 결과에 비추어 판단한다.

구성원에게 바라는 것이 있는가? 그것을 솔선수범하여 보여주라. 그래야 구성원이 믿고 따른다. 리더의 자기희생 정신은 그래서 중요하다.

이쯤에서 리더들의 공통된 맹점을 짤막하게 요약해 보자. 자신의 결함을 인정하지 않고, 건전한 비판을 받아들이지 않으며, 자신의 주장을 바꾸려 하지 않는 것이 그것이다.

리더는 구성원의 실패에 대해서도 책임을 져야 한다. 이 각오 없이 책임을 회피하려고 한다면 리더는 그 자리에서 물러서야 한다. 즉 구성원의 무능은 자신의 무능이라고 생각하는 리더가 되어야 한다. 무능한 구성원을 임명한 사람이 누구였나?

언제부터인가 우리 사회에는 책임을 지는 사람이 없어졌다. 큰 사건이든 작은 사건이든 분명 책임자가 있게 마련이다. 하지만 '그 일은 내 책임입니다' 하고 나서는 경우를 볼 수 없게 되었다.

'잘되면 내 탓, 못되면 조상 탓'이라는 속담이 있다. 책임을 지지 않는 사람들의 공통된 성향은, 성공은 자신의 공으로 돌리고 실패는 다른 사람을 탓하는 경우가 허다하다는 것이다. 책임을 지지 않는다면 리더가 아니다. 구성원의 잘못까지 책임져야 한다. 진정한 리더는 비록 실패를 하더라도 책임을 질 줄 안다. 또한 다른 사람에게 책임을 전가하지도 않는다. 그는 온몸으로 책임을 진다.

잠시 지휘자 이야기를 해보자. 화려한 교향곡이 연주될 때 교향악단 앞에 서서 열정이 넘치는 모습으로 지휘하는 지휘자의 모습은 정말 매력적이다. 그래서인지 남자들이 동경할 만한 직업 세 가지를 꼽으면 대통령, 함장, 지휘자라고 하는 이야기가 꽤나 설득력 있어 보이지만 그만한 자격을 갖춘 리더가 없는 듯하다.

그러나 우리는 이렇게 멋있어 보이는 지휘자의 역할이 무엇인지 잘 모르는 것 같다. 우리나라의 일반적인 청중이 바라보는 뛰어난 지휘자의 모습은 연주 단원이 바라보는 뛰어난 지휘자의 모습과는 전혀 다르다. 청중들은 음악에 어울리는 멋진 모습으로 머리를 휘날리며 지휘하는 모습을 보면서 '저 지휘자는 정말 지휘 잘한다'고 생각하는 경우가 많다. 겉모습으로 판단하기 때문이다. 그런데 이렇게 청중들에게 멋져 보이는 지휘자가 연주 단원들에게는 환영받지 못하는 경우가 종종 있다. 이유인즉 그 지휘자가 연습을 잘 시키지 않고, 단원들을 잘 이끌어 가지 못하기 때문이라고 한다.

지휘자가 해야 하는 일이란 단원들이 연주하는 곡을 숙지하는 것 외에도 단원들의 연주 상태를 바라보며, 이들에게 무엇을 어떻게 지도하면 좀 더 좋은 결과를 만들어 낼 수 있을 것인가에 대해 연구하고 많은 경험을 쌓아야 하는 것이다.

지금도 우리들 대부분이 지휘자에 대해서 아는 것은 초등학생들이 음악에 맞추어 춤추듯 지휘하는 지휘자의 모습일지도 모른다. 그러나 무엇보다 지휘자의 본질적인 역할이 중요하다. 노련한 축구팀 감독과 같이 시기 적절히 필요한 작전도 구사할 줄 알아야 하는데, 무엇보다 중요한 일은 연습을 통해 단원들을 잘 훈련시키는 일이다.

요컨대 리더의 역할은 훌륭한 아이디어를 혼자서 모두 생각해 내는 멀티플레이어가 아니다. 리더의 역할은 구성원으로부터 뛰어난 아이디어가 나올 수 있는 환경을 조성하는 것이다. 새로운 업무 방식을 가장 잘 찾아낼 수 있는 사람은 조직 내에 있는 사람, 최전방에서 일을 하고 있는 사람이다.

이를테면, 전화를 받고 고객과 통화를 하는 사람이야말로 멀찍이 중역실에 앉아 있는 사람보다 몇 배는 더 다양한 종류의 문제에 대해 이야기할 거리가 있다.

사실 우리는 리더를 뽑을 때 수많은 시행착오를 했다. 국가나 회사나 조직이나 마찬가지다. 나보다 역량이 작은 사람을 뽑으면 국가의 발전도 퇴보될 것이다. 나보다 큰 역량을 가진 사람을 뽑으면 국가도 자연히 발전하게 될 것이다.

그렇기 때문에 어떠한 리더를 뽑아야 하는지는 그동안의 경험을 통하여 잘 알았을 것이다. 남의 탓이 아니고, 우리 탓이고, 내 탓일 것이다. 우리에겐 사려 깊고 능력 있는 지휘자가 필요하듯이 그러한 리더가 절실히 필요한 때다.

chapter__ 43

변화의 바람을 일으켜라

리더의 중요성은 아무리 강조해도 지나침이 없다. 유능한 리더가 포진해 있지 않은 기업은 안정적인 성장을 기대할 수 없다. 이때 기업에서 리더를 키우는 것은 리더의 가장 중요한 책무다. 10년, 20년 뒤를 내다보고 회사의 지속 성장을 담보해 줄 리더를 육성해야 한다. 현재의 상황이 아니라 미래의 회사 비전에 적합한 리더에 주목하라. 회사의 리더를 키운다는 것은 회사의 비전을 설정하는 것과 맞물려 있다.

우리나라 직장인의 1퍼센트, 임원이 차지하는 비율이다. 리더=임원이라는 공식이 항상 성립하는 것은 아니지만 일반적으로 기업의 리더라고 하면 가장 먼저 떠오르는 이들이 바로 임원이다.

좋든 싫든 임원 배지를 다는 순간 조직의 리더로 살아가야 한다. 그럼에도 불구하고 임원이 되기 전까지 대부분의 사람들이 리더로 일하는 방식을 배우지도, 생각해 보지도 않는다는 점이다. 현재 리더의 자리에서 어려움을 겪고 있거나 리더직을 앞두고 있다면 명심해야 한다.

리더로서의 나를 인식하는 것부터 리더의 시작이다. 이때 좋은 리더가 되기 위해 반드시 기억해야 할 주요 덕목은 자신의 부족함을 인정할 줄 아는 태도다. 리더가 꼭 완벽하게 모든 일을 다 잘할 필요는 없다. 스포츠 코치나 감독이 선수보다 잘해서 선수를 가르치는 것이 아니다. 리더의 역할은 본인 스스로 일을 잘하는 게 아니라 다른 사람이 일을 잘하게 만드는 것이다. 모르는 것은 물어서 가르침을 받으면 된다. 모르는 것을 묻고, 부족한 부분을 인정한다고 해서 리더로서의 권위가 훼손되는 건 아니다.

미국에서는 누군가의 리더십을 평가할 때 가장 먼저 살펴보는 것이 자아인식의 수준이다. 자신의 성격과 능력, 그리고 장점과 단점을 정확히 알고 있는지의 여부가 그 사람의 리더십 수준을 평가하는 첫 번째 기준이다. 나 자신을 정확히 아는 것이 좋은 리더십의 출발이라는 이야기다.

리더의 행동은, 태도는, 자세는 그것이 선이든 악이든 본인만의 문제가 아니다. 지금의 행동과 태도, 자세가 조직 전체를 움직이는 불길이 되리라는 것을 마음에 새겨야 한다. 그리고 자기희생을 기꺼이 감내해야 한다.

리더는 변화에 대해 자주 언급하고 강조함에도 불구하고 변화를 매우 꺼린다. 특히 그 변화가 자신과 관련이 있을 때는 더욱 그러하다. 지금의 자리에 오르기까지 생의 대부분을 헌신해 온 결과다. 그런데 변화라는 혼란의 가장자리로 스스로 갈 리더는 그리 많지 않다. 그들 또한 인간이라 자신의 정체성에 매여 있기 때문이다. 전혀 변화할 의향이 없으며, 지금까지 해 온 방식대로 계속해 나가기 쉽다.

리더가 기존 스타일을 고수하는 것은 전혀 준비가 안 되어 있다는 뜻이다. 부가 가치를 가진 새로운 스타일이 필요하다. 혹시 당신은 자신의 스타일에 대해 스스로 반성해 본 적이 있는가? 있었다면 그것은 자신의 한계를 알았다는 뜻일 것이고, 없었다면 내 스타일이 미래에도 유효하다고 믿어서일 것이다. 새로운 도전에 나의 스타일이 도움이 되는가, 아니면 걸림돌이 되는가? 가장 먼저 무엇을 보완해야 하나, 아니면 버려야 하나? 새로운 스타일을 만들 때 가장 먼저 무엇을 더하고 싶은가? 리더는 항상 깨어 있어야 한다. 리더에겐 환경 변화에 어울리는 생각과 행동이 필요하다.

어떤 일이든 오래 지속되다보면 그 내부에 갖가지 갈등과 대립, 모순이 쌓이면서 위기의 순간이 온다. 거시적으로 살피면 자연 현상의 변화 역시 이의 한 예에 해당된다. 하늘과 땅 사이에서 음양의 기운이 서로 대립하고 요동치면서 사계절의 변화가 일어나고, 그 가운데에서 만물이 끊임없이 성장하고 소멸한다.

우리 사회도 예외가 아니다. 이를테면, 하나의 사회 체제가 오래 지속되다보면 침체를 면치 못한다. 따라서 그에 저항하여 개혁을 요구하는 세력이 생겨나기 마련이다. 모든 세대, 모든 사람들에게 유효한 불변의 체제는 없다. 특히 그 체제가 사람들의 삶을 핍박하고 억압하는 경우에는 더욱 그렇다. 혁명도 여기에서 비롯된다.

하지만 변화하지 않을 경우 수많은 사례처럼 그들의 자리 또한 위험에 처할 것이고, 다른 리더로 대체될 것이다. 따라서 당신이 해야 할 일은 기존의 낡은 스타일을 버리고 새로운 스타일로 재창조하는 일이다. 리더는 가치 있는 목표를 향해 자신을 포함한 구성원을 함께 변화시켜 실천하게 만드는 사람이기 때문이다. 리더는 과거로부터 배워서 현재에 적합한 지혜를 모으는 일에 애써야 한다. 실로 변화를 이해하는 자, 변화의 도도한 물결을 타는 자가 승리할 것이다.

어떤 의미에서 위험을 무릅쓰지 않으면 인생을 바꾸는 것은 불가능하다. 때문에 적절한 모험이 있어야 선택된 최고의 인생을 살 수 있다. 실제로 어떤 분야에서 성공을 거두는 대부분은 모험가 기질이 다분하다. 예를 들어, 리더는 실패하면 파산할지도 모르는 리스크를 안고 새로운 사업에 도전하여 성공을 거둔다.

모험은 때로 지금까지 자신이 소중하게 여겼던 것을 포기하게 만들지도 모른다. 잘된다는 보장도 없는, 완전 미지의 세계에 발을 내딛는 것이다. 그래도 그들은 리스크를 감수하는 쪽을 선택한다. 어떤 분야에서든 마찬가지다. 행동에 아무런 변화를 주지 않는다면 이후에도 계속 지금 상태로 머물러 있을 것이다.

당신은 어떤가? 앞으로도 지금까지 해 오던 대로 같은 사람과 만나고, 같은 업무 방식을 취하고, 사는 장소도 바꾸지 않는다면

5년 후, 10년 후에도 지금과 비슷한 상황이 될 것이다. 즉 무엇인가 한 단계 질적 향상을 위해 자신의 행동이나 환경을 바꾸지 않으면 인생은 바뀌지 않는다는 사실을 쉽게 알 수 있을 것이다.

자신의 일터에서 변화의 바람을 일으켜라. 변화는 특별한 공간이나 특별한 사람들이 이루어 내는 것이 아니다. 자신들이 직면하고 있는 문제를 해결하는 과정에서 이루어지는 것이다. 실패를 두려워하게 되면 변화는 이루어지지 않는다.

사실 변화의 바람을 일으키고 싶지 않은 리더는 없다. 성패를 가르는 것은 무엇인가? 방향, 속도, 대의명분, 조직과의 적합성, 이 모두 중요하다. 그러나 결정적인 전제 요건은 리더의 솔선수범을 통한 신뢰 확보다. 강력한 속마음보다 중요한 것은 분명한 성과 제시다. 내가 먼저 하겠다는 솔선수범으로 변화 의지를 가시적으로 보여주는 것이다. 바람직한 변화를 위해서는 내가 싫은 사람과도 대화를 하며, 내 오른팔이라도 내치겠다는 신뢰를 보여줘야 말 따로 행동 따로의 따로 국밥이 아님을 증명할 수 있다.

리더 자신의 개조부터 시작되지 않는 바람은 아무리 좋은 때깔을 지니고 있더라도 공염불에 불과하다. 너부터 하라고 하지 말고 나부터 하겠다고 하는 것이 변화를 선도하는 리더의 첫걸음이다.

chapter__ 44

서로의 의사를 소통하는 리더가 되어라

당신은 지금까지 다른 사람에게 일을 맡길까 하다가도 '그냥 내가 하는 게 훨씬 빠르지' 하고 생각한 적이 있는가? 물론 있었을 것이다. 나 역시 마찬가지다. 어떠한 일을 자신이 직접 하는 것이 다른 구성원을 시키는 것보다 빠르고, 쉬운 것이 사실이다. 하지만 그것은 매우 근시안적인 태도다. 당신이 리더가 되려면 거시적으로 보고 훗날에 대비하도록 하여라.

먼저 작은 것을 투자해 두면, 나중에 큰 것을 거두게 된다. 다른 사람을 유능한 리더가 되도록 돕는 것은 대체로 생각보다 오래 걸리고, 예상보다 어려운 것이 사실이다. 하지만 그것을 반드시 해야 한다. 그렇지 않을 경우, 당신은 자신과 구성원, 그리고 조직의 잠재력을 제한하게 된다. 장기적으로 조직을, 나라를 망치는 원인 제공자가 된다.

역사 속의 인물인 제갈량을 탐구해 보라. 뛰어난 능력의 소유자인 제갈량이 끝내 사마의에게 판정패하게 된 이유는 무엇일까? 전투에서는 번번이 사마의가 제갈량에게 패했지만 최후의 승리자는 사마의였다. 모든 것을 혼자서 다 했던 천재 실패담의 교훈이다. 제갈량은 마지막까지 다른 이들의 도움 없이 혼자서 모든 일을 처리해야 했다. 사실 혼자서 일하면 일사불란하고 정확하게 의도를 전달하는 장점이 있다. 과거 기술로 빠르게 처리할 수 있는 장점도 있다.

그래서일까. 제갈량은 매일 밤 늦게까지 일을 하였다. 곤장 스무 대가 넘는 형벌에 관한 것까지도 무조건 손수 처리하는 아주 쫀쫀한 사람이었다. 지나치게 세심한 성격이라서 자신을 믿지 못하였다. 자신을 믿지 못하는 사람은 다른 사람도 믿지 못한다. 결국 나를 믿어야 다른 사람을 믿을 수 있다. 다른 사람을 믿지 못해서 모든 일을 자신이 직접 행하는 것이 문제다.

제갈량은 계속되는 과로로 신경이 날카로워져 있었고, 가끔씩 각혈을 하기도 했다. 그리고 얼마 지나지 않아 과로를 이기지 못하여 병사하고 말았다. 그는 밤 늦게까지 일에 매달렸다. 중요한 결정에서부터 세부적인 일까지 지나치게 몰두한 탓이다. 한마디로 말해 자기 관리를 잘하지 못했기 때문에 자신의 명대로 살지 못하였다. 더 비극적인 일은 자신이 죽은 후 얼마 지나지 않아 나라가 망했다는 점이다.

리더는 혁신의 괴로움을 현장과 나누지 않고 홀로 짐지려 하는 경우가 많다. '리더의 고민, 누가 가장 잘 해결해 줄 수 있을까'라는 질문으로 액센추어 컨설팅에서 실시한 설문 조사 결과를 보면 '스스로 해결하겠다'는 대답이 절반을 넘는다. 그 이유가 주목할 만하다.

나 아닌 누구도 믿을 수 없다는 의구심과 나만이 조직을 구할 수 있다는 자만감은 그렇다치고, 리더는 모든 해답을 알고 있을 것이라는 주변의 기대 때문에 조언을 구하지 못한다는 것이다. 아는 것을 묻는 것은 물론이고 모르는 것도 묻지 않는다. 질문을 하면 자존심이 상한다고 생각하기 때문이다.

카네기멜론 대학교의 로버트 켈리 교수가 말한 바에 의하면, 조직의 성공에서 리더의 역할은 많아야 20퍼센트 정도이고, 그 나머지 80퍼센트 정도는 구성원들의 기여라고 할 정도다. 리더의 의사결정과 실행의 배후에는 구성원이 있다. 그들의 협조와 동참 없이는 그 어떤 것도 현실화시킬 수 없기 때문이다.

구성원들은 능수능란한 리더, 온갖 일을 혼자 다하는 능숙한 리더보다 의견수렴과 대화로 소통하는 리더를 더 존경한다는 사실을 잊지 마라. 똑똑해 보이려면 무엇이든지 다 알고 있어야 한다고 생각하지만, 사실은 적절한 질문을 하는 것이 더 중요하다. 사람들은 모르는 것을 배우려고 하는 사람을 존경한다. 진정으로 현명한 리더는 자신이 혼자 문제를 떠안아야 한다는 생각도, 자신이 모든 것을 알고 있다는 생각도 하지 않는다. 그들은 현장에 답이 있다는 것을 알고 현장에서 답을 구한다.

한 사람의 리더는 수많은 구성원들과 각기 다른 다양한 업무와 관련되어 있다. 아무리 천재라고 해도 신이 아닌 이상 모든 업무를 능수능란하게 처리할 수 없다. 사람의 한계가 바로 그렇다. 리더가 그릇이 작다면 작은 일을 꼼꼼하게 챙기다보니 잔소리가 날 수밖에 없다. 병사들의 내무반을 뒤지는 사단장, 말단 구성원의 근퇴 기록을 챙기는 최고 리더가 여기에 속한다고 할 수 있다. 대신 정작 중요하고 큰일을 놓치게 된다. 따라서 이러한 미시적 관계를 버리고 큰 틀로 가야 한다.

리더는 리더 일을 해야지 구성원의 일을 대신해선 안 된다. 그러나 대부분의 리더는 리더의 일보다 구성원의 일을 대신하느라 바쁘다. 수많은 리더가 하루 24시간이 너무 짧다고 하소연하며 항상 바쁘게 움직인다.

하지만 이들과 이들의 조직을 들여다보면 성공은 이 리더가 얼마나 일을 많이 하느냐에 달린 것이 아니라, 이 리더가 이끄는 조직과 구성원들의 습관에 좌우되는 경우가 대부분이다. 리더는 그렇게까지 바쁠 필요가 없다. 오히려 리더가 너무 많은 일을 하고, 작은 일까지 간섭할 경우 능력 있는 구성원들이 일할 수 있는 여건을 마련하지 않아 비효율을 초래하는 경우가 많이 발생한다. 리더는 오히려 느긋하게 앉아서 실제 일하는 업무량을 줄일 때 회사나 조직 전체의 효율성이 커진다.

자신이 줄 수 있는 것은 긍정적인 비전과 구성원들의 상상력을 키워 주는 것이기 때문이다. 이 역할을 제대로 해 주지 못하고 잔소리에만 집착하는 리더라면 빨리 물러나 주는 것이 좋다. 왜냐하면 그 밑에서 같이 일하는 구성원들의 스트레스는 말로 표현하지 못할 정도로 극심하기 때문이다.

리더가 할 일은 먼저 의사 결정을 빠르게 해 주는 것이다. 그래야 구성원이 일을 할 수 있다. 또 적재적소에 사람을 배치하고, 이들이 일을 더 잘할 수 있도록 돕는 것이다. 즉 조직이 잘 굴러가도록 윤활유를 발라 주는 역할을 해야 한다.

결국 리더십의 핵심은 구성원의 일에 대한 책임을 지는 것, 그리고 스스로 슈퍼맨이라고 생각하며 자신의 능력을 맹신하지 말고, 구성원을 믿고 그들에게 맡기는 것이다.

리더는 구성원을 생각하는 사람으로 키워 활용하는 사람이다. 하지만 현실에서는 혼자서 어슬렁거리다 우연히 걸리는 정보로 판단하는 리더가 대부분이다. 아니면 리더 혼자서 북치고 장구치면서 열심히 일하고, 모든 것을 챙기다보니 구성원들을 눈앞에 닥친 일만 간신히 해내는 근시안적인 존재로 만들어 버린다. 이렇게 리더 혼자서 문제를 처리하다보면 구성원들은 그에게 더욱더 의존하게 됨은 물론 눈치도 보게 된다. 그러면 작은 일조차도 구성원들 스스로 처리하지 못함에 따라 조직의 힘은 현격히 약화된다. 장기적으로 리더의 효용 한계가 점점 줄어들게 된다. 누구를 탓할 일도 아니다. 모든 것이 리더로 인한 것이다.

한편 사회에 나오면 전혀 다른 양상을 발견하게 된다. 사회에 나와서는 혼자서 하는 일이란 하나도 없다. 모든 사회 업무는 협업이다. 리더나 동료는 물론 거래처나 관계자 등 다양한 사람들과 협력이나 합의가 이뤄져야 업무를 진행할 수 있다. 이 점이 대단히 중요하다.

만약 당신이 성적이 우수한 우등생이라면 특히 조심하기 바란다. 시험공부의 연장선에서 혼자 이를 갈며 일에 몰두해도 그것이 큰 성과로 이어지지 않는다. 그렇게 해서는 결코 사람들을 움직일 수 없고, 세상 또한 움직일 수 없다.

책상에 혼자 앉아 문제를 풀고 영어 단어를 암기하여 좋은 점수를 받고, 그래서 주변의 인정을 받는 것은 학생일 때만 가능한 이야기다. 그래서 요즘 기업이 인재를 채용할 때 학력이나 필기시험으로만 판단하는 것이 아니라 발표나 집단 토론 같은 심층 면접이나 인성·적성검사를 겸한다. 그 사람의 능력과 우수함도 중요하지만 그 사람과 함께 일하고 싶은가, 우리 사회와 잘 어울릴 것인가를 우선시하기 때문이다.

다른 사람과 상담하는 것, 조언을 받는 것, 알려 주는 것, 의견을 교환하는 것, 다른 사람의 이해를 구하는 것 등 결국 모두와 협력함으로써 일이 이뤄지고 사회인으로서 당신도 성장하게 된다.

모든 것을 혼자만 하려고 하지 말아야 한다. 삼류 리더는 자기 능력을 사용하고, 이류 리더는 남의 힘을 사용하며, 일류 리더는 남의 지혜를 사용한다고 하지 않았는가? 전문가에게 또는 잘하는 사람에게 위임했을 때 그가 번뜩이는 아이디어를 내거나 기대 이상의 성과를 올리는 것을 보면 알게 될 것이다. 모든 것을 혼자 다 잘하려고 하지 말아야 한다.

요컨대 리더 혼자는 똑똑한데 다른 사람과 어울리면 아무 역할도 하지 못하는 까마귀 리더가 되어서는 안 된다. 중요한 것은 개인의 지능보다 집단 지능이 높을 때 조직이 발전할 수 있다는 사실이다.

부서 내, 부서 간, 회사 간 협업이 일어나도록 하는 것이 조직에서 해야 할 첫 번째 과제다. 조직이 업무를 효율적으로 수행하는 데 실패하는 가장 중요한 원인은 부서 간 협조가 원만하게 이루어지지 않기 때문이다. 조직 내, 부서 간 효율적인 의사소통과 협력 시스템을 구축하면 조직의 성공을 이끌어낼 수 있다. 그러므로 부서 간 기능을 효율적으로 통합하여 탁월한 실행력을 어떻게 확보할 것인지 그 해법을 찾아내야 한다.

간혹 무엇이든 독불장군 식으로 처리하려는 사람을 볼 수 있다. 이는 자신의 능력을 과신한 나머지 모든 일을 독단적으로 처리해 스스로 어려움에 처하는 경우다. 이런 독단적인 사고방식은 모든 조직에서 가장 위험한 요소로 본다.

이 세상은 서로 협력해야 발전을 도모할 수 있고, 그런 가운데 자신의 능력도 함께 향상된다. 또한 상대를 내 편으로 만들면 모든 일이 쉬워지고, 일을 더욱 효율적으로 처리할 수 있다. 자신의 힘을 과시하기 전에 현명한 대인관계를 만드는 것이 리더의 할 일이다.

그래서 개인의 능력이 조직에서 빛을 발하고 열매를 맺기 위해서는 사회적인 인간관계 지능이 높아야 하는 것이다. 크나큰 성과는 혼자의 힘만으로는 달성할 수 없다. 다른 사람의 지혜와 협력이 필요하다. 진정한 힘이란 개인의 힘이 아니라 조직의 뭉쳐진 힘이다.

chapter 45

사색과 친구가 되어라

리더가 자기 길을 간다는 것은 멋지지만 외롭고 고독한 일이다. 빛과 그림자 같은 두 얼굴의 삶을 사는 것이고, 이 두 세계의 경계를 아슬아슬하게 걸어가는 것이다. 혼자 있을 줄 아는 능력이 있어야 갈 수 있는 길이다.

따라서 사색하는 시간을 가져라. 성공한 리더는 혼자 있는 시간을 이용하여 자신의 최고 힘을 계발한 사람들이다. 당신도 그렇게 할 수 있다.

일반적으로 리더는 태생적으로 선택권을 조직으로부터 위임받은 존재다. 이 선택 앞에 리더는 홀로 선다. 다른 건 위임해도 결정을 위임하는 리더는 리더가 될 수 없고 오래가지도 못한다. 그래서 리더는 중요한 결정일수록, 그리고 하기 힘든 결정일수록 홀로 한다. 그래서 밤새 엎치락뒤치락하면서 잠을 설친다.

그 누구도 대신할 수 없고 해서도 안 되는 자리, 그는 너무 높아 외로운 한 점 섬이 된다. 조직의 맨 꼭대기는 양면성을 띤다. 햇빛을 가장 먼저 받는 자리이기도 하지만 차고 센 바람을 가장 먼저 맞는 자리이기도 하다. 홀로 있을 수 있는 능력이 절대적으로 필요한 자리다.

리더는 무리에서 벗어나 고독 속에서 능력을 향상시키기 위해 갈고닦아야 한다. 뜻밖의 성공이 아닌 이상 성공하는 사람에게는 이런 고독한 한때가 꼭 필요하다. 남과 어울리기를 좋아해서 항상 다른 사람과 즐거운 시간을 보내고 싶은 사람은 그렇게 살면 된다. 그 대신 성공은 포기해야 한다.

곧잘 '성공한 사람은 고독을 견뎌 낸 사람이라는 말을 듣곤 하는데, 성공한 사람은 성공하기 위해 고독을 음미하고 성공한 후에도 고독하게 살아야 한다.

그렇다면 리더의 자리는 어떤 자리일까? 지옥으로 들어가는 자리다. 프랑스 문호 빅토르 위고(Hugo, Victor Marie)가 일찌감치 답을 남겼다. 지옥의 모든 것이 이 단어 속에 있다.

고독! 리더는 고독하다. 출세를 하거나 일이 잘돼서 수입이 늘면 그만큼 주위 사람들이 떠나기도 한다. 평사원일 때는 모두 동료이지만 출세를 하면 구성원과 동료가 될 수 없다.

'기업의 리더들은 극심한 고독감에 시달리기도 한다는 말을 자주 듣는다. 하지만 어쩔 수 없다. 모두에게 지시를 내려야 하는 입장이기 때문이다. 누구나 귀찮은 일은 하기 싫은데, 그런 일을 시키는 것이 수장의 역할이다.

즉 직급이 올라가고 월급이 늘수록 직장에서 느끼는 즐거움은 줄어들고 외로움과 고독감은 커진다. 그런 외로움과 고독감을 메우기 위해 월급이 올라가는 것이다. 수입이 늘어나면 많은 사람이 질투한다.

리더는 혼자다. 10년 전에도 똑같은 말을 들었고, 10년 후에도 똑같은 말을 들을 것이다. 고독을 견뎌 내기 위하여 오늘도 일하면서 받는 극한의 스트레스를 해소하기 위하여 리더 자신만의 방법을 강구해야 한다.

현대인은 매일 스트레스 속에 쫓기듯 살아간다. 늘 외발자전거를 탄 것처럼 불안하다. 그러나 불안함이란 현대인만의 병은 아닌 것 같다. 어느 시대를 살든 산다는 것은 앞이 보이지 않는 망망대해를 항해하는 힘겨움이다. 옛사람들도 스트레스를 받았고, 그 정도가 심하여 스트레스를 받는 날도 많았고, 그것이 반복되었다.

우리는 흔히 '스트레스를 받는다'고 말한다. 이 말에서 역으로 스트레스 대처법을 찾을 수 있다. 누군가 스트레스를 주더라도 받지 않으면 그만인 것이다. 그러려면 중심이 잘 서야 한다. 바람이 거세게 불어도 중심이 있으면 흔들리지 않을 수 있다. 비록 가는 길을 이탈했더라도 원위치에 복귀할 수 있다. 조직이든 개인이든 중심이 있으면 헷갈리거나 흔들릴 위험을 줄일 수 있다.

그래서 공자는 "군자의 마음은 평안하고 넓지만, 소인의 마음은 항상 근심하고 걱정한다. 군자가 소인보다 걱정을 적게 하는 것은 걱정거리가 없어서가 아니라 바로 마음에 중심이 곧게 서 있기 때문이다"라고 했다.

리더가 겪는 외로움은 한 단계 성장하기 위해 본능의 영향력으로부터 벗어날 때 겪어야 하는 아픔이다. 고독하지 않으려는 순간 문제가 시작되고, 싸워서 없애려고 할수록 더 커진다.

리더의 고독은 나누는 것도 아니고, 나눌 수 있는 것도 아니다. 리더가 해야 하는 고민을 나눌 수 없듯 고독도 마찬가지다. 돈으로 해결될까? 절대 아니다. 유명 연예인이나 프로 선수들이 일터를 떠나고 나서 망가지는 이유가 바로 고독을 제대로 관리하지 못해서다. 돈으로 해결하려는 순간 망가지게 되어 있다. 벤처기업으로 대박이 난 젊은 리더들이 흔히 빠지는 수렁이 있다. 도박, 마약, 쾌락에 빠지는 상황 등이 그것이다. 재벌 자녀가 물의를 일으켜 망가지는 것도 같은 이유다. 돈으로 고독을 이기려 하기 때문이다. 돈으로 관계를 사서 외로움을 달래려고 하기 때문이다

어쩔 수 없이 해야 할 일이라면 감수하듯 받아들여야 한다. 친해져야 하고, 친구가 되어야 한다. 남들이 이미 간 길이 아닌 자신의 길을 가는 리더는 하나를 선택해야 한다. 외로움과의 싸움이다. 꿈을 포기하고 그렇게 살든가, 아니면 외로움을 통해 자기 길을 가든가?

인디언 부족들은 숲속에 나만의 장소를 만들어 둔다. 불교에는 묵언의 수행이 있다. 절은 산속 외딴 곳에 위치하고 있다. 부족이나 종교에서만 강조하는 것이 아니다.

앞서가는 리더는 모두 자신만의 장소를 가지고 있다. 영국의 윈

스턴 처칠 수상은 힘들고 지치면 자신만의 공간인 화실의 이젤 앞에 앉아 그림을 그렸다. 그런 그는 화가 못지않은 그림 실력을 갖게 되었다. 프랑스의 드골(de Gaulle, Charles André Joseph Marie) 대통령은 퇴근 후 특별한 일이 아니면 연락하지 말 것을 부탁하고 자신만의 고독 속으로 들어갔다. 미국의 아이젠하워(Eisenhower, Dwight David) 대통령은 틈이 날 때마다 자작나무가 있는 곳이나 시냇물이 흐르는 곳을 찾아갔고, 미국 국무장관으로 유명했던 키신저(Kissinger, Henry Alfred)는 차고 위에 방음까지 되는 사무실을 만들어 자기만의 공간으로 삼았다. 이곳에 있을 때는 그의 아내도 출입금지였다고.

야후의 캐롤 바츠(Bartz, Carol)는 지치고 힘이 들 때마다 정원으로 갔다. 그곳에서 혼자 시간을 보내며 에너지를 재충전했다. 철학자들은 산책을 하면서 사색을 하였다.

내성적인 사람은 혼자 시간을 보내면서 생기를 되찾는다. 무엇보다 혼자 있는 시간은 밖으로 뻗어 있는 생각을 거둬들여 자신을 살피는 수단이자 조직의 상황과 의미를 제대로 알기 위한 거리 두기다. 내가 무엇을 원하고 있는지 나를 이해하는 시간이고, 지친 나를 배려하는 시간으로 정화의 시간이다.

그래서 파스칼은 일찌감치 "우리의 불행은 거의 모두 자신의 방에 혼자 남아 있을 수 없는 데서 온다"고 말했다.

산전수전 다 겪은 리더 또한 다르지 않다. 힘들 때마다 가는 낚시터가 있고, 일찌감치 마라톤이나 등산에 빠진 이들도 있다. 어떤 리더는 집 가까운 곳에 월세 30만 원짜리 원룸을 얻어 주말마다 그곳으로 간다. 몇 평 안 되는 작은 공간에서 그가 가장 심혈을 기울이는 것은 로봇 조립하기다. 부인은 '다 큰 어른이 애들처럼 무슨 장난감이냐'고 하지만 그에게는 단순한 장난감이 아니다. 부인이 들으면 놀랄 정도로 가격이 비싸다. 휴일이면 시간 가는 줄 모르고 빠져든다. 좋아하는 걸 하니 기분도 좋아지고, 에너지도 충전된다. 하루 종일 낑낑거리고 앉아 있어도 스트레스를 받지 않는다.

하루에 한 번은 혼자만의 외로운 시간을 가져야 행복해진다. 외부와의 관계가 차단된 곳에서 끊임없이 스스로를 성찰하는 자기와의 대화 시간이 필요하다. 명상 또는 운동을 하거나 산책을 할 수도 있다. 내면에 있는 자아를 만날 수 있도록 스스로 그 방법을 찾아 실행하면 된다. 내 감정을 객관적으로 볼 수 있어야 상처를 받지 않고 스트레스도 해소된다.

외로움과 고독은 다르다

리더는 고독하다. 즉 높이 올라갈수록 고독하다. 혹자는 '권력이 있으면 강한 위치에 있기에 얼마든지 사람들이 다가오고, 그러니 고독할 리 없다'고 말한다. 하지만 모든 리더가 고독한 것이 사실이다. 아무에게도 의지할 수 없기 때문이다.

절대 리더 앞에서는 일반적으로 넙죽 엎드린다. 이런 상태에서 진정으로 그의 편이 되어 주고 걱정해 주는 사람이 있을까? 단 한 사람도 없을 것이다. 오로지 그에게 잘 보이고 싶은 마음만 앞선다. 말하자면 그의 눈 밖에 나면 피해를 볼 수도 있기에 오직 그에게 잘 보여야 앞날에 도움이 될 것이라는 생각을 마음에 깔고 있기 때문이다.

또 리더는 책임이 막중하다. 국가의 리더는 국가의 흥망성쇠에 대한 책임이 있다. 이때 그 책임의 무게와 권력은 일치한다. 이렇듯 리더에게는 막중한 책임이 있지만, 그가 리더이기에 진심으로 걱정해 주는 아군은 별로 없다. 거의 모두가 잘못되기를 바란다. 따라서 고독해질 수밖에 없다.

또 이런 경우도 있다. 권력이라는 자리는 탐나는 자리다. 그 자리에 앉고 싶어 하는 사람이 많기에 항상 많은 사람의 표적이 된다. 조금만 허점을 보여도 입방아를 찧는다. 방심해서도 안 되고 빈틈이 있어도 안 된다. 내 편이라 생각해 행동을 같이했는데, 사실 자객이었다는 이야기는 역사상 셀 수 없을 정도로 많다. 리더는 쉽게 남을 믿을 수 없기에 점점 고독해진다. 이처럼 리더는 고독과 친해질 수밖에 없다.

리더는 고독에 강하지 않으면 일을 해 나갈 수 없다. 따라서 성공하고 싶으면 고독에 강해야 한다. 고독이 싫은 사람은 리더로 나서면 안 된다.

사실 타고난 실력이 월등한 사람은 소수에 불과하다. 사람의 머리나 학습 능력 등 개별적인 역량의 차이는 편차 범위 안에서 비슷하거나 차이가 나더라도 이것을 잘하면 저것은 못하는 식으로 일장일단이 있다. 차이를 만드는 것은 타고난 바탕이 아니라 그 위에 뿌려지는 노력의 부산물이다. 어느 분야에서든 세계 수준의 리더가 되려면 연습이 필요하다.

"천재는 99퍼센트의 노력과 1퍼센트의 영감으로 만들어진다"는 에디슨의 말을 굳이 빌리지 않아도 성공의 첫 번째 요소가 노력이라는 것은 누구나 알고 있는 사실이다. 노력은 어떠한 악조건도 뛰어넘는다. 노력을 통해 약점을 강점으로 만들어 성공한 사례는 일일이 열거할 수 없을 만큼 많다.

베토벤의 생가에는 낡은 피아노가 한 대 놓여 있는데, 그 피아노의 건반 대부분이 움푹움푹 패여 있다. 그것은 베토벤이 밤낮을 가리지 않고 피아노 연습을 게을리하지 않았음을 미루어 짐작할 수 있다. 관광객들은 지금도 그런 피아노를 보면서 깊은 감동을 받곤 한다.

살펴본 바와 같이 천재적인 음악가인 베토벤이 만들어진 것은 결코 타고난 재능에 기인하여 자연 발생적으로 이루어진 것이 아니다. 보통 사람이 따라 할 수 없는, 즉 방안에 홀로 앉아 끊임없이 노력한 숨은 고통이 있었음을 말해 주는 것이다. 즉 무엇인가에 푹 빠져 노력한 결과 우연이라는 요소와 조화를 이루어 생각지도 못한 행운으로 성공을 이룬 경우다. 음악가나 화가는 물론, 발명이나 발견으로 성공한 사람은 대부분 이런 유형에 속한다고 할 수 있다. 단 성공한 후에는 다른 성공한 사람과 마찬가지로 고독을 맛보게 된다.

누구나 연습을 하면 할수록 더 많은 행운을 얻게 될 것이다. 전설적인 골프 선수 게리 플레이어는 다음과 같이 말했다.

"행운은 타고나는 것이 아니라 우리의 노력으로 충분히 늘릴 수 있다. 또한 행운은 단순한 운만의 결과가 아니며, 타고나는 것도 아니다. 어떤 자세를 가지고 어떤 행동을 하느냐에 따라 우리 자신이 행운을 불러들이게 된다. 즉 스스로 만드는 것이다."

이 세상에 성공하고 싶은 사람은 수없이 많지만, 실제로 성공을 거머쥐는 사람은 극소수에 불과하다. 이유는 고독에 익숙지 않기 때문이다. 여기에도 1만 시간의 법칙이 적용된다. 보통 사람이 아닌 뛰어난 인물이 되려면 상당수의 사람이 곁을 떠나기 마련이다. 혼자서 공부를 하고, 연구를 하고, 독서를 하는 피땀 어린 노력 없이는 위대한 일을 성취할 수 없다.

chapter__ 46

홀로 존재하지 않는다

일본 속담에 '세 사람이 모이면 문수보살 지혜보다 낫다'라는 말이 있다. 문수보살은 대승불교에서 최고의 지혜를 상징하는 보살이다. 세 사람이 모이면 문수보살을 이길 수 있다는 것은 곧 집단의 힘을 가리킨다.

사실 개인일 때는 개인의 역량이 가장 중요하다. 그런데 부장이 되어서도 구성원이나 대리 때와 같은 방식으로 자기 혼자 일을 한다면 리더로서 준비가 안 된 것이다. 부장은 부 전체의 합을 키워내야 한다. 리더 혼자 수훈을 세우면서 구성원에게 나처럼 일하라고 하는 순간 팀워크는 깨지고 만다. 부장이 된 이후에는 개인이 아닌 부라는 조직의 시너지를 생각해야 한다. 각자가 역량을 발휘하되 그 능력이 합쳐져서 성과가 나오도록 이끄는 것, 이것이 협력의 개념이다.

함량 미달 리더는 성과를 위해 무리수를 두다보니 조직 문화는 갈수록 황폐해진다. 해바라기성을 가져 어느 상황이 와도 그들은 양지를 골라서 간다. 놀라운 것은 어느 조직이나 함량 미달 리더가 의외로 많다는 점이다. 아마 당신 조직도 그럴 것이다. 그들의 특징을 살펴보자.

정직한 리더라면 자기가 모든 해답을 갖고 있지 않다는 것을 알 것이다. 그들은 성공이 언제나 모든 구성원의 결합된 기여를 통해서만 가능하다는 것을 인정한다. 성공은 사람들이 함께 노력하고, 각자가 자기 역할을 다할 때 이루어진다. 이러한 이유로 그들은 모든 문제를 자신이 직접 해결하려 하지도 않고, 자신이 알아서 어떠한 결정을 하려고 하지도 않는다. 그들은 성취를 공동 노력의 결과로 본다. 따라서 그들의 목표는 다른 사람들로 하여금 리더에 대해 높이 생각하는 것이 아니라, 자신에 대해 높이 생각하게 하는 것이다.

역사 속에서 수많은 영웅급 리더가 출중한 능력을 갖췄음에도 불구하고 왜 보잘 것 없는 구성원들의 마음을 얻으려 몸부림쳤겠는가? 그것은 조직 구성원의 합심 없이는 그 어떤 것도 오래 지속될 수 없기 때문이다. 합심하면 물리적인 계산을 넘는 엄청난 힘이 발휘된다. 시너지 효과로 발전한다. 축구, 야구 등 스포츠에서도 협동이 잘되면 어떤 결과가 나타나는가를 알 수 있다.

나의 작은 이기심은 조직과 한마음이 되어 성장하고 발전하기 위하여 버려야 한다. 구성원으로서 일할 때 얻을 수 있는 가장 큰 소득은 혼자 모든 일을 감당할 필요가 없다는 점이다. 다른 사람의 도움 없이 혼자만의 힘으로 성취할 수 있는 것은 많지 않다.

칭기즈 칸이 "한 사람의 꿈은 꿈에 지나지 않으나 만인의 꿈은 현실이다"라고 말한 것처럼 협력이 잘 이뤄져야 꿈이 현실이 된다. 세상의 모든 것은 홀로 존재하지 않는다. 성향과 능력 면에서 서로 다른 사람이 만나 서로의 약점을 보완해 주는 완벽한 조직이 되어 시너지 효과를 내는 것이다. 이 세상의 모든 것은 서로 연결되어 있고 결합으로 이뤄져 있다. 리더는 협력 체제 아래에서 일이 되도록 해야 한다. 또 구성원에게도 협력하는 것의 중요성을 가르치고 지도할 의무가 있다. 리더에게는 권력이 필요하고, 권력에는 협력이 필요하다.

현대는 혼자서 모든 것을 해결하는 시대가 아니다. 최고 리더가 구성원들을 압도하고 군림해서 낸 성과는 단기간밖에 효력이 발생하지 않는다. 구성원들의 다양한 협력을 이끌어 내는 능력이 무엇보다 필요하다. 구성원들의 움직임과 마음을 살펴 걸림돌을 제거하고 일할 수 있는 분위기를 만들어 주어 원활하게 조직이 돌아가게 해야 한다. 이 능력을 끌어내는 과정에는 사사로움이 개입되어서는 안 된다. 대부분의 리더는 사사로움을 개입시킨 후 자기 입맛에 맞는 타인의 능력을 활용한다. 이것은 하인을 부리는 방식으로, 뛰어난 구성원을 다스릴 때는 역효과를 부른다.

정말 머리 좋은 사람이 누구인 줄 아는가? 머리 좋은 사람을 시킬 줄 아는 사람이다. 자기가 머리 좋은 줄 알고 혼자 다 하려는 사람은 세상에서 가장 미련한 사람이다. 그 일에 맞는 사람을 찾아 시키는 것이다. 자기 IQ는 높을지 몰라도 조직에서 머리 좋은 사람은 아니다. 말은 위임 전결한다고 하는데, 실제로 이거 잘하는 조직은 많지 않다. 못 믿고 감시하느라 일을 못 맡긴다.

중소기업이 무너지는 이유가 많은데, 그 중에서 간과할 수 없는 게 리더의 마인드다. 아버지에게 물려받았다고 해서 자기가 리더하면 망하고, 자기 기술로 회사 세웠다고 해서 자기가 리더하면 망한다. 리더 혼자 뛰어나다고, 리더 혼자 다 하겠다고 북치고 장구 치면서 덤비다간 어느 회사든 오래가지 못한다.

자랑처럼, 혹은 습관처럼 바쁘다 바빠를 외치는 리더를 볼 때마다 토끼를 떠올리곤 한다. 분주한 일정은 시계추와 비슷하다. 무엇인가 열심히 하는 것 같지만 흔들리기만 할 뿐 제자리걸음인 경우가 많다. 바쁘게 움직이는 것만으로는 부족하다. 정말 중요한 것은 무엇 때문에 바빠 움직이느냐다.

흔히 '숨 가쁘다'란 말을 자주 사용하는데, 여기서 가쁘다는 말도 알고 보면 시사적이다. 호흡과 수명 사이에는 밀접한 관계가 있다. 대체로 숨을 천천히 길게 쉬는 동물이 건강하고 오래 산다. 숨을 길고 느리게 쉴수록 수명도 긴 것이다. 이는 리더의 수명에도 똑같이 적용된다. 리더십을 꾸준히 발휘하려면 숨 가쁘게 달리며 바쁘게 움직이기보다 길게 심호흡하라. 해결해야 할 문제가 넘쳐날수록 필요한 것은 더 속도를 내는 것이 아니다. 휴식 없는 속도는 공포의 흉기일 뿐이다. 늘 바쁨을 입에 달고 다닌다면 잠시 멈춰 서서 바라보고 돌아보라. 빨리 달릴수록 균형감과 방향감이 떨어지기 쉽다. 주변 경관도 감상할 수 없다. 바르게 가고 있는지, 제대로 가고 있는지, 빠르게 가고 있는지 돌아보라.

구성원 100명일 때는 내가 앞에서 명령을 내려야 한다. 1,000명이면 중간에 서서 간부들에게 도움을 요청해야 한다. 그리고 10,000명이 되면 그들의 뒤에서 감사하는 마음을 가지고 스스로 할 수 있는 분위기를 만들면 된다. 구성원 규모에 따라 리더십 방법을 달리해야 한다.

기업의 가치는 리더의 역량과 일치한다. 100억 원 규모의 매출을 낼 수 있는 역량을 가진 리더는 절대로 1,000억 원 매출 기업으로 회사를 성장시킬 수 없다. 회사가 커지고 이해관계가 복잡해짐에 따라 관리해야 할 새로운 차원의 큰 문제가 발생하기 때문에 또 다른 문제 해결 역량이 필요하다. 위기 극복과 지속 가능한 혁신은 사람의 가치를 통해서 이루어진다. 그래서 회사를 지속적으로 성장시키기 위한 또 다른 리더 역량 중 하나가 자기 부족 부분을 채울 수 있는 구성원을 열린 마음으로 찾는 것이다. 기업의 성공 열쇠는 결국 구성원에게 달려 있기 때문이다. 현장의 리더들이 한결같이 하는 말이 있다. '사람이 답이다'가 그것이다. 경영의 핵심이 사람이라는 말이다. 기업의 리더들이 우수 인재 확보에 사활을 거는 이유다.

여러 말 할 것 없이 조직의 리더가 되고자 한다면, 훌륭한 사람을 뽑아서 믿고 맡기는 배짱이 있어야 한다. 이는 많은 사람을 이끄는 대기업 리더에게도 중요한 자질이지만 몇 명 안 되는 작은 규모의 조직 리더에게 어쩌면 더 중요한 자질일지도 모른다.

chapter__ 47

자율성을 부여하라

위대한 리더 한 명이 수백 또는 수천 명의 구성원에게 긍정적인 영향을 미칠 수 있다. 조직의 모습이 곧 리더의 모습이기 때문이다. 따라서 리더가 지나친 통제를 삼가며 효율적으로 행동하면 많은 구성원이 혜택을 누릴 수 있다.

그럼에도 불구하고 지나치게 통제를 하면 민주주의 정신을 약화시킬 수밖에 없다. 이른바 리더십 딜레마를 초래하게 된다. 특히 강력한 리더가 통제를 가할수록 더욱 많은 딜레마에 빠지게 된다. 예를 들면, 당신이 조직의 리더로 처음 승진했을 때를 떠올려 보라. 당신이 타당한 이유로 승진했으며, 이런 승진이 당신의 역량과 능력, 편애가 아닌 잠재력의 결과임을 새로운 구성원들에게 꼭 보여주고 싶었을 것이다. 이런 경우 당신과 같은 리더는 기존 구성원들보다 높은 위치로 승진하는데, 이는 구성원들도 원하던 직책이다. 이런 상황에서 리더는 통제 정도를 높이면서 곧바로 자신의 리더십 능력을 보여주려 애쓴다. 그러나 이와 같은 시도는 많은 폐해를 불러올 수 있다. 그것은 빠른 속도로 조직의 사기를 크게 저하시키기 때문이다.

이런 이유로 구성원들이 자신의 가치를 한껏 높이고 실현하기 위해서는 리더가 그들에게 독립적으로 업무를 수행할 수 있는 자율권을 주어야 한다. 특히 오늘날과 같이 비즈니스 환경과 인적 자원의 변화가 극심한 시대에는 자신의 능력을 발휘할 수 있는 무대를 제공하는 것이 무엇보다 중요하다.

사실 리더는 하루에도 수없이 많은 현안에 직면한다. 하지만 모두 중요해 보이는 문제를 합리적으로 판단하여 우선순위를 정하지 못하면 낭패를 겪게 된다. 그러므로 덜어내는 방법, 즉 해야 할 일과 하지 않아도 될 일을 가려서 구성원들에게 넘겨주는 지혜가 있어야 한다. 즉 번거롭고 세부적인 일에 너무 많은 정력을 낭비하지 않기 위해서는 직접 모든 것을 처리하려는 자세를 지양해야 한다. 따라서 돌아가는 상황을 분석하고, 추이를 관찰하면서 장기적으로 미래를 결정하는 중대사에 역량을 집중하는 것이 현명한 리더다.

잭 웰치(Welch, Jack)는 다양한 사업 부문에 종사하는 수만 명의 구성원을 효율적으로 관리하면서 생산성을 높이기 위해 많은 고민을 했다. 그가 최종적으로 얻은 결론은 관리를 적게 할수록 회사에는 이득이 된다는 것이었다.

아동교육 전문가들은 아이들의 성적을 올리는 근본적인 방법으로 스스로 공부하는 자기 주도 학습법을 제시한다. 이 방법은 공부하라고 잔소리하거나 보상을 걸어놓는 방법보다 더 효과적인데, 이는 아이들이 하고 싶은 일을 찾도록 도와주기 때문이다. 도달해야 할 목표, 공부해야 할 이유가 생긴 아이는 시키지 않아도 책상 앞에 앉아 공부하게 된다.

아이가 하는 일에 부모가 사사건건 간섭이면 그 아이는 제대로 자라지 못한다. 아무도 모르는 자기만의 시간이 아이들에게 있어야 한다. 몰래 불량식품을 사먹을 수도 있고, 만화를 볼 수도 있고, 성인 동영상을 볼 수도 있다. 그래도 그냥 지켜보는 게 낫다.

위대한 성자나 위인이 되는 데 최고의 걸림돌은 누굴까? 정답은 첫째는 부모, 둘째는 아내나 남편이다. 부모는 여전히 자식을 온실 속 화초처럼 집안의 애완동물처럼 손안에 두려고 한다. 사실 일일이 감독하고 막는다고 해서 아이가 잘되지 않는다. 그렇다고 하루 종일 아이 뒤를 따라다니며 감독할 수 없지 않은가? 그래서 100명이 도둑 하나 지키지 못하는 것이다. 감독한다고 되는 일이 아니다. 그냥 지켜보면 시간이 지나면서 알아서 해야 할 일과 안 될 일을 구분하게 되고, 그렇게 시행착오를 겪으면서 자라야 몸도 마음도 튼튼한 어른으로 성장하게 된다.

인간은 스스로 하고 싶어서 일할 때 동기가 가장 크게 유발되며 능률도 높다. 외적 보상이나 처벌은 반짝 효과는 있을망정 내 성과 면역, 잔머리 지수만 키울 뿐 장기적·창의적 성과를 내기는 어렵다. 물개조차도 먹이통이 사라지면 지느러미 박수를 즉시 멈추는 것처럼, 외적 보상의 약발은 한계가 있으므로 인간 존중 정신에 바탕한 자기 선택의 내적 동기부여가 효과적이다. 자율성이 보장돼야 동기부여가 되고 열정과 창의성을 갖게 된다.

네덜란드에 있는 13개 연구중심대학은 모두 세계 200위권에 들 정도로 하나 같이 교육 수준이 높은 것으로 알려져 있다. 특히 레이던 대학교(Leiden University)는 노벨상 수상자를 15명이나 배출할 정도다. 이 대학교 총장은 "노벨상 배출의 힘은 연구의 자율성에 있다"고 말한다. 정부에서는 이들 대학이 학생들에게 수준 높은 교육을 제공하도록 감독할 뿐 사사건건 간섭하는 일이 없다.

사람들은 종종 리더가 명령이나 지시를 내리는 입장이라고 생각한다. 과거 리더를 말하는 것이다. 하지만 이제는 변했다. 누구라도 일방적인 지시나 요구를 받는다는 생각이 들면 거부감이 들면서 의욕이 떨어져 열심히 일하는 척 눈치를 보는 행동을 하게 된다. 당신의 후배가, 당신의 구성원이, 또는 당신의 남편이나 아내가 구체적으로 세세하게 무슨 일을 하는지까지 간섭하지 마라. 대신 함께 정한 목표를 향해 자신에게 가장 맞는 방법을 찾아갈 수 있도록 지켜보면서 필요한 부분에서 도와라. 이 세상에 간섭을 좋아할 사람은 한 사람도 없다는 사실이다.

사람은 아무리 일이 힘들어도 희망과 비전을 먹고산다. 오늘은 힘들었지만 내일은, 그리고 미래에는 그 일로 인해 더욱 좋은 결과가 있다는 사실을 알기만 하면 더욱 열심히 일하기 마련이다. 당신이 리더라면 이 점을 잊지 마라.

chapter__ 48

타고난 그릇과 쓰이는 그릇은 다르다

현재 자리에서 만족하고 최선을 다하라. 사원일 때는 사원으로, 과장이 돼서는 과장으로 각각 그 지위에 맞는 역할에 충실하라. 이러한 사람이 장차 리더가 될 사람이다. 억지로 돋보이려 하지 마라. 현재의 자리에서 목표를 초과 달성하라. 유능한 구성원이 중도에 좌절하는 이유는 능력이 부족해서가 아니라 딴생각을 하기 때문이다. 구성원들의 각자 역할이 무엇인지 리더가 분명히 정해 줄 때, 다른 생각 하지 않도록 기강을 분명히 세워 줄 때 조직의 사기가 올라간다. 그렇지 못할 때는 구성원들 각자 다른 생각을 하느라 조직에 사기가 떨어지게 된다.

기업의 크기는 리더 그릇의 크기와 같다. 리더의 그릇이 크면 클수록 큰 세상을 다스리게 된다. 리더가 중요하다는 뜻이기도 하다. 리더가 구성원을 선정하는 것은 매우 중요한 문제다. 리더의 생각에 따라 인재를 얻을 수도 있고, 무능한 인물을 선임할 수도 있다. 따라서 어떤 리더가 총명한지 보려면 먼저 리더의 측근들을 보면 된다. 측근들이 유능하고 성실하면 리더는 총명한 사람이며, 측근들이 무능하면 리더는 인선에서부터 이미 잘못하고 있는 것이다.

흔히 사람을 두고 '그릇이 작다, 그릇이 크다'는 말을 한다. 인간의 그릇을 판단하는 것은 정신을 의미한다. 정신의 기는 두뇌 활동을 왕성하게 하고, 지혜를 창출하는 원천이다.

다시 말하면 인간의 그릇을 형성하는 핵심이라 할 수 있는 것이 정신력이다. 정신은 생명체의 본질이라 할 수 있다. 정치에서든 사업에서든 큰일을 처음 이루어 낸 사람은 정신력이 대단하다. 그래서 남이 생각할 수 없는 일을 생각해 내서 행동으로 실천하여 기적 같은 일을 이루어 낸다.

타고난 그릇과 쓰이는 그릇은 다르다. 타고난 그릇은 큰데 자기 계발을 하지 못하고 안주해 온 사람은 쓰이는 그릇이 작게 된다. 교육을 잘 받고, 마음을 키우고, 내공을 쌓아 온 사람은 비록 타고난 그릇은 작으나 쓰이는 그릇은 크다.

그릇이 작은 경우 작은 재물과 명예가 들어오는데, 만일 큰 재물과 명예가 들어올 경우 그릇을 채운 나머지는 넘쳐 나가게 된다. 이때 분쟁이나 좋지 않은 일이 생기게 된다. 즉 그릇이 작은 자에게 큰 명예가 생기면 감당하지 못하는 현상이 생겨 주체성이 흔들리게 된다. 그릇이 작은 경우 재물이 들어오면 돈을 번 이후 돈으로 인해 몸이 상하거나 골머리를 앓게 된다. 천문학적인 액수의 복권에 당첨된 사람들이 이를 증명한다. 대부분 당첨자들이 예전보다 훨씬 불행해진 경우가 많다. 자살을 선택한 사람이 있는가 하면, 배우자와 이혼, 재산 문제로 심각한 고통을 받고 있는 사람도 많다. 왜 불행해질까? 그릇이 작기 때문이다. 사람은 결국 자기 그릇에 걸맞는 인생밖에 살 수 없다.

살펴본 바와 같이 조직의 규모는 리더의 크기를 넘지 못한다. 올바른 사람이 윗자리에 있으면 올바른 사람만이 윗사람에게 인정받아 모두가 올바른 사람으로 바뀌게 되지만, 윗자리에 있는 사람이 올바르지 못하면 모두가 올바르지 않은 사람으로 바뀌게 된다. 실제로 어느 회사든 적어도 리더에게 어떤 나쁜 습관이 있는지를 어렵지 않게 알 수 있다. 리더가 조금만 틈을 보이면 구성원이 다 따라하기 때문이다.

만일 당신이 자신의 작은 이익 하나라도 포기하지 않는다면 당신 아래에는 자기의 이익과 관련된 것이라면 단 하나도 포기할 줄 모르는 사람이 모일 가능성이 크다. 그릇이 작으면 주위에 고만고만한 구성원으로 포진시킬 것이다. 점심 식사를 하러 가서 리더가 자장면을 먼저 주문하면 모두 따라서 자장면을 시키는 원리와 같다고 보면 된다.

리더의 부정적인 리더십은 팀장에게 영향을 주고, 이들의 부정적인 리더십은 최종적으로 구성원들의 창의력에도 부정적인 영향을 주게 된다. 리더가 비인격적인 언행을 많이 하면 할수록 팀장도 비인격적인 언행을 많이 하게 된다. 그 결과 구성원의 창의력이 현격히 낮아지는 것으로 나타났다. 윗물이 흐려지면 그 아래도 흐려지게 되는 효과가 발한다. 반면 상위 리더가 중간 리더에게 언어를 조심스럽게 사용하면 중간 리더 역시 구성원들을 인격적으로 대하는 것으로 나타났다. 이때 창의력은 더 풍부해지게 된다.

  요즈음 기업과 조직에서는 그 어느 때보다도 구성원의 창의력에 관심을 가지고 있다. 이때 조직 구성원의 창의력에 가장 큰 영향을 미치는 요인 중 하나가 리더의 언행이다.

  조직의 상위 리더가 어떤 리더십을 갖느냐에 따라 조직 전체의 창의력에 매우 큰 영향을 주기 때문이다. 최고 리더가 보여 주는 언행에 따라, 중간 리더의 언행에 따라 조직 전체의 창의력이 결정되는 것이다.

  당신 주변, 내 주변에 인재가 없거나 떠난다고 푸념하는 리더가 있다. 그것은 내가 좋은 리더가 아니라는 것과 같은 말이다.

  역사적으로 성과를 올린 리더를 살펴보면 일을 잘하는 방법을 연구하기에 앞서 일 잘하는 구성원을 발탁할 방안을 먼저 고민했음을 알 수 있다. 상대방에게 경의를 표하고, 그 의견을 진지하게 듣는다면 자기보다 열 배 훌륭한 구성원이 모이게 된다. 하지만 상대방과 똑같이 낮은 수준으로 행동하면 자기와 비슷한 소인배들만 모이게 된다. 무조건 화를 내고 다그친다면 비슷한 사람들만 모일 뿐이다.

  지금 자신이 최고 리더나 임원, 중간 간부라면 자신의 언어 습관을 한번 점검해 보라. 혹시 입버릇처럼 정신없이 바쁘다, 바빠서 화장실 갈 시간도 없다, 지난주가 어떻게 갔는지 모르겠다 등의 말을 하고 있는 것은 아닌지? 조직을 경영하고 있는 사람은 원칙 설정과 권한 위임의 기본부터 적용하고 실천해야 한다. 그리고 최고 리더는 무엇보다 생각을 많이 해야 한다.

최고 리더는 손발이 아닌 머리가 바빠야 조직 구성원들에게 밝은 미래를 열어 줄 수 있음을 기억하기 바란다. 또한 최고 리더는 행동을 좀 더 깊이 인지하고 모범이 될 수 있도록 주의를 기울여야 한다. 아무리 성과를 높이려는 목적이 있다 하더라도 모욕적인 언행을 사용한다면 조직 전체가 영향을 받아 창의력이 떨어지기 때문이다. 창의력 넘치는 조직이 되려면 먼저 최고 리더의 언어부터 점검해야 한다.

한편 복을 알아야 한다. 복에는 4가지가 있다. 공부든 경험을 하든 알아야 복을 심을 수 있다. 심은 후에는 복을 소중히 생각하고, 복을 기르는 행동을 하는 것이다. 복은 수동적으로 받는 것이 아니고 능동적으로 짓는 것이다.

삶과 죽음, 불운과 행운, 심지어 질병조차도 모두 자신에게 달려 있다. 하늘의 재앙이나 땅의 재앙도 거기에 더 보태지지 않는다. 이는 모두 행동하기 나름이다. 사람이 착한 일을 하면 신이 내려다보고 술이 가득 담긴 술 단지를 내린다는 뜻에서 복이 도래한다고 한다.

리더 사주에 돈이 많으면 그 아래에서 일하는 사람들도 자연히 먹을 것이 많아진다고 보는 것이 명리학의 입장이다. 같은 맥락에서 볼 때 좋은 리더를 만나면 큰 복으로 작용하는 반면 리더 사주에 바람이 많으면 그 회사 구성원들도 바람에 휩싸이게 된다.

현재 회사가 난관에 봉착했다면 이유는 둘 중 하나다.

첫째는 리더에게 인품이 없어서 운을 끌어들이지 못하는 것이다. 좀 더 색다른 방법을 살펴보자. 나라에 큰 변이 일어난 경우, 그 원인을 리더의 삶이 부실함에서 찾으면 된다. 리더의 마음이 비틀어져 있을 것이다. 무엇인가를 잘못했기 때문에 일어나는 것이다. 하늘에서 그렇게 일어나도록 만든 것이다. 옛날 임금들은 나라가 혼란스러우면 하늘에 제사를 지냈다. 이제까지의 과오를 반성하고 행운을 끌어들이겠다는 뜻으로 경건하게 제사를 지냈던 것이다. 가뭄으로 인한 기우제도 이와 똑같은 행사다. 경건한 마음으로 하늘에 제사를 지냄으로써 자신의 과오를 반성하고 하늘의 기운을 끌어들이는 행위다.

둘째는 임원 중에 재수 나쁜 자가 있는 것이다. 밖에서 들어오는 좋은 운이나 이익을 끌어들이기보다는 구성원의 자잘한 일이나 근무 태도만 감시하기 때문이다. 항상 문제점을 몰고 다니며 쓸데없는 데 에너지 낭비가 심하다. 정작 중요하게 할 일을 안 하고 딴짓만 한다는 이야기다. 큰일에는 관심이 없고 구성원 사기 꺾는 자잘한 일에 간섭한다. 회사 바깥을 멀리 주시하면서 회사 이익 창출에 역점을 두어야 하는 것이 임원의 몫이다. 그렇지 않고 구성원만 닦달하니 좋은 운이 들어올 리가 없다. 여기서 회사를 국가나 가정이라 보고, 임원을 나라의 장관이나 고위 공직자와 같다고 보면 된다.

리더가 바뀌면 국운도 바뀔 수밖에 없다. 리더가 바뀌면 회사

운도 바뀌는 법이다. 회사의 나쁜 일을 가지고 공연히 임원에게 화풀이를 하는 것 같지만 실은 그게 아니다. 회사 상황이 나빠지게 된 원인은 이미 내부에서 싹이 자라고 있었던 것이다. 앞날이 더 큰 문제이므로 임원들을 잘 살펴 부적격자를 색출해야 한다. 이를 쇄신이라고 칭한다. 이때 위에서 먼저 이루어져야지 감원을 하거나 구성원만 들볶아서 될 일이 아니다.

민주주의 체제에서 나라의 수준은 선출된 지도층의 수준에 달려 있다. 지도층의 수준을 보면 그 나라의 수준을 알 수 있다. 그리고 최고 리더의 수준까지 알 수 있다. 지도층이 청렴하면 그 나라는 위대한 나라가 될 수 있다. 더구나 남의 아픔을 자신의 아픔으로 여기고, 그 아픔을 덜어주기 위해 정성을 다하는 헌신적인 엘리트들이 나라의 지도층을 형성하고 있다면 그 나라는 위대한 나라다. 하지만 인정과 배려가 없는 리더십에서 위대한 나라는 나올 수 없다.

리더가 밝으면 구성원은 당연히 밝게 되어 있다. 문제는 리더에게 있지 구성원에게 있는 것이 아니다. 조직에서 리더 운명이 어떠냐에 따라 그 아래의 구성원 운명도 좌우된다. 재앙도 선한 정치를 이겨 내지 못하고, 괴이한 꿈도 선한 행동을 이겨 내지 못한다. 오직 명석한 리더만이 이런 것에 통달한다. 길흉화복이란 인간이 얼마큼 대비하고, 리더가 얼마큼 관리하고 절제하느냐에 달린 것이다. 결코 하늘로부터 별안간 떨어지는 것이 아니다.

그렇다면 약자와 소수자를 대하는 리더십의 수준으로 본 우리나라는 어떤 나라인가? 위대한 나라인가?

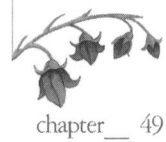

chapter__ 49

어진 사람은 몸으로 재물을 일으킨다

　물질에 대한 인간의 욕구는 거의 본능에 가깝다. 부자가 되고 싶은 욕망은 굳이 가르치지 않아도 본능적으로 추구하게 된다. 옛 전쟁에서 군인들이 목숨을 걸고 적을 향해 돌진하는 것도 결국 후한 보상을 염두에 두었기 때문이다. 그리고 동네 폭력배들이 남을 협박하고 사람을 해치는 것도 결국 돈을 빼앗기 위한 것이다. 그런가 하면 일부 여인이 짙게 화장을 하고 남자를 유혹하는 것도 돈을 벌기 위함이고, 몇몇 관리가 형벌을 무릅쓰고 문서를 위조해 법을 농락하는 것도 모두 뇌물을 얻기 위함이라 볼 수 있다.
　이렇듯 리더의 자리나 이권을 다루는 자리는 언제나 유혹이 도사리고 있다. 함정을 파놓고 빠지기만 기다리기도 한다. 그 자리의 힘이 스스로 이런저런 욕망을 불러일으킬 뿐만 아니라 그의 아래나 주변 사람들이 다양한 방법으로 그의 욕망을 부추긴다. 결국 어떤 사람은 이성을 잃고 자기 자리의 힘만 누리려 한다. 이를테면, 그에 비례해서 커져가는 책임과 의무에 대해서는 소홀하면서 조직 생활에서 높은 자리의 권위와 권한만 누리려 한다. 제사에는 관심이 없고 젯밥에만 관심이 많다는 이야기다. 이는 당연히 남들의 비난을 면치 못할 것이요, 자신을 불행으로 내모는 것이나 다름없다.

그래서 사리를 명확하게 분별하지 못하면 아차 하는 순간 함정에 빠지거나 유혹의 덫에 걸리고 만다. 자신의 이익을 위해 뇌물로 밑밥을 던질 때 그것을 덜컥 물면 반드시 그에 합당한 대가를 지불해야 한다. 대가를 지불하지 않으면 뇌물을 받은 것 때문에 상대의 압박에 시달리게 된다. 이러지도 저러지도 못하는 진퇴양난에 빠지게 되는 것이다. 그러니 애초부터 금품이나 향응 등 부정한 뇌물은 주지도 받지도 말아야 한다.

이렇듯 물질을 추구하는 것이 인간의 본능이라고 해도 공직자로서 중요한 자리에 앉을 꿈을 간직하고 싶다면 애초부터 물질에 관심을 가져서는 안 된다. 물질에 집착하는 만큼 반드시 잃는 것이 있다. 물질에 대한 과도한 욕심과 비정상적인 추구는 결국 인간을 파멸로 이끈다.

'선비가 물질에 눈이 멀면 마음이 들떠 지식을 얻을 수 없다. 또한 공직자가 뜻을 잊어버리고 물질에 현혹되면 과오를 저지르게 된다.'

이는 오래전부터 리더가 물질에 현혹됨을 경계할 때 자주 사용하던 말이다.

물질과 정신은 서로 도와주면서 밀어내는 경향이 있다. 정신세계에 치중하게 되면 물질에 대한 집착은 약해진다. 물질과 정신이 어느 정도 융합되어야 서로 보완하는 관계로 변한다. 그렇긴 하지만 여전히 정신이 우위여야 한다. 정신이 강해야 어떠한 고난과 역경도 이겨 내고 성공하게 된다. 정신이 약한 경우 악착같이 돈을 벌려는 집착으로 변하여 오히려 돈이 안 붙게 되는데, 이때 부정한 것에 손을 내미는 우를 범하기 쉽다.

우리가 함께 하고 싶은 사람은 누구일까? 돈이 많은 사람도, 지위가 높은 사람도 아니다. 바로 따뜻한 마음을 가진 사람이다.

리더는 마음이 따뜻해야 한다. 그래야 가난한 사람도 품고 갈 수 있다. 그런데 물질을 추구하게 되면 정신이 빈약해진다.

물질이 성하면 정신은 쇠하기 마련이다. 명품 백, 고급차, 좋은 집, 화려하고 비싼 것을 추구하다보면 마음은 멍들게 되어 있다. 사회적인 범죄도 정신의 황폐화에 기인한 것이다. 즉 뇌물을 주는 것도 받는 것도 정신의 황폐에 기인한 것이다.

물질에 대한 추구가 인간의 본능이라고 해도 그것이 도를 넘는 순간 꿈을 내려놓아야 한다. 적어도 공직이나 사회의 리더가 되려는 사람이 물질에 눈이 팔렸다면 빨리 그 자리에 대한 꿈을 내려놓아야 한다. 몸을 보전하는 것이 우선이다.

인간의 본체는 정신이다. 물질은 정신을 약화시키는 점이 많기 때문에 부자일수록 정신이 허하게 된다. 그러면 허한 정신을 다른 무엇인가 채우려 한다. 그래서 종교에서 물욕을 탐하지 말라고 하는 것이다.

세상에 이름을 날린 많은 리더가 세상 누구와도 비길 수 없는 영광을 누렸지만, 종종 순간의 부주의로 더 큰 성공을 눈앞에 두고 실패하거나 패가망신한 경우를 역사를 통해 역력히 보았다.

또 국무총리나 장관 인선에서 청문회에 통과하지 못하고 낙마한 사람이 얼마나 많은가? 청문회에 통과한 사람조차도 흠결 없는 사람이 없을 정도로 부패해 있다. 후인들의 입장에서 보면 그들이 저지른 잘못은 대부분 수준 낮은 것이다. 정상적인 사람이라면 결코 저지르지 않을 잘못을 똑똑한 사람들이 저지른 것이다. 그 원인은 그들이 총명하지 않았기 때문이 아니라 일련의 탐욕스런 마음이 고개를 들고 욕심을 부렸기 때문이다.

절대 권력은 반드시 부패한다. 화무십일홍(花無十日紅)이요 권불십년(權不十年)이다. '부패한 나라는 반드시 망한다'는 말은 진리에 가까울 정도로 정확하게 맞아떨어진다. 부패했기 때문에 2,000년의 역사를 자랑하던 로마제국도, 500년의 조선왕조도 망하고 말았다.

로마제국의 멸망은 외부 침입 때문이 아니라 나라의 기강과 사회의 도덕성이 무너진 탓이라고 한다. 부패를 척결하고 기강을 바로 세우기 위해서는 기본적으로 리더가 먼저 솔선수범해야 한다. 정부가 권력의 정당성과 정권의 도덕성을 확보하지 못한 채 편법을 일삼거나 부정부패를 저지르면, 그 밑에 있는 사람들은 그것을 본받아서 더 음성적으로 부패하게 되고, 비리를 저지르기 마련이다. '부패하면 나라가 망하고, 기업이 망하고, 가정이 망한다고 하는데, 역시 틀림없이 맞는 말이다.

그렇다면 이러한 리더를 임명한 사람은 누구일까? 재물은 이롭다. 그러나 해로울 때도 있다. 의로운 재물은 이롭고 의롭지 못한 재물은 해롭다. 권력으로 벌어들인 재물은 법망에 걸려들어 우세(優勢)를 떤다. 부정, 부패, 탈세, 권력형 부조리 등 남의 등을 쳐서 벌어들인 것은 이로운 재물이 아니다. 그런 재물은 모두 해로운 것이기에 자신의 몸을 망가지게 하고, 나아가 후손에게는 독극물을 먹이는 셈이 된다.

그런가 하면 이로운 재물은 사람을 빛나게 하고, 해로운 재물은 쇠고랑을 차게 한다. 땀 흘려 번 돈은 자녀가 훌륭하게 되나, 쉽게 번 돈이나 상대방을 힘들게 하면서 번 돈은 자녀를 망친다. 그래서 어진 사람은 몸으로 재물을 일으키고, 어질지 못한 사람은 재물로 몸을 일으킨다.

사람이 이기적인 마음으로 사사로운 것을 탐하게 되면 굳센 기질도 녹아 유약해지고, 머리도 혼탁해져 지혜롭지 못하게 되고, 따뜻한 마음과 맑은 마음 또한 혼탁해진다.

진실로 자신이 땀 흘리고 노력해 부자가 되었다면 그보다 더 멋있고 보기 좋은 출세는 없다. 그렇게 부자가 된 사람의 재산은 의리 있는 재물이다. 당당하고 떳떳한 재산이 곧 의리의 재물이다. 그러므로 어진 사람은 곧고 바른 마음으로 부지런히 재물을 벌어들이고, 아끼고 소중하게 소비하므로 부족하지 않다.

막대한 부를 손에 쥐고 있는 사람 중에 손톱만큼의 미덕도 갖고 있지 않은 사람이 있다. 그러나 그 부는 그들에게 결코 진정한 풍족함을 제공하지 못한다. 동시에 그들이 소유하고 있는 그 부는 지극히 일시적인 것이기도 하다. 당신이 참된 번영을 누리기 위해서는 우선 번영을 얻어야 한다. 그러나 그것과 동시에 그것을 지속할 방법도 배우지 않으면 안 된다.

그러므로 높은 자리에 오를수록 책임과 의무 의식을 강화하지 않으면 안 된다. 자리가 불러일으키는 그릇된 욕망과 유혹을 단호히 물리치고, 권위와 권한만을 행사하려 하지 말고 자신의 본분에 충실해야 한다. 나아가 자리에 연연하지 않고 인간 본래의 삶에 관해 깊은 성찰을 할 필요가 있다. 그러한 성찰은 사람의 도리를 다하려는 마음가짐으로 자연스럽게 이끌어 낼 것이다.

따라서 부의 획득을 인생의 유일한 목표로 하는 것, 그것만을 탐욕스럽게 추구하는 것은 어리석은 짓이다. 인생을 어떻게 살 것인가, 어떻게 살아야 행복한가 등의 진지한 삶을 모르기 때문이다.

만일 당신이 부를 얻기 위해서 단순히 수단과 방법을 가리지 않고 인생의 외줄을 타게 된다면 그것에 의해 당신은 최종적으로 자기 자신을 파멸로 이끌게 된다.

chapter__ 50

뛰어난 참모를 얻어라

　다른 악기와는 달리 피아노 연주 때에는 악보를 넘겨주는 보조원을 볼 수 있다. 그 보조원은 피아니스트 옆자리에 다소곳이 앉아 악보를 주시하고 있다가 정확한 시점에 소리 없이 재빠르게 악보를 넘겨주는 역할을 하는데, 그를 페이지 터너라고 일컫는다.
　연주 시 페이지 터너가 지켜야 할 몇 가지 규칙이 있다. 연주자보다 화려한 옷을 입거나 요란한 액세서리를 해서도 안 되고, 연주자를 건드려서도 안 되고, 악보를 넘길 때 소리를 내서도 안 된다. 악보를 너무 빠르게 넘기거나 늦게 넘겨도 안 된다. 그는 오로지 훌륭한 연주를 돕기 위해 온통 그 연주자에게만 신경을 써야 한다. 그가 무대에 오를 땐 연주자의 뒤를 이어 조용히 따라 올라가야 하고, 연주가 끝난 뒤 우레와 같은 청중들의 박수소리가 쏟아질 때도 의자에 가만히 앉아 있어야 한다. 이때 손을 흔들어 답례를 하거나 웃어도 안 된다. 객석에 앉아 연주를 감상하는 관객들에게 그는 관심 밖이다. 그래서 아무도 그의 존재를 알아주지 않지만 그는 무대 뒤에서 또 다른 연주자로서 연주자에겐 꼭 필요한 사람이다.

어느 시대나 그 시대를 이끌어 가는 리더는 이런 자기희생의 조력자를 통해 탄생되었다. 스타는 빛나지만 그들 돕는 조력자는 빛나지 않는다. 이러한 유능한 조력자가 많을수록 위대한 나라, 위대한 기업이 탄생한다. 따라서 어느 조직이든, 기업이든, 나라이든 건강한 조력자가 많을수록 건강하게 된다.

리더가 구성원을 제대로 쓰지 못하는 이유를 리더에게서 찾으면 된다. 리더가 하나하나의 모든 일에 정통할 필요는 없다. 신이 아닌 이상 모든 일에 정통할 수 없다. 리더의 능력은 재능 있는 사람을 다양하게 뽑아서 쓰는 것이다.

일반적으로 약점 없는 사람 없고, 강점 없는 어리석은 사람 없다. 문제는 그것을 알아보고 적재적소에 배치하는 리더의 능력 차이일 뿐이다. 인재를 뽑는 것도 중요하지만 인재를 엮는 것 또한 중요하다.

현명한 리더는 마치 손재주가 뛰어난 도공에게 그릇을 만들도록 하는 것처럼 능력에 맞추어 사람을 쓴다. 곧으면 곧은 대로 굽었으면 굽은 대로 길거나 짧아도 모두 거기에 맞는 쓰임새가 있다. 현명한 리더는 사람을 쓸 때도 이러한 이치를 잊지 않는다. 이

때문에 '뛰어난 목수는 버릴 나무가 없고, 뛰어난 리더는 버릴 인재가 없다고 말하는 것이다.

흥성하는 시대에는 반드시 인물이 있기 때문이고, 쇠퇴하는 시대에는 그만한 인재가 없기 때문이다. 리더가 올바른 도리로 구성원을 대하면 언제나 인재가 몰려든다. 세상에 완벽한 사람은 없으니 합당한 자리에 기용하여 기르고, 전능한 사람도 없으니 일을 맡겨 능력을 기르도록 해야 한다.

리더에게는 진실을 말하는 참모가 필요하다. 대통령이든 장관이든 경력 20년 차의 상관이든, 고위 리더는 제대로 된 진실을 듣지 못한다. 따라서 내부든 외부든 거리낌 없이 진실을 말하는 사람을 곁에 두라.

아첨하는 사람은 경계대상 1호다. 그 달콤한 말들은 마치 틈으로 들어오는 바람이 살결에 스며들듯이 알지 못하는 사이에 나를 옳지 않은 길로 인도하여 큰 손실을 가져오게 한다. 아첨하는 말이 한 사람의 몸을 망치고 집안을 망치는 것은 물론이고, 한 나라를 무너뜨려 사회를 혼란에 몰아넣는 사례를 과거의 기록을 통하여 또는 현실 속에서 얼마든지 찾아볼 수 있다.

음흉한 마음, 요란한 버릇, 이상한 행동, 기이한 재주 따위의 남다름은 모두 세상을 살아가는 데 있어 재앙을 부르는 원인이 된다. 그러므로 오직 평범한 덕행만이 타고난 덕성을 온전히 하면서 세상을 안락하게 살게 해 주는 요소인 것이다. 이 글에서는 평범함이 진리가 된다.

많은 리더가 자기가 부리기 쉬운 사람을 밑에 두고 싶어 한다.

자기보다 월등한 사람을 뜻대로 부릴 수 없기 때문이다. 말로는 능력이 뛰어난 구성원을 찾는다고 하지만 실제로는 그런 구성원을 찾아도 쉽게 임용하지 못한다. 그러나 이런 리더가 이끄는 조직은 크게 성장하지 못한다. 자기 소신에 따라 창조적 능력을 발휘하는 사람이 나라나 기업의 번영에 이바지할 수 있지, 리더 지시만 따르는 예스맨에 의해서는 조직의 성장을 기대할 수 없다. 따라서 진정한 리더라면 자신을 능가하는 월등한 역량을 가진 자를 참모로 삼을 줄 알아야 한다.

리더는 수직 상승하느라 주위를 돌아보지 않는 사람이 아니다. 더 높은 지위로 올라갈수록 리더에게는 자신처럼 유연하고 항상 진취적인 큰 목표를 가진 참모가 필요하다. 그래서 리더에게는 항상 자기를 대신할 사람이 있어야 한다.

그런 의미에서 훌륭한 참모와 함께한다는 것은 한 사람의 인생에서 크나큰 축복이요, 행운임이 분명하다. 그러나 그 축복과 행운이 저절로 얻어지는 것이 아님 또한 분명하다. 좋은 친구를 얻으려면 먼저 좋은 친구가 되어야 한다. 마찬가지로, 뛰어난 참모가 곁에 있다면 그 이유의 적지 않은 부분을 자신에게서 찾아야 한다.

일반적으로 리더를 더 좋은 리더로 만드는 것은 참모라 할 수 있다. 리더라고 모두 다 훌륭한 것이 아니다. 리더가 성공하려면 좋은 참모를 얻어야 한다. 삼고초려도 당대 최고 참모를 얻기 위함이었다. 참모는 리더의 의사 결정을 돕고 리더의 아이디어를 구체화한다.

하나의 사례를 더 찾아보자.

27살에 이탈리아 방면군 사령관이 된 나폴레옹은 자신보다 16살 연상인 루이 베르티에(Berthier, Louis Alexandre)를 참모총장으로 기용했고, 황제가 된 이후까지 중용(重用)했다. 나폴레옹의 군대 경험 부족을 보완하려는 의도에서 기용한 베르티에 참모총장. 그는 나폴레옹의 아이디어를 구체화하고 적절한 조언을 해서 나폴레옹의 군사적 성공에 크게 기여했다.

역사학자 앤드루 로버츠(Roberts, Andrew)는 현대적 의미의 참모총장 개념을 처음 정립한 사람이 나폴레옹이라고 주장한다.

터키의 아버지라고 일컬어지는 케말 파샤(Mustafa Kemal)는 어떠했는가? 그도 이인자 참모를 자신을 비추는 거울로 활용했다. 종신 대통령이었던 그는 정기적으로 이인자와 만찬 회동을 했다. 그 자리는 이인자가 국정에 대해서 자기 의견을 가감 없이 개진하는 자리인지라 종종 의견 충돌이 있었는데, 때로는 언성이 높아져 밖에까지 들릴 정도였다고 한다. 그런 충돌이 있게 되면 이인자가 정중한 사과와 사직 의사가 담긴 편지를 대통령에게 보내고, 대통령은 계속 일해 달라고 격려하는 식으로 둘의 관계가 계속되었다.

이인자인 이스메트 이뇌뉘(İsmet İnönü)도 빼놓을 수 없다. 그는 아타튀르크(Atatürk)의 뒤를 이어 대통령이 되었다. 강직한 사람을 참모로 두고, 그에게 소신껏 의견을 말하게 하고, 자신의 오류를 지적하게 한 것이 아타튀르크가 추앙받게 된 비결이라 볼 수 있다.

아타튀르크를 비롯하여 위대한 리더 주위에는 훌륭한 참모가 있었다. 리더는 이러한 참모의 조언을 겸허하게 받아들였음을 기억하기 바란다.

혼자만의 노력으로는 인생의 최고 업적을 이룰 수 없다. 리더에게는 다른 사람이 반드시 필요하다. 당신이 리더로서 아무리 큰 꿈을 갖고 있다 할지라도 핵심 측근의 도움 없이는 그것을 이룰 수 없다. 그들은 당신의 꿈을 이루도록 당신을 도와준다. 그런 그들은 넓은 의미에서 가족이나 다름없다고 할 수 있다.

요컨대 당신이 위대한 핵심 참모를 원한다면, 인재 계발을 시작하라.

당신은 구성원을 키우고, 그들에게 꿈을 추구하도록 독려할 때 비로소 당신은 커다란 계획을 실현하게 된다.

chapter__ 51

십 년 세도 없고, 열흘 붉은 꽃 없다

미륵으로 차처하며 세상을 구하겠다고 나선 궁예! 처음에는 겸손과 타고난 사명감으로 백성들의 마음을 얻었다. 그는 매우 현명하고 의지가 강한 리더였다. 훈련을 할 때는 선두에서 시범을 보였으며, 식사 때나 잠잘 때도 항상 군사들과 함께했다. 그는 백성들의 갈채를 받으며 한 걸음 한 걸음 올라 임금이 되었다.

하지만 성공의 정점에서 실패의 싹은 자라기 시작했다. 왕위에 오른 지 10년도 채 안 되어 엄청난 성공에 따른 자만감을 끝내 이겨 내지 못했다. 변덕에 가까운 그의 통치 스타일은 처음 그가 지녔던 동고동락과 공평무사의 이념과는 거리가 멀었다. 그가 백성을 상대로 휘두르던 것이 관심법인데, 이는 사람의 마음을 읽는다는 것이다. 이 신통력은 말년으로 갈수록 악행에 가까운 리더십의 원천이 되면서 그를 사면초가와 고립무원의 곤경에 빠뜨렸다. 그러다 끝내 민심의 이반을 불러 백성에게 버림받았다. 이렇듯 모진 인생 역정의 풍운아는 갑작스런 종말을 맞게 되었고, 그의 시대도 비극으로 끝이 났다.

그런가 하면 선조는 임진왜란 당시 자신이 앞장서 전쟁을 지휘해야 함에도 불구하고 자신만 살고자 궁궐과 백성을 버리고 의주로 피신했다. 게다가 전장에서 눈부신 활약을 펼친 이순신 장군과 동분서주하며 전쟁에 임한 광해군을 탐탁치 않게 생각했다. 전쟁 후에도 앞장서 싸운 공을 세운 신하보다 선조를 따라 피난에 도움을 주었던 신하를 더 높이 평가했다. 선조는 학문을 좋아했고 영특했으며 개인적으로는 뛰어난 능력을 갖추었지만, 국가의 리더로서 책임감이 부족한 비겁한 임금이었다.

그 엄혹한 때, 세자 광해군은 임금 선조를 대신해 곳곳을 다니며 전쟁 극복에 앞장섰다. 전염병으로 신음하고 있던 백성들과 마찬가지로 자신도 전염병에 걸린 상태였지만, 빼앗긴 땅을 되찾기 위해, 무너진 나라를 다시 일으키기 위해 전쟁터를 넘나들면서 의병을 모집하고 민심 수습에 나서는 등 전쟁 중에도 동분서주했다. 백성들은 그에게 기댔고, 환호했다. 그 역시 그때는 백성의 바람을 따랐다.

그런데 그런 광해군이 임금이 된 뒤에 완전히 변했다.

총명했던 세자, 전란을 아버지 선조 대신 온몸으로 막아냈던 세자, 백성들에게 존경받고 사랑받았던 세자가 변했다. 권력에 취해

버렸다.

　광해군은 고집불통의 어린애처럼 자신의 소리만 했다. 들으려 하지 않았다. 오로지 자신이 최고였다. 스스로 만든 권력의 감옥에서 독선과 아부의 소리에 갇혔다.

　전쟁터에서 직접 눈으로 보고 경험했던 백성들의 한 맺힌 비명을 잊었다. 폐허가 된 나라를 다시 일으키는 것, 굶주리고 병든 백성을 살리기보다 자신의 따뜻한 잠자리, 그를 둘러싼 기득권층의 편안한 업무 공간을 마련하는 것이 우선이었다.

　기득권층은 전쟁 때 백성들을 동원하여 주었던 달콤한 사탕을 눈 하나 깜짝하지 않고 다시 빼앗았다. 그러고는 다시 자신들의 밥그릇 싸움에 바빴다.

　역사의 시계가 완전히 거꾸로 돌았다. 궁궐도 불태웠고, 무능한 권위와 무책임한 권력자들도 불태웠다. 무엇이 불탔는지 알면서도 그들은 자신들의 권력과 부귀영화를 위해 흡혈귀처럼 백성들의 피와 땀과 눈물을 빨아먹었다.

　궁예, 광해군 모두 분명히 바른 마음가짐과 올곧은 태도, 그리고 뛰어난 역량까지 가진 리더였다, 그 당시까지만. 그들이 역사의 무대에 등장했을 때 백성들은 무한한 찬사와 기대를 보냈다. 모처럼 신선한 인물이 등장하자 그동안 깔려 있던 어둠이 걷히고 나라는 부강해졌다. 하지만 부강의 원천이었던 톱 리더의 변질로 인해 백성들은 매우 큰 상처를 받았고, 나라는 더 깊은 수렁에 빠졌다. 초반의 성과가 멋지면 멋질수록 실패는 더더욱 참혹할 수 있다.

리더의 성공은 낡은 폐단을 부수는 것도 아니고, 새것을 만드는 것도 아니다. 처음 마음가짐을 어떻게 유지하느냐가 관건이다. 인간이란 부족하면 괴로워하고, 풍요로우면 더욱 풍요로워지려고 하는 변덕스러운 존재다. 게다가 자신의 능력 이상을 바라는 주변인들 탓에 불만투성이가 되어 폭주하다가 자신의 멸망을 가속화시킨다. 리더에게 철학이 없기 때문에 이런 일이 발생하는 것이다.

사실 어떤 조직을 막론하고 그것의 혼란은 대개 리더의 권위 실추와 함께 시작된다. 거기에는 그의 무능력이나 부도덕, 또는 독재 등 여러 요인이 있을 것이다. 그러므로 리더는 사회가 혼란과 어둠에 빠져 있을 때 안일에 젖어 자리만 지키거나 권력만 휘두르려 해서는 안 된다.

깊은 자기 성찰과 과감한 자기 혁신을 통해 진정한 권위를 확립하지 않으면 안 된다. 그것이 시대의 불운이나 사회의 혼란을 다스려 형통할 길을 열어 갈 첫걸음이기 때문이다. 즉 올바른 정신이 필요한 것이다.

여민동락(與民同樂)이라는 말이 있다. 이는 쉽게 말하면 무소불위처럼 혼자만이 권위를 누리는 것이 아니라 백성과 함께 즐기는 것이다. 다시 말하면 삶의 즐거움을 혼자 누리지 않고 백성과 함께하는 것이다. 이를 위해서는 백성들의 말에 귀를 기울이고, 그들의 삶 속으로 들어가 그들과 끊임없이 소통해야 한다. 즉 민심을 헤아릴 줄 모르고 권력의 성 안에 갇혀 독단적으로 행동해서는 안 된다는 말이다.

옛 사람들은 적의 침입을 막기 위해 성도 지었고, 나아가 성곽도 둘러쌓았다. 그런데 만약 성주가 백성들과 소통하지 않고, 그들의 고통스러운 삶을 외면한 채 독단적인 정치만 일삼는다면, 그러한 방어책이 오히려 망하는 단초를 제공할 수도 있다. 백성들이 성주가 망하기를 바라며, 성문을 열어 주는 자가 나타날 수도 있다는 말이다. 이는 외적을 막아 줄 백성의 정신적 성벽이 무너져 버렸음을 뜻한다.

동서고금의 역사에서 알 수 있듯이 체제의 붕괴는 그렇게 내부에서부터 시작된다. 외적의 침략은 간접적인 원인일 뿐이다.

소통이 되지 않는 상황에서는 리더가 아무리 국민에게 호소하며, 그럴듯한 명분을 내세운다 해도 그들은 결코 속지 않는다. 그렇다면 결과는 나왔다. 국민과 소통하지 않으면 심각한 위기를 초래한다.

이를 기업 경영의 실패에서 찾아보자. 이때 이들 사례에서 공통점을 찾을 수 있다. 리더가 기업의 사활이 걸린 결정을 하는 과정에서 자신의 의견만 고집했다는 점이다. 독단적인 결정을 한 것이다. 특히 자신의 의사와 상반된 목소리는 전혀 듣지 않았다.

이러한 이치는 국가나 기업의 리더에게만 한정되지 않는다. 모든 조직의 리더, 나아가 모든 사람에게도 마찬가지로 적용된다. 사람들이 추구하는 부귀와 욕망은 원래 독립적이고 배타적이어서 남들과 함께 나누려 하지 않는다.

달리 말하면 그 욕망에는 남들과 소통하며 부귀를 함께하려는 마음이 전혀 없다. 알다시피 남들과 소통하는 삶을 거부하고 높이 쌓아 놓은 자신만의 성안에서는 결코 그 무엇도 지켜낼 수 없다.

무너진다는 얘기다.

  국가의 리더가 올바르지 않고 무능하면 국민이 힘들어지고, 기업의 리더가 독선적이고 독단적이면 회사가 위태롭다.

  개인이 독선적이면 사람들로부터 외면 받게 되고, 가정이 무너지게 된다. 주변에 사람들이 없게 된다. 오늘날 동서고금의 역사가 이를 잘 증명하고 있다.

  이렇듯 역사의 교훈은 우리에게 많은 것을 보여준다.

chapter__ 52

나아갈 때와 물러날 때를 아는 것

　더 이상 안정된 경영 환경은 존재하지 않는다. 새로운 방식이 필요한 상황에서 리더가 실수를 하게 되면 심각한 결과를 가져온다. 리더가 기존 성공 모델을 버리지 못하고 더욱 강화한다든지, 새로운 리더십을 보강할 생각을 하지 못한다든지 하는, 이런 사고로는 구성원의 생명력을 진전시키지 못한다. 그런 리더 앞에는 고통과 죽음만이 기다리고 있다. 하지만 이런 실수는 피할 수 있는 것이다. 상황을 분명히 인식하고 새로운 운영 방법을 도입한다든지, 전성기 때 물러난다든지 하는 때를 알면 되기 때문이다.
　여기서 때를 안다는 것은, 세상사를 통찰하여 나아가고 물러남의 결단 때를 의미한다. 그것은 회피를 한다는 것이 아니라 자신이 언제 책임의 자리에서 내려가야 하는지를 항상 생각하고 행동으로 옮겨야 하는 것이다. 나아갈 때와 물러날 때를 아는 것은 병법에만 적용되는 것이 아니다.

항상 때에 맞춰서 진퇴를 결정하는 일은 쉽지 않다. 하지만 욕심을 버리고 냉철하게 자아를 바라보면 어떤 유혹에도 흔들리지 않는 결단을 내릴 수 있다. 물러나야 할 때 물러나지 못하면 자신만이 아니라 많은 이들에게 손해를 끼치는 일까지 발생하게 된다.

12월은 물러남의 계절이다. 대부분의 기업이 인사 발표를 하고, 이에 따라 많은 자리바꿈이 일어난다. 물론 자신의 모든 것을 다 바쳐 이룬 결과와 자리를 뒤로하고 새로운 여정을 시작한다는 것이 때로는 서운할 수도 있다.

하지만 리더십은 새로운 유산을 남기는 작업이다. 경영진은 이 사실을 꼭 기억하고, 제대로 물러나기 프로젝트를 빨리 시작하기 바란다.

명예와 지위는 예로부터 많은 사람들이 추구한 인생 목표였다. 그래서 암투를 벌이고 힘을 겨루면서 온갖 지략을 사용하는 것인데, 이는 소위 성공한 자들이 자처하는 성공 비결이었다. 다만 지략과 계책이 뛰어난 사람은 누구보다도 쉽게 공로를 이루고 명예를 얻을 수 있지만, 대부분 높은 지위가 갖는 장점만 알지 그 지위로 인해 초래되는 위험성은 보지 못한다.

명예를 얻기 위해 자신의 욕망을 추구하는 사람들이 조심해야 할 점은 바로 적당할 때 멈추는 것이다. 자신의 총명함만을 믿고 뛰어난 머리에만 의존한다면 나중에는 동료만이 아니라 윗사람에게도 견제를 받아서 심각한 대가를 치르게 된다.

'정상에 올라간 용에게는 후회스러운 마음이 있다'라는 옛말이 있다. 끝까지 올라간 다음에는 굴러떨어질 일만 남기 때문이다.

그러면 끝까지 올라간 후에는 어떻게 하면 좋을까? 언제까지나 지위에 연연하지 말고 맡은 책임을 다하면 일찌감치 물러서는 것이 좋다. 그렇게 하는 것이 공적이나 명예를 누릴 수 있기 때문이다. 따라서 끝까지 올라간 그 순간부터 항상 은퇴 시기를 염두에 두면서 대처하는 것이 바람직하다.

특히 생각은 많은데 여러 가지 아쉬움과 불안감 때문에 실행에 옮기지 못하는 리더는 더욱 지체해서는 안 된다. 박수 칠 때 떠날 용기는 후배들이 당신을 위대한 선배와 리더로 기억하게 하는 가장 중요한 이유이기 때문이다. 물러나야 할 때 물러나지 않는 리더는 기업뿐만이 아니라 나라까지도 큰 혼란과 분열을 일으킬 수 있다는 사실을 우리는 기억해야 한다. 위대한 리더십의 완성은 잘 물러남에 달려 있다.

권력에 대한 집착과 미련은 물러날 때를 놓치게 만드는 가장 큰 요인이다. 아무리 겸손하고 훌륭한 인격을 지닌 리더라 할지라도 자리와 이에 수반된 권력을 일단 경험하게 되면 스스로 물러날 때를 정해 그 자리에서 내려오기가 쉽지 않다. 결국 망신을 떨고 내려오는 수순을 밟고 내려온다. 특히 그 리더가 힘을 구성원에게 나눠 주지 않고 혼자 쥐고 있는 스타일이거나 조직의 특성상 힘이 리더에게 몰리는 경향이 있는 경우 스스로 물러나기가 더욱 어려워진다.

리더가 빠지기 쉬운 함정 중 하나는 나 아니면 안 된다는 우월의식이다. 간혹 물러나고 싶어도 내가 없으면 조직이 제대로 안 돌아가고, 금방 망해 버릴 것 같다며 자리에서 내려오길 주저하는 리더가 있다. 이러한 리더일수록 은퇴나 후계자 육성과 같은 단어를 금기처럼 여긴다. 리더가 빠지기 쉬운 함정이 또 하나 있다. 리더는 자신의 힘과 자리에 도취된 나머지 어떻게든 그것을 계속 유지하고 싶어 한다. 달도 차면 기우는 법이다. 이 세상에 영원한 것은 아무것도 없다. 이러한 이치를 거부하면서 힘과 자리를 고집하는 모습은 추하기 그지없다. 힘과 자리를 끝까지 추구하지 말고 적절한 때에 물러나는 아름다운 뒷모습을 보여주어야 한다.

자신이 물러난 후에도 그 조직이나 부서가 지속적으로 성과를 창출할 수 있도록 미리 준비하는 건 말처럼 쉽지 않다. 제대로 물러난다는 건 단순히 일을 그만둔다는 게 아니다. 자신을 대신해 새로운 시각을 바탕으로 조직이나 부서를 한 단계 높은 수준에서 이끌어 갈 수 있는 후계자를 키우고, 가장 적절한 시점에 그에게 권한을 넘겨준 후 참견하거나 간섭하지 않는다는 것을 의미한다.

그럼에도 불구하고 많은 리더가 재임 중 제때에 물러나지 못해 결국 실패한 리더로 전락하고 만다. 얼마나 안타까운 일인가? 그래서 우리는 지금 이와 같은 실수를 반복하지 않는 리더가 혜성처럼 나타나기를 간절한 마음으로 기다리고 있다.

chapter__ 53

섬기는 리더십으로 탈바꿈하라

리더를 말할 때 가장 먼저 떠오르는 유형은 카리스마형 리더다. 아마도 지금까지 성공한 리더의 전형으로 간주된 모습인 듯하다. 20세기형 리더, 즉 중진국이나 후진국형 리더에 속한다. 이들은 자신의 비전을 강하게 표출하면서 쉽게 세간의 관심을 불러일으키고, 강력한 영향력을 행사한다. 반면 지지자에 버금가는 수의 극단적인 비판자들을 양산하기도 한다. 하지만 이런 식의, 나를 따르라는 리더십이 통하는 시대는 이미 저문 지 오래다.

많은 리더, 특히 개발도상국의 리더들은 매우 권위적이며 지위형이다. 그들의 목표는 힘 있는 자리를 차지하는 것으로, 할 수 있는 대로 많은 추종 세력을 모으며, 자기의 권력을 유지하기 위해 필요한 것이라면 수단과 방법을 가리지 않는다.

어른이 되면 모두 리더라 할 수 있다. 문제는 리더가 된 어른의 인식이다. 많은 사람이 강한 리더십을 효율적이라 생각하고, 과거의 리더십을 그리워하는 한 리더십은 갈수록 더 큰 문제에 봉착할 수밖에 없다.

세상이 달라지면 리더십의 형태도 달라져야 한다. 이제는 소수의 리더가 정보를 독점하는 시대가 아니다. 다수의 보통 사람이 저마다 정보를 가지고 서로 소통하면서 새로운 힘을 만들어 내고 있다. 따라서 리더라고 해서 조직을 좌지우지할 상황이 아니다. 이렇게 되면 상하 관계도 과거와 달리 대등한 관계 내지 파트너 관계로 변해 갈 수밖에 없다.

이제 세상 변화의 주역은 소수의 엘리트가 아니라 다수의 보통 사람이다. 과거 군림하고자 했던 리더십에서 솔선수범하고 섬기는 리더십으로 탈바꿈해야 한다.

가장 수준 이하의 리더십인 카리스마 리더십에 얽매이지 마라. 카리스마의 핵심은 비전 창출이다. 카리스마가 일선 리더보다 조직 내 최고 리더의 성공과 실패를 설명하는 데 더욱 강력하다. 하지만 비전은 조직 전체에 적용되는 것으로 최고 리더에 의해 창출되어야 한다.

그런데 카리스마 리더십에는 약점이 있다. 자신에 대한 자신감이 과도한 카리스마 리더들은 그들이 속한 조직의 이익을 최대화하는 방향으로 행동하지 않는 경우가 많다는 점이다. 그들 중 상당수가 자신의 권력을 이용하여 자신이 속한 조직의 이미지를 자신의 이미지로 대신한다. 그리고 개인의 이익과 조직의 이익을 혼동한다. 그러다 점차 조직의 이익을 개인의 이익으로 채워 가게 된다. 즉 조직의 이익 목표보다 자신의 이익과 목표를 우선시하게 된다.

또한 자신에 대한 비평을 듣기 싫어해서 주변을 예스맨들로 채우고 자신을 칭송하는 구성원들에게 더 많은 보상과 혜택을 준다. 심지어 자신이 실수할 때조차 구성원들이 어떠한 질문이나 도전도 할 수 없도록 폐쇄적 조직 풍토를 만든다.

카리스마의 어두운 측면을 요약하면 다음과 같다.

리더가 개인적 목표를 위해 권력을 사용하고, 개인적 비전을 조직에 심고, 비평적 혹은 반대적 의견을 죽이고, 자신의 판단이 다른 사람보다 우월하다고 생각한다. 심하게는 다른 사람의 필요함에 둔감해진다. 뿐만 아니라 자기중심적이며 자기애적이다. 심지어 타인을 이용한다. 또한 종종 다른 사람에게 무자비하다. 자기밖에 모른다. 자신을 리더로 만들어 준 자신감, 추진력, 의사소통 능력 등의 매력이 결국 자기 이익 극대화에 사로잡힌 자기애로 변하게 된다.

그래서 강한 카리스마형 리더가 오래 집권하게 되면 어떤 조직이든 부작용이 나타나게 된다. 카리스마형 리더는 국가든 회사든 조직이든 그 안에서 신과 같은 존재가 되기 때문이다. 누구 하나 이의를 제기하지 못한다. 불이익을 당할까 봐 그렇다. 그렇게 되면 리더가 잘못한 것을 말해도 아무도 반대하지 않는다. 잘못된 결정을 해도 그대로 진행한다. 그리고 보고 싶어 하지 않는 데이

터는 감춘다. 리더가 좋아하는 말만 하고, 언짢아하는 내용을 숨긴다. 그러다보면 당연히 상황 파악을 하지 못하게 된다. 결국 경쟁 상대에게 보이지 않는 사이에 조금씩 뒤처진다.

카리스마란 불안정하다는 이야기다. 항상 무엇인가 쫓기는 듯 마음속의 불안감을 감출 수 없다. 불안정한 리더는 항상 자신을 먼저 생각한다. 그들은 다른 사람이 자신을 어떻게 생각하는지 불안해 한다. 자신이 나약하거나 어리석고 하찮은 사람으로 보일까봐 전전긍긍한다. 불안정한 리더는 사람들에게 주는 것보다 더 많은 것을 취한다. 자신이 부족하다고 생각하기 때문에 사람들에게서 확인 받고자 하는 욕구가 강하다. 그런 리더는 조직에 고통을 안겨 준다. 불안정한 리더가 자신의 이익만 추구하다보니 주변의 이익은 뒷전으로 밀려나기 때문이다.

또 불안정한 리더는 최고 인재들이 잠재력을 발휘할 수 있는 기회를 제공하기는커녕 그들의 의욕을 꺾는다. 그들은 다른 사람이 성장하게 되면 위협감을 느끼기 때문에 마음이 편치 않다. 다른 사람의 성공과 승리도 진심으로 축하해 주지 못한다. 때로는 그 이유가 질투심 때문이다. 그들은 상대적 박탈감을 느끼는 까닭에 주변에 정당한 몫을 주는 것도 꺼린다.

윗사람이 아랫사람에게 지시를 내리고, 아랫사람이 과업을 주고, 구성원들이 맡은 일을 해 나가는 것이 기업의 운영 원리다. 이런 기업에서는 윗사람의 일방적인 명령에 의해서는 조직의 목적을 달성하기 어렵다. 엄격한 명령만으로 구성원을 움직일 수 있지만 진정한 의욕을 불러일으킬 수는 없다. 결국 인간을 결정적으로 움직이는 힘은 마음에 있기 때문이다. 결국 리더십의 정수는 기교도, 용인술(用人術: 사람을 부리는 재주)도 아닌 마음에 있다. 리더의 따뜻한 마음에서 우러나오는 사랑의 마음이 구성원들의 심금을 울릴 때, 비로소 리더십은 성공을 보게 된다. 그래서 공자는 윗자리에 있는 사람에게 더 많은 절제를 요구한 것이다. 구성원이라고 해서 함부로 대하면 윗사람에게 어떤 불행한 일이 일어날지 아무도 모른다. 역사는 이러한 현상을 종종 보여주고 있다.

1592년 임진왜란 당시 상황을 보면 이해가 쉽다. 최고 리더인 선조는 제멋대로 행동하는 카리스마였다. 결국 나라를 망하게 하는 단초를 제공하였다. 그러나 100전 100승을 한 이순신 장군은 부드러운 리더십을 보여주었다.

어떤 조직에서든 지나치게 자기 방식대로 끌고 가려는 이들이 있는데, 그것은 리더십의 독이다. 특히 요즘 같은 시대에는 강력한 독재가 리더십의 전제 조건이 될 수 없다. 강력한 독재는 반짝할 뿐 길게 갈수록 독이 될 수밖에 없다. 히틀러(Hitler, Adolf)처럼 말이다. 히틀러는 유능하지만 명령을 잘 따르지 않았던, 눈엣가시 같은 유능한 장군을 해임하고 그 자리에 그의 말을 잘 듣는 예스맨 장군을 임명했다. 그는 후방에서 전선에 대한 현지 지휘관의 판단을 묵살하고 고집을 피워 독일군의 방어를 갈수록 엉망진창으로 만들어 갔다. 이는 결국 동부전선에서 패배를 앞당기는 결과로 이어졌다.

이처럼 리더가 강압적인 독재 정치를 펼치면 국민들은 그 두려움에 따르기는 하지만 리더가 원하는 의도대로만 되지 않는다. 힘의 관계에 의해 끌려가기도 하지만, 그렇다고 생각의 자유까지 막을 수 없는 법이다.

역사를 통해 보더라도 리더는 무소불위의 힘으로 끌고 가면 된다고 여기지만, 칼은 칼로써 망하고 총으로 일어선 사람은 총으로 망하는 법이다. 강한 리더는 결코 사람의 마음을 움직이게 할 수 없다.

리더가 구성원을 힘으로 억압하며 지배하고, 그들이 하는 일을 하나하나 통제하려고 할수록 구성원들은 더 약해지고, 우유부단해지고, 눈치를 보게 되어 결국 리더가 구성원의 주인으로 전락하게 된다. 즉 약하고 우유부단하고 평범한 자들의 우두머리일 뿐이라는 뜻이다. 지배를 강화하려고 하면 진짜 힘은 줄어 든다.

관리자가 강압적일수록 팀이 대체로 제 기능을 못하고 무능한 법이다. 이런 리더는 부하가 자신보다 빛나는 것을 참지 못해 팀에 전혀 권한을 주지 않을 뿐만 아니라 재능을 깔아뭉개고, 분위기도 흐리고, 일을 망친다. 리더는 혼자이면 안 된다. 리더의 힘이란 구성원들이 일을 완수하게 만드는 능력이다. 무소불위로 통제하는 팀의 리더는 가장 무력한 리더다.

다시 말하지만 상명하복의 수직적 구조는 앞으로 찾아보기 어렵게 될 것이다. 이제 대부분의 조직이 자율적 관리와 수평적 구조를 기반으로, 거미줄처럼 네트워크화 된 의사 결정 시스템으로 발전할 것이다. 그리고 이 의사 결정 시스템은 더욱 복잡해질 것이다. 수평적인 구조가 정착함에 따라, 합의를 중요시하고 조언을 주고받는 평등한 경영 문화가 나타날 것이다. 더욱 중요한 사안일수록 그 권한은 넓게 확산되고, 더 많은 구성원이 참여하려고 할 것이다.

20세기를 거치면서 인류는 수직 구조의 폐해에 대해 많은 것을 깨달았다. 그리고 인류의 3분의 2는 소련 연방의 해체를 지켜보고, 중국의 변화된 모습을 보면서 그 깨달음을 다시 한번 확인했다.

하지만 아직도 우리 사회의 많은 리더가 20세기 사고에 머물러 있다. 그들은 여전히 수직 구조를 최고의 조직 형태로 신봉하고 있다. 비근한 예로 공무원 사회가 그렇다. 공무원 조직의 맨 위층은 정치인들로부터 임명을 받은 관리가 차지하고 있다. 그리고 그 밑으로 수많은 공무원들이 직급 단계에 따라 거대한 피라미드 계급 구조를 이루며 아직도 폐쇄적으로 일하고 있다.

군대 역시 마찬가지다. 군에서는 아직까지 수직 구조가 위용을 떨치고 있다. 대기업들 역시 별반 다르지 않다. 막스 베버(Weber, Max)의 조직 모형에 따라 피라미드 형태로 조직을 그리고 있다. 비영리단체들도 예외는 아니다. 이들 역시 대기업의 수직 구조를 부러워하고 있다.

종교 단체들도 예외는 아니다. 조직화라는 단어의 유래는 종교계에서 찾을 수도 있다. 종교 단체의 맨 꼭대기는 성인이 차지하고 있다. 중간 계층은 핵심 신도가 맡고 있다. 그리고 맨 아래에는 평신도가 있다. 이러한 수직 체계는 평등을 모토로 하고 있는 노동조합도 마찬가지다. 또한 다양한 사회복지 기관들조차 이 범주에서 크게 벗어나지 못하고 있다.

조직의 꼭대기에 앉아 있는 리더는 다른 구성원보다 돈을 더 많이 받고, 더 넓은 사무실을 사용한다. 거기에 비서까지 고용하고 있다. 또한 더 많은 예산을 집행할 권리와 구성원의 인사권까지 움켜쥐고 있다.

우리들은 리더가 올바른 동기를 품고 있고, 사리사욕보다 구성원을 먼저 챙긴다고 믿으면 기꺼이 그의 길벗이 되어준다. 우리들이 바라는 게 바로 그것이다. 그냥 끌려다니는 추종자, 리더가 만드는 소모품이 되고 싶어 하는 사람은 아무도 없다.

결론적으로 말해 가장 이상적인 리더는 구성원이 특별히 의식하지 않는 리더다. 그 다음은 구성원이 사랑하고 존경하는 리더다. 그리고 그 다음은 구성원이 두려워하는 리더다. 가장 최악은 구성원이 무시하는 카리스마를 지닌 리더다.

chapter__ 54

인생의 멘토를 만들라 2

　50살이 되면 의식적으로 자주 어울리는 사람을 바꿔야 한다. 균일 사회에서 벗어나는 이런 준비를 하지 않은 채 정년을 맞이하면 한정된 사람과 고정된 인간관계만으로 노후를 보낼 수밖에 없다.
　직장에서의 인간관계를 들여다보면 사원은 사원끼리, 간부는 간부끼리 가까이 지낸다. 자신과 공통점이 많고 동일한 위치의 사람들과 비슷하게 행동하고 싶어서다. 물론 끼리끼리 어울리면 말도 잘 통하고, 마음 편히 회사에 대한 불만도 이야기할 수 있다는 장점이 있다.
　하지만 부자들은 큰돈을 모으기 이전부터 자신보다 한 단계 높은 수준의 사람과 만나기 위해 적극적으로 노력했다고 이구동성으로 말한다. 여기서 한 단계 높은 수준의 사람이란 평사원에게는 과장이나 부장, 과장에게는 부장이나 임원을 가리킨다. 부자의 시선은 항상 위를 향하기 때문에 일에서든 일상생활에서든 높이 올라가려는 마음이 강하다. 그래서 젊은 시절부터 상류층과 어울리며 자신도 그렇게 되고자 하는 소망을 간직해 왔다고 한다.

50살인 당신은 샐러리맨 사회라는 균일 집단에서 이미 25년 이상 몸을 담았다. 이제는 의식적으로 회사 밖으로 나와 다양한 사람을 만나 사교 범위를 다양화하려고 노력해야 한다. 그렇다고 직장에서 빠져 나와 취미 동호회에 가입해야 한다는 말이 아니다. 지역 도서관 운영 돕기, 초등학교나 중학교에서의 재능 기부, 자영업자와의 관계 등의 활동은 지역에도 당신 자신에게도 상당히 큰 도움이 된다. 이런 활동을 통해 지역 상점가의 사람이나 마을 자치회 사람과의 교류가 깊어지면 퇴직한 후에도 이 지역에서 즐겁게 생활할 수 있다.

우리는 주변 사람들로부터 영향을 많이 받는다. 가깝게 어울리는 사람의 태도와 행동, 습관을 마치 스펀지처럼 빨아들이며 닮아 간다. 긍정적인 사고방식을 가지고 활기차게 살아가는 사람은 삶의 활기와 열정을 당신에게 나누어 준다. 반면 불평불만을 늘어놓는 부정적인 사람은 불만과 불행을 전염시켜 당신의 기분을 우울하게 만든다. 그러다 어느 순간 자신도 모르는 사이에 부정적으로 변한다. 그러므로 시련을 극복하고 싶다면 부정적인 사람과는 교류하지 마라. 진취적으로 노력하는 사람, 긍정의 힘과 용기를 주고 고양시키는 사람과 어울려라.

인생은 한번 맞붙어 싸워 볼 만하며 흥미진진하고 가치 있는 것이라고 생각하는 사람, 매사에 도전하고 싶다는 생각을 불러일으키는 사람, 만나서 대화하면 기운을 북돋워 주는 사람, 유익한 것을 깨닫게 해 주는 사람, 확고한 인생관을 가지고 살아가는 사람, 힘든 상황에서도 긍정적인 측면을 찾아내어 부각시키는 사람, 남을 칭찬하는 사람 등과 교제해야 한다. 그들은 당신에게 삶의 에너지를 주기 때문이다.

따라서 생기를 주는 사람과 가까이하라. 당신은 그를 볼 때면 늘 기쁘다. 그 역시 당신을 보면 기뻐해 준다. 그는 당신뿐만 아니라 다른 사람에게도 편안함을 선사해 준다. 또한 가는 곳마다 주위를 환하게 만들어 준다. 그와 함께 있으면 기분도 좋아지고 삶에 신선한 자극도 받는다, 조금 전 우울하고 긴장된 상태였다 해도 그를 만나면 기분이 확 바뀔 정도로.

그래서 좋은 기로 충만한 사람의 근처에만 가도 좋은 영향을 받을 수 있다. 그 사람 덕분에 부정적인 생각이 나지 않게 된다. 즉 나쁜 기운이 좋은 기운에 밀리게 된다. 그 결과 당신은 보다 좋은 여건이 갖춰진 상태에서 제 갈 길을 찾아갈 수 있게 된다. 이런 이유로 좋은 기운이 넘치는 사람과 어울리라고 말하는 것이다.

따라서 남보다 빨리 앞으로 나아가려면 자기에게 맞는, 정해진 길을 먼저 찾아야 한다. 그렇긴 하지만 좋은 기운이 나오는 터에서 좋은 기운을 가진 사람과 인연을 맺어 나가는 것이 무엇보다 중요하다. 또한 꿈과 목표를 갖고 그것을 이루기 위하여 노력하는 사람과 가까이해야 한다. 노력하여 발전하려는 사람과 친구가 되어야 한다. 더욱이 부지런하고 성실한 사람을 가까이해야 한다. 정직한 사람과 사귀어야 한다. 원칙주의자와 사귀어야 한다. 그들은 당신의 성공을 위해 기도하며, 당신의 계획에 대해 적극적인 의견을 제시하기 때문이다.

『논어』〈계씨편(季氏篇)〉에 나오는 성현 말씀에 귀 기울여 보라.

"유익한 벗이 셋 있고, 해로운 벗이 셋 있다. 정직한 사람을 벗하고, 신의가 있는 사람을 벗하고, 견문이 넓은 사람을 벗하면 유익하다. 겉치레만 하는 사람을 벗하고, 부드러운 척하면서도 아첨하는 사람을 벗하고, 말만 그럴 듯하게 둘러대는 사람을 벗하면 해가 된다."

우리 속담에 '친구 따라 강남 간다'라는 말이 있다. 친구의 중요성을 극단적으로 표현한 말이다. 그렇다면 어떤 친구를 사귀어야 할까? 정직한 사람은 인생을 바르게 살고 바른말을 하기 때문에 자신을 돌아보는 거울로 삼을 수 있다. 따라서 속마음을 나눌 수 있고, 자칫 잘못된 길을 가더라도 사랑이 담긴 질책을 들을 수 있으며, 힘든 일을 당할 때에도 역경을 헤쳐 나갈 수 있는 힘을 얻게 된다. 그를 통해 당신 역시 바른 사람이 될 수 있다.

답은 하나다. 진실하고 믿음직스러운 사람을 사귀어야 한다. 어떠한 사람을 사귀느냐에 따라 인생이 달라지기 때문이다. 친구에 대한 믿음은 곧 자신과 세상에 대한 신뢰라는 사실을 잊지 마라.

리더가 되어라 어떻게 깨어날까?

처음 박은날·2017년 6월 10일
처음 펴낸날·2017년 6월 20일

지은이·김평기
펴낸이·김영식
펴낸곳·들꽃누리

서울특별시 광진구 뚝섬로52마길 50 - 4 1층
전화 (02)455 - 6365·팩스 (02)455 - 6366
등록·제 1 - 2508호
ⓒ 김평기, 2017

E - mail : draba21@naver.com
ISBN 978 - 89 - 90286 - 43 - 7

이 책은 저작권법에 따라 한국 내에서 보호받는 저작물이므로
저자의 동의 없이는 이 책 내용의 무단 전재와 무단 복제를 금합니다.

*값은 표지에 있습니다.
*저자와의 협의하에 인지는 생략합니다.
*잘못 만들어진 책은 바꾸어 드립니다.